权威·前沿·原创

皮书系列为
"十二五""十三五"国家重点图书出版规划项目

BLUE BOOK

智库成果出版与传播平台

企业国际化蓝皮书

BLUE BOOK OF
CHINESE ENTERPRISES GLOBALIZATION

中国企业全球化报告
（2020）

REPORT ON CHINESE ENTERPRISES GLOBALIZATION
(2020)

王辉耀　苗　绿／主　编
全球化智库（ＣＣＧ）
西南财经大学发展研究院 ／研　创

社会科学文献出版社
SOCIAL SCIENCES ACADEMIC PRESS (CHINA)

图书在版编目（CIP）数据

中国企业全球化报告. 2020 / 王辉耀，苗绿主编
. --北京：社会科学文献出版社，2020.5
（企业国际化蓝皮书）
ISBN 978 - 7 - 5201 - 5907 - 4

Ⅰ.①中… Ⅱ.①王… ②苗… Ⅲ.①企业发展 - 研
究报告 - 中国 - 2020 Ⅳ.①F279.2

中国版本图书馆 CIP 数据核字（2019）第 288611 号

企业国际化蓝皮书
中国企业全球化报告（2020）

主　　编 / 王辉耀　苗　绿

出 版 人 / 谢寿光
责任编辑 / 陈晴钰
文稿编辑 / 陈晴钰　桂　芳　薛铭洁

出　　版 / 社会科学文献出版社·皮书出版分社（010）59367127
　　　　　　地址：北京市北三环中路甲 29 号院华龙大厦　邮编：100029
　　　　　　网址：www. ssap. com. cn
发　　行 / 市场营销中心（010）59367081　59367083
印　　装 / 天津千鹤文化传播有限公司

规　　格 / 开　本：787mm × 1092mm　1/16
　　　　　　印　张：19.25　字　数：283 千字
版　　次 / 2020 年 5 月第 1 版　2020 年 5 月第 1 次印刷
书　　号 / ISBN 978 - 7 - 5201 - 5907 - 4
定　　价 / 128.00 元

本蓝皮书的研究与出版得到了河仁慈善基金会和西南财经大学的支持，特此致谢！

《中国企业全球化报告（2020）》
编 委 会

（按姓氏拼音排序）

《中国企业全球化报告（2020）》
课 题 组

主　　　编　王辉耀

副　主　编　苗　绿

专家及撰稿人　（按姓氏拼音排序）

戴健民　邓志松　丁浩员　丁继华　董增军
关　符　何伟文　侯少丽　霍建国　金京浩
李天琪　梁国勇　茅　幸　苗　绿　茹晓凡
孙志娜　涂　垠　屠新泉　王辉耀　于蔚蔚
赵怡方　周高翔

CCG 智库蓝皮书系列

《中国海归创业发展报告（2012）》

《中国海归发展报告（2013）》

《中国留学发展报告（2012）》

《中国留学发展报告（2013）》

《中国留学发展报告（2014）》

《中国留学发展报告（2015）》

《中国留学发展报告（2016）》

《中国留学发展报告（2017）》

《中国国际移民报告（2012）》

《中国国际移民报告（2014）》

《中国国际移民报告（2015）》

《中国国际移民报告（2018）》

《海外华侨华人专业人士报告》

《中国区域人才竞争力报告》

《中国区域国际人才竞争力报告（2017）》

《中国企业国际化报告（2014）》

《中国企业全球化报告（2015）》

《中国企业全球化报告（2016）》

《中国企业全球化报告（2017）》

《中国企业全球化报告（2018）》

主要编撰者简介

王辉耀　博士，教授，博导，国务院参事，全球化智库（CCG）主任，西南财经大学发展研究院院长。商务部中国国际经济合作学会副会长，人社部中国人才研究会副会长，中国国际人才专业委员会会长，欧美同学会/中国留学人员联谊会副会长兼欧美同学会商会名誉会长，中国侨联特聘专家委员会副主任，国务院侨办专家咨询委员会委员，北京市政协委员。

历任中国经贸部国际经济合作司官员，国家中长期人才发展规划纲要2010～2020起草组专家，曾担任世界银行专家。目前担任联合国国际移民组织（IOM）顾问，国际大都会国际执委会执委，杜克－昆山大学顾问委员会成员，耶鲁大学亚洲顾问委员会成员，加拿大毅伟商学院亚洲顾问委员会成员，巴黎和平论坛执委会成员等。

留学欧美，在加拿大温莎大学、西安大略大学和英国曼切斯特大学攻读研究生，获得工商管理硕士（MBA）学位和国际管理博士（PhD）学位，曾任全球最大工程和项目管理公司之一SNC-Lavalin公司董事总经理，加拿大魁北克驻香港和大中华区首席经济代表，还曾任哈佛大学肯尼迪学院高级研究员和美国布鲁金斯学会客座研究员。先后任北京大学、清华大学、中国政法大学、华侨大学和加拿大西安大略大学等多家大学管理学院兼职教授等职务，并多次为中央党校、国家行政学院和中国浦东干部学院等授课，现任清华大学全球胜任力委员会顾问。

在全球化战略、企业国际化、人才发展、智库研究、中美关系、国际商务、华人华侨、中国海归创新创业和智库等领域有丰富的研究成果，出版中英文著作70余部，并连续六年主编"国际人才蓝皮书"和"企业国际化蓝皮书"系列著作，连续多年出版《世界华商发展报告》，以及出版相关图书《大国智库》《全球化 VS 逆全球化：政府与企业的挑战与机遇》《全球化向何处去：大变局与中国策》，英文图书 *Handbook on China and Globalization*（Edward Elgar Publishing，2019）；*China's Domestic and International Migration Development*（Springer，2019）；*The Impact of Chinese Overseas Investment on Transforming Business Enterprises*（Palgrave Macmillan，2016）。

多次应邀出席世界各大知名品牌论坛，如达沃斯世界经济论坛、巴黎和平论坛、慕尼黑安全会议（MSC）、世界知名辩论会 Munk Debates、博鳌论坛、中国发展高层论坛、世界互联网大会等，并发表演讲。

苗　绿　博士，全球化智库（CCG）联合创始人兼秘书长，中国国际人才专业委员会秘书长，中国欧美同学会建言献策委员会秘书长，中国企业全球化论坛秘书长、中国与全球化论坛秘书长、北京师范大学国际写作中心副总干事。获得北京师范大学当代中国研究博士学位、经济管理与资源管理博士后，曾在美国纽约大学和哈佛大学担任访问学者，香港科技大学博士后，新加坡南洋理工大学连氏学者奖学金获得者。

主持和参与多个国家部委研究课题和社科基金研究课题，提出的多项建言献策得到党和国家领导人的批示。主要的研究领域包括：智库建设、全球化理论、企业全球化、华人华侨、中国海归与留学发展及国际人才、当代中国文学与文化思潮等。发表学术论文和专业文章多篇，出版《大国智库》《全球智库》《大潮澎湃》《大国背后的"第四力量"》《中国留学发展报告》《中国海归发展报告》《中国企业全球化报告》《海外华人华侨专业人士报告》《中国国际移民报告》等一系列研究著作。

经常活跃于国内外各大政经、文化论坛，担任主持和发言嘉宾，是中国社会智库的创办者和实践者，同时也是当代思想文化活动的组织者，曾组织和策划过多项有影响力的文化和文学活动。

研究机构简介

全球化智库（CCG）

全球化智库（Center for China & Globalization）简称 CCG，是中国领先的国际化社会智库，成立于 2008 年，总部位于北京，在国内外有十余个分支机构和海外代表，目前拥有全职智库研究和专业人员百余人，致力于全球化、全球治理、国际关系、人才国际化和企业国际化等领域的研究。

CCG 是中联部"一带一路"智库联盟理事单位，财政部"美国研究智库联盟"创始理事单位，拥有国家颁发的博士后科研工作站资质，是中央人才工作协调小组全国人才理论研究基地、人社部中国人才研究会中国国际人才专业委员会所在地。CCG 也是被联合国授予"特别咨商地位"的唯一中国智库。

CCG 成立十年来，已发展为中国推动全球化的重要智库。在全球最具影响力的美国宾夕法尼亚大学《全球智库报告 2019》中，CCG 位列全球顶级智库百强榜单第 76 位，连续三年跻身世界百强榜单，也是首个进入世界百强的中国社会智库，并在国内外多个权威智库排行榜单中被评为中国社会智库第一。

CCG 每年出版 10 多部中英文研究著作，承担多个国家部委的课题，举办多个有影响力的论坛。多年来，CCG 在社会科学文献出版社连续发布国际人才蓝皮书系列报告和企业国际化蓝皮书系列报告，CCG 致力于人才国际化、企业国际化等领域的研究，成果显著。

CCG 邀请了一批在政界、企业界、智库和学术界等具有广泛影响力的海内外知名人士担任顾问、理事和学术指导，已形成全球化、创新性的研究网络。CCG 与全国人大、全国政协、中组部、人社部、国务院参事室、国务院侨办、国务院新闻办、科技部、教育部、商务部、国家发改委、中国侨联、国务院发展研究中心、中国国际经济交流中心及欧美同学会等国家有关部委和机构保持密切联系，向政府部门积极建言献策，承担相关政策研究课题，提供独立专业的政策咨询和决策参考报告；同时也多次为北京、上海、天津、广东、江苏、浙江、四川、湖南、山东、广州、深圳、大连、无锡、苏州、东莞等地方政府提供政策咨询研究与服务。

西南财经大学发展研究院

西南财经大学发展研究院（Institute of Development Studies，SWUFE）成立于 2009 年 9 月 12 日，是西南财经大学四个学术特区之一。发展研究院是一家以服务国家、行业和地方的发展需要为己任的财经智库机构，着力研究经济社会发展中具有全局性、战略性、前瞻性的重大理论和实践问题，以不断增强西南财经大学服务社会的能力。

发展研究院由国务院参事、欧美同学会副会长、全球化智库（CCG）主任王辉耀担任院长，第一任院长、著名经济学家李晓西教授现担任名誉院长，著名经济学家张卓元教授、刘诗白教授为学术委员会主席，著名经济学家厉以宁教授等知名专家为学术顾问，卢中原、刘伟等一批著名专家学者为学术委员。发展研究院与经济学院共同建设发展经济学博士点和硕士点，于 2014 年开始联合招收硕士生和博士生；设有研究机构"西南财经大学绿色经济与经济可持续发展研究基地"。

发展研究院成立 10 年来，秉承"经世济民，孜孜以求"的西财精神，坚持"以项目为基础，以成果为导向，以科研为主体，以合作为关键"的协同创新发展模式，精心策划，协调组织，积极开拓，搭建了"中国人才五十人论坛""西部人才论坛""发展与展望论坛""金帝雅论坛""都江堰国际论坛""西南财经大学发展论坛"等系列高层次交流平台，出版了《中国绿色发展指数报告》《中国经济形势分析与预测（季度报告）》《中国绿色金融报告》《人类绿色发展报告》《四川人才发展报告》《中国区域国际人才竞争力报告》《中国留学发展报告》《中国国际移民报告》《中国企业全球化报告》等系列高水平研究成果，有效提升了西南财经大学在国内外相关领域的影响力。

序一　积极参与全球经济规则重构，
突破全球化天花板

全球化是人类历史发展的必然趋势。从广义的历史视角来看，全球化可以分为四个阶段，早期区域性帝国统治时期的跨国交往、地理大发现后殖民时期的全球化演进、工业革命引发的全球化大发展时期以及第二次世界大战后的全球化迅猛扩张期。伴随着全球化的发展，不同文明之间的磨合甚至冲突、传统国家主权的让渡、利益分配不均衡等新问题出现了，但站在历史高度来看，全球化在曲折中不断发展与深化的趋势难以逆转，它正将越来越多拥有不同社会制度、不同经济社会发展水平以及不同社会文化背景的国家纳入进来，经历着一场深刻改变社会生活方式与践行人类命运共同体的变迁。

全球化发展到今天，各国间的经济联系、贸易与投资的相互依赖程度日益提高，各国的财政、金融、投资等国内经济规则不断开放并趋于一致。然而，2008年全球金融危机爆发后，世界经济力量对比发生新的变化，全球贸易保护主义抬头，民粹思想四处泛滥，多边贸易体制陷入困境，全球经贸规则受到严重冲击。

为更好地平衡各种新的经贸利益诉求，重构全球经贸规则被提上议事日程。

全球经济规则重构涉及金融、政府采购、贸易统计、服务贸易、投资、国有企业、知识产权等各个方面。由于各国的社会制度、文化传统和经济发展水平存在差异，规则重构无疑将涉及错综复杂的利益诉求。重构是对国际规则的再制定，既不能全盘否定颠覆，也不能固步自封，要深刻吸取危机教训，完善治理机制，谋求共识，促进全球经济的可持续增长，在贸易、投资便利化下实现各经济体的共赢。

面对世情国情的新变化，我国实行了更为积极主动的开放战略，进一步加快融入国际经贸规则体系的步伐：积极推进多哈回合谈判取得早期收获，提出加入《全球服务贸易协定》（TISA）谈判申请，支持环境产品清单和信息产品协议的扩围谈判，签署中韩、中澳自贸协定，提出并积极推进"一带一路"倡议，倡议成立亚投行……2019年以来，我国通过《中华人民共和国外商投资法》，出台《外商投资准入特别管理措施（负面清单）（2019年版）》《自由贸易试验区外商投资准入特别管理措施（负面清单）（2019年版）》《鼓励外商投资产业目录（2019年版）》……一系列法律法规政策措施的出台充分凸显了我国积极扩大对外开放、促进外商投资的主基调。尤其是《中华人民共和国外商投资法》，作为我国首部外商投资领域统一的基础性法律，将于2020年1月正式实施，意味着我国将进一步加强对外商投资合法权益的保护。作为一部基础性法律，其具体实施条例以及配套法规的制定与执行是法律真正落实到位的保证，也是提高国内投资环境的稳定性与透明度、增强外商投资信心的重要保证。因此，还需抓紧制定相关配套法规，并保证法律法规和政策切实落地执行，如此才能真正吸引并汇聚外商投资，推动外资企业与我国经济的相互融合，实现共同发展。

全球化是人类历史发展的必然趋势，同时也是一个漫长的、跌宕起伏的曲折过程。作为世界第二大经济体、世界第一大进出口国、全球最重要的跨国投资目的地和资本输出国之一，我国实行了更为积极主动的开放战略，积极参与全球经济规则重构，推动全球贸易与投资的自由化进程，这不仅有利于突破全球化的天花板，推动世界经济的发展，也有利于我国以开放促改革、促发展、促创新，进而形成新的制度红利，实现经济在新常态下可持续发展。放眼未来，我们应该坚决维护以规则为基础的全球化，以主动开放的姿态积极参与诸边协定谈判，参加区域经贸合作，以更大的开放促进更为深化的改革，实现经济发展由高速度向高质量的华丽转身。

全球化智库（CCG）名誉主席

中国商务部原部长

中国外商投资企业协会会长

陈德铭

2019年9月

序二 化外部压力为改革动力，
推动中国经济迈上新台阶

中国经过几十年的改革开放，已经深度融入全球化进程。中美作为世界最大的两大经济体，也早已形成了你中有我、我中有你、利益交织的局面。然而，2018 年以来的中美贸易摩擦，几经波折，至今未决。中美贸易摩擦不仅损害了美国经济利益和人民福祉，也影响了我国的经济增长率，放缓了经济结构的平衡进程，给世界经济带来诸多消极影响。从全球大局角度出发，一定要把中美贸易摩擦问题处理好。我们要坚持改革开放不动摇，充分利用中美贸易摩擦的契机，将外部压力转化为改革的动力，将我们在贸易逆差、知识产权、营商环境等方面存在的问题解决好，推动中国经济迈上一个新台阶。

第一，从"外贸大国"走向"外贸强国"。

长期以来，我国主要是重出口、轻进口，因此贸易长期处于顺差状态。2018年，中国进出口总额 4.62 万亿美元，再创历史新高，其中，进口额首次突破 2 万亿美元，出口额接近 2.5 万亿美元。中美贸易方面，中国对美贸易顺差 2.14 万亿美元，扩大了 14.7%。巨大的中美贸易不平衡是贸易摩擦发生的重要原因。

从改革开放的大方向来说，解决和美国的贸易逆差问题，符合我们发展的需要。根据市场的需要和中国企业参与全球化分工、参与全球产业链的要求，建议将外贸政策从重出口向出口与进口并重转向，同时以更大的力量增加进口。当然，贸易结构的调整不可能一蹴而就，中美之间可以通过排出时间表来解决贸易逆差问题。当中国从一个外贸出口国变成外贸进口国，掌握国际贸易主动权的时候，将是一个真正外贸强国的开始。

第二，加强知识产权保护，建设创新型国家。

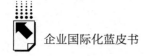

中美贸易摩擦中非常重要的一点就是知识产权的保护问题。在这一问题上，中美双方都要求保护知识产权，不允许强制技术转让。习近平主席曾在博鳌论坛上指出，要加强知识产权保护，并提出重新组建国家知识产权局，加大执法力度。建议进一步完善我国关于保护知识产权的政策，尤其是加强实施能力，让中国成为世界上最好的保护知识产权的国家之一，为创新型国家建设打下坚实的体制基础。

第三，完善投资环境和营商环境，建设最受外资欢迎的国家。

改革开放以来，我国不断改善外商投资环境，积极吸引外商对华投资。2019 年 3 月 15 日，十三届全国人大二次会议表决通过了《中华人民共和国外商投资法》（以下简称《外资投资法》）。作为一部外资领域新的基础性法律，《外商投资法》无疑将为新时期扩大对外开放、有效利用外资提供制度保障。但是，《外商投资法》具体实施条例以及配套法规是否完善，政策制定与政策执行之间的差距有多大，这些都是外商最关心的问题，也是提高国内投资环境透明度与稳定性，切实增强外商投资信心的重要保证，相信只有切实解决好这些问题，中国才能真正成为最受外商欢迎的国家。

经济全球化是不可逆转的潮流。1978 年，十一届三中全会开启了中国改革开放的历史序幕；2001 年，中国加入 WTO，深入参与全球化，国家经济实力迅速发展；2013 年，习近平总书记提出"一带一路"倡议，发出构建人类命运共同体的重要构想。这些重要的历史节点无论对中国自身经济发展与社会进步，还是对全球经济的发展，都具有重大而深远的意义。今年是中华人民共和国成立 70 周年，我们正处于近代以来最好的发展时期，每一个人、每一个企业，都应该有所作为，努力工作、埋头苦干，为实现中华民族复兴的中国梦而奋斗。

全球化智库（CCG）主席

原国家外经贸部副部长

博鳌亚洲论坛原秘书长

龙永图

2019 年 9 月

序三　从家国情怀到"福耀全球"

"发展自我，兼善天下"是福耀玻璃一直以来所秉持的理念。从当年的地方小厂到如今的全球汽车玻璃行业龙头，福耀始终积极履行对国家、对社会、对人民、对员工的责任。全球化发展过程中，福耀玻璃将全球战略定位为"福耀全球"，将承担社会责任的思想带向全球。

美国俄亥俄州代顿市，曾因汽车制造业兴旺发达。在 2008 年金融危机的冲击下，代顿市未能幸免，随着通用汽车公司一个装配厂的倒闭，上万名员工下岗，经济受到重挫，而后数年民生凋敝，城市毫无生机。2014 年，福耀玻璃买下代顿市郊莫瑞恩的原通用汽车厂房，并投入数亿美元对工厂进行改造，当废弃厂房变成世界最大的单体汽车玻璃工厂时，经济萧条的莫瑞恩有了重焕生机的希望。废旧工厂的重新开工，不但直接让数千人有了工作，更间接带动了当地的餐饮业、交通运输业等相关配套产业的复苏，福耀成为整个莫瑞恩市经济重新增长的火车头。

但是，福耀在代顿的发展也并非一帆风顺，作为中国较早"出海"的制造业企业，福耀不可避免地遇到了与当地文化融合等挑战。经验告诉我，企业进行海外投资，到俄罗斯也好，去欧洲或美国也罢，都需要本着一颗有爱的心，本着人应有的谦虚、诚实、关爱的态度去做事，不能只看到一时的利益，维系长远的发展关系更为重要。

在莫瑞恩福耀工厂，为了拉近与员工以及当地社区的距离，福耀投入了近百万美元在工厂外建造了一间近8000平方英尺的餐厅，专门为员工与当地居民提供来自中国和全球的美食。为了感谢员工，福耀在员工答谢日会邀请员工的家庭成员到工厂田径场上开展集体活动，增进公司与员工家庭、社区间的融洽关系。福耀还设立了员工困难帮扶基金，每年拨款百万美元用于

社会救济、帮助困难员工。

福耀积极为当地社区提供服务，定期向公立学校、医院和救灾组织等捐款。早在 2015 年初，福耀就向工厂所在地的代顿大学捐赠 700 万美元，支持代顿大学中国研究院的发展。今年龙卷风席卷代顿后，福耀第一时间向受灾地区捐赠瓶装水，组织员工志愿者为受灾居民和救援人员提供饭菜，以此帮助重建遭损毁的房屋。

2019 年 4 月，中国驻纽约总领事黄屏大使考察福耀美国工厂时表示："作为一家来自中国的制造业企业，福耀成为美国汽车产业链的重要一环，带动了当地其他相关制造业行业的发展，福耀在美国的运营充分展示了中美开展互利经贸合作不仅造福两国，而且惠及世界。"

中国企业走出国门后，就成为东道国当地的一名"企业公民"。公民角色，体现了一家企业的综合素质，企业既有依法经营获利的权利，也要承担由经营所引发的各种社会义务与责任。企业要做到依法合规经营，依章纳税、遵纪守法、诚实守信；企业需要尊重和保护员工的权益，尊重东道国的文化，对各国员工一视同仁；企业要敬畏自然，节约资源，保护环境；企业要为当地技术进步、经济社会发展做出贡献。我始终坚信中国古文化所倡导的"义利相济"的商道，"义"即要承担责任，把应该做的事情做到位；"利"即要让大家都得利，自己通过努力获得利润，同时也要给其他人利益。全球化是所有企业的终极目标。中国企业的海外投资，必须要能够造福当地，用心去践行企业的社会责任，遵纪守法、尊重社会、尊重员工、关心社区，做合格的当地企业公民。

全球化智库（CCG）资深副主席

福耀玻璃工业集团股份有限公司董事长

河仁慈善基金会创办人、捐赠人

曹德旺

2019 年 9 月

摘　要

《中国企业全球化报告（2020）》是全球化智库（CCG）对中国企业全球化发展持续追踪六年的研究成果。今年的报告从理论研究到实证研究，全方位对中国企业海外发展进行了梳理与分析，并开拓了跨国公司对华投资研究的新视角。全书由总报告、榜单篇、调研篇、专题篇、案例篇和附录六部分组成。

在总报告中，课题组归纳总结了 2018～2019 年全球对外投资、中国企业对外投资以及外商在华投资的情况、特点与趋势。并在这些分析的基础上，对中国企业如何应对错综复杂的国际局势，如何应对欧美发达国家对外资审查趋严的形势，尤其是在中美贸易摩擦的背景下，中国企业如何投资美国，以及"一带一路"的可持续发展、对外经贸合作区的高质量发展等问题提出建议。

在榜单篇中，课题组分别从"走出去"与"引进来"两个视角，通过对企业进行走访调研、发放问卷调查、跟进电话访谈、定期组织专题论坛、研讨会、媒体新闻监测等方式，对 2018 年至 2019 年上半年中国企业海外发展以及跨国公司在华投资情况进行了收集与研究，以投资体量、影响力、发展潜力等为重点考察因素，通过专家评议，综合评选推介出"2019 年跨国公司在华投资十大企业"与"2019 年中国企业全球化十大企业"。

通过"中国企业全球化论坛""中国与全球化论坛"等论坛、研讨会邀请政商学各界专家进行多次研讨，课题组整理汇编了专家学者与企业家的观点，形成调研篇，探寻中国企业"走出去"的真实现状与存在的问题，分析《中华人民共和国外商投资法》出台后，外商投资如何迈向新时代。

在专题篇中，课题组深入探讨了国际投资的制度环境对企业投资的影

响、企业面对复杂的海外投资形势如何提高投资质量和效益、中国企业海外发展所面临的合规问题、投资便利化议题的演进、中国企业投资美国的途径与方式、境内国际产业园建设经验、日本投资与合作机会等。

在案例篇，课题组精选了 CST 中国、中国交建、奢翔公务航空等跨国公司与中国企业"走出去"的经典案例。通过对案例的分析与解读，为企业海外发展提供借鉴与参考。

最后，在附录部分汇总了全球化智库（CCG）收集统计的 2018～2019年中国企业对外投资事件，为读者了解中国企业海外发展提供帮助。

关键词： 中国对外投资 外商在华投资 中国企业全球化

目 录

Ⅰ 总报告

Ⅱ 榜单篇

Ⅲ 调研篇

Ⅳ 专题篇

Ⅴ 案例篇

Ⅵ 附录

皮书数据库阅读**使用指南** 👆

总报告

General Report

B.1

2018～2019年中国企业全球化
发展现状与特点

王辉耀　苗绿　于蔚蔚*

摘　要： 2018年，在复杂的国际局势下，中国企业的全球投资影响力不断提升，占全球外国直接投资流量比重连续三年超过10%，同时，中国的外资流入水平保持全球领先，稳居全球第二大对外投资目的国地位。本报告在对全球及中国企业对外投资分析的基础上，总结出中国企业全球化发展遇到的五大问题，并提出了对策建议：面对海外发展的不确定性，建议政府、企业与第三方服务机构携手做好对外投资的风险管

---

* 王辉耀，博士，教授，博导，全球化智库（CCG）主任，西南财经大学发展研究院院长，研究方向为全球化战略、企业国际化、人才发展等；苗绿，博士，研究员，CCG副主任、秘书长，研究方向为企业国际化、国际人才等；于蔚蔚，硕士，CCG企业全球化研究部总监，副研究员，研究方向为企业国际化。

理，深入发掘亚非拉新兴国家的投资机会；面对欧美发达国家对外资审查趋严，建议企业加强对高技术领域海外投资的前端布局，发掘投资新蓝海，积极在海外设立研发中心，对接全球前沿技术；面对"一带一路"可持续发展问题，建议增强"一带一路"多边性，鼓励和支持中小企业参与建设，发挥市场在资源配置中的作用；针对境外经贸合作区发展瓶颈，建议推动境外经贸合作区的转型升级，形成上中下游配套发展的产业链，按照"共商、共建、共享"的理念，建立健全双边政府长效沟通协调机制等；针对中美贸易摩擦问题，提出改善中美贸易统计方法、维护多边贸易机制等建议。

关键词： 中国企业　外国直接投资　外商在华投资

2018 年，全球经济总体仍延续复苏态势，但增速明显放缓，其中，欧盟在"英国脱欧"、欧洲右翼势力大行其道、全球贸易紧张、美国加息等内外因素的影响下，经济增速回落近 0.5 个百分点；日本受自然灾害、全球贸易摩擦等影响，经济增速回落 1.1 个百分点；中国 GDP 增长了 6.6%，虽然实现了 6.5% 的预期发展目标，但仍是 1991 年以来的新低；其他主要经济体如加拿大、韩国、新加坡、土耳其等均出现经济增速放缓现象；美国在减税、制造业回归等政策刺激下，GDP 增长了 2.86%，实现近三年来的最快增速，但随着政策刺激效果的减弱，预计增速将有所回落（见图 1）。

在全球化遭遇严峻挑战、贸易局势紧张、地缘政治风险加大等国际背景下，预计 2019 ~ 2020 年全球经济运行环境将更为严峻。从联合国、国际货币基金组织、世界银行等发布的对 2019 年以及 2020 年世界经济增长率预测来看，这些国际组织对全球经济增长预期一再下调，深刻反映出在全球国际

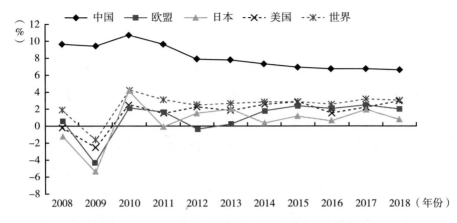

图1　2008～2018年世界及主要经济体GDP增长率

资料来源：世界银行官网，https：//data. worldbank. org. cn/。

关系与经济政策处于不确定性明显增加的时期，全球贸易、对外投资等领域复苏遇到瓶颈，世界经济下行风险加大（见表1）。

表1　国际组织对世界经济增长情况的预测

单位：%

国际组织	对2019年的第一次预测	对2019年的第二次预测	对2020年的第一次预测	对2020年的第二次预测
联合国	3	2.7	3	2.9
世界银行	2.9	2.6	2.8	2.7
国际货币基金组织	3.5	3.2	3.6	3.5

资料来源：国际货币基金组织分别在2019年1月、4月和7月，对世界经济增长率进行了三次预测，这里分别选取了1月和7月的预测值；世界银行分别在2019年1月和6月进行了两次预测；联合国在2019年1月和5月分别进行了预测。

一　2018～2019年全球外国直接投资现状和特点

（一）全球外国直接投资连续三年下滑，流入量为2010年以来最低

2018年，全球外国直接投资（FDI）流入量从2017年的1.5万亿美元下

降至 1.3 万亿美元，同比下降 13%，虽然降幅较上年有所收窄，但全球外国直接投资流入量仍是 2010 年以来的最低水平。CCG 分析认为，美国税改造成跨国公司海外留存利润回流、中美贸易摩擦的不确定性前景以及以欧美发达国家为代表的投资保护主义等因素是全球外国直接投资连年下降的重要原因。

2017 年 12 月，美国国会通过《2017 年减税及就业法案》（*The Tax Cuts and Jobs Act of 2017*），该法案不仅将美国企业税率下调至 21%，还大幅取消了对企业海外回流利润的征税。在税改政策影响下，美国跨国公司海外留存利润开始回流。美联储数据显示，2009 ~ 2017 年，美国非金融企业海外留存利润流量一直保持在 1800 亿美元以上，2013 年以来，上升到 2000 亿美元以上，2018 年 1 月，税改法案生效后，跨国公司开始汇回海外留存利润，整个 2018 年，海外留存利润流量减少 2933.63 亿美元（见图 2）。跨国公司海外留存利润是企业进行海外再投资的主要资金来源，随着利润回流，美国公司利润再投资大幅下降，这也是 2018 年全球外国直接投资流量继续下滑的重要原因。

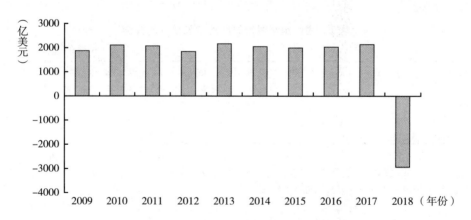

图 2　2009 ~ 2018 年美国非金融企业海外留存利润情况

资料来源：美联储，https：//www.federalreserve.gov/。

此外，中美贸易摩擦的不确定性前景使全球经济前景承压，对全球产业变迁产生重要影响，或将重塑全球产业链与价值链，这也将极大地影响跨国公司在世界范围内的投资决策。从全球范围来看，以欧美发达国家为代表的投资保护主义倾向明显，以涉及敏感行业、国家安全等为由，加强对外国投资的审查，迫使一些跨国并购以失败告终。比如，2018 年，阿里巴巴旗下数字支付公司蚂蚁金服宣布放弃收购美国企业速汇金国际，原因是美国政府相信该交易会对美国国家安全构成威胁①。

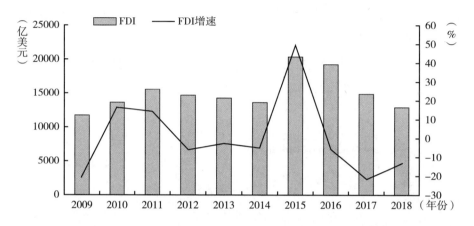

图 3　2009~2018 年全球外国直接投资（FDI）流入量与增速

资料来源：联合国贸发会议（UNCTAD）官网，https：//unctadstat. unctad. org/wds/ReportFolders/reportFolders. aspx。

（二）发展中经济体 FDI 净流入量平稳增长；转型经济体 FDI 净流入量连续两年下滑；北美对外投资大幅跳水，欧洲成为全球最大的对外投资区域

金融危机后的近十年里，全球外国直接投资对发展中经济体始终保持每年超过 2000 亿美元的净流入，2018 年，发展中经济体 FDI 净流入量 2884.9 亿美元，同比增长 26%。研究显示，经济增长潜力越大的国家越有利于 FDI 净流入②，2008 年金融危机以来的数据表明全球外国直接投资较看好亚洲发展中经济体的经济增长潜力。

发达经济体一直是全球 FDI 的主要来源，不过，其对外投资在 2015 年

---

① 石岩：《欧盟外资监管改革：动因、阻力及困局》，《欧洲研究》2018 年第 1 期。
② 田素华、王璇：《FDI 双向流动和净流动影响因素研究》，《世界经济研究》2017 年第 7 期。

达到1.24万亿美元的峰值后，连续三年呈下滑状态。2018年，发达经济体FDI流出量降到5584亿美元，同比下降近40%，占全球外国直接投资流出量的55.1%，较2017年下降9.85%。其中，北美对外投资大幅跳水，同比下降103%；欧洲对外投资4183.6亿美元，占发达经济体对外投资的74.9%，成为全球最大的对外投资区域。

转型经济体的FDI净流入量也出现了连续两年下滑的情况，2018年，转型经济体FDI净流出39.6亿美元（见图4）。

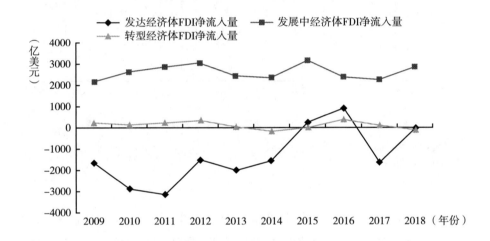

图4　2009～2018年全球各大经济体FDI净流入量对比

资料来源：联合国贸发会议（UNCTAD）。这里的FDI净流入量＝同期FDI流入量－同期FDI流出量。

（三）绿地投资实现金额与数量的双增长，跨国并购交易活跃度有所下降

投资方式方面，2018年绿地投资实现金额与数量的双增长，其中金额上涨超过40%，数量实现连续三年上涨；跨国并购在金额上同比增长17.5%，不过，跨国并购在数量上结束连续四年上涨态势，同比下降2.1%，其交易活跃度有所下降（见图5）。

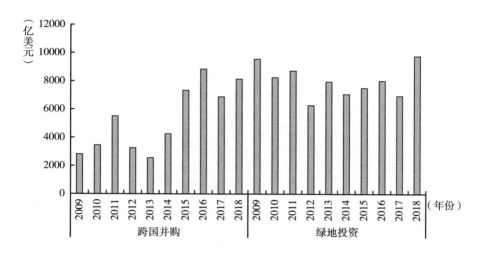

图5　2009～2018年跨国并购与绿地投资总额对比

资料来源：联合国贸发会议（UNCTAD）。

（四）第一产业吸收外资创近年新高，同比增长286.3%；第二、第三产业中，化学原料及化学制品制造业、金融业吸收外资金额占比最大，分别为26.6%与35.6%

2009年至今，除个别年份外，第三产业吸收全球外国直接投资的金额一直是三大产业里面最多的，2009～2018年吸收外资6.98万亿美元，占比52%，第二产业吸收外资5.71万亿美元，占比43%（见图6）。

从2018年的情况来看，三大产业吸收外国直接投资金额均有所增长，其中涨幅最大的是第一产业，同比增长286.3%，达到708亿美元。第二、第三产业吸收外资金额分别增长了14.9%和34.4%（见图7）。第二产业中，化学原料及化学制品制造业吸收外资金额占比最大，达到26.6%，其次是石油加工、炼焦及核燃料加工业、交通运输设备制造业等。第三产业中，金融业吸收外资金额所占比重最大，为35.6%，其次为商务服务业、电力、煤气及水的生产和供应业等。

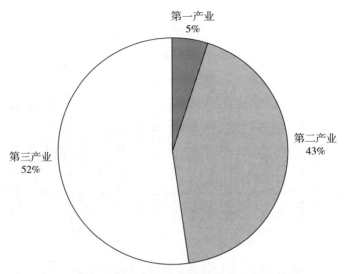

图6 2009～2018年三大产业累计吸收FDI情况

资料来源：联合国贸发会议（UNCTAD）。

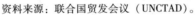

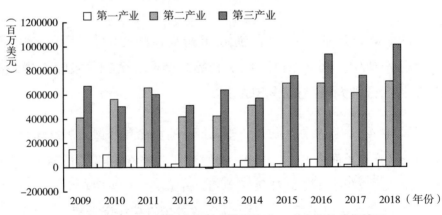

图7 2009～2018年全球外国直接投资在三大产业的分布情况

资料来源：联合国贸发会议（UNCTAD）。

（五）日本取代美国成为全球最大对外投资国，美国仍是全球最大对外投资目的国

近年来，日本的通信、金融、零售等行业企业积极进军海外，对外直接投资呈增长之势。2018年，日本取代美国成为全球最大对外投资国，全年

对外直接投资 1431.6 亿美元；中国紧随其后，由 2017 年的全球对外投资第三位上升到第二位；在全球前十大 FDI 来源国家（地区）中，法国和荷兰的对外直接投资实现大幅增长，增长率分别为 148.2% 和 110.5%。其中，法国对外直接投资额为该国近十年来最高；美国因受到该国跨国企业海外留存利润大量回流的影响，未能进入全球对外投资经济体前 20 位（见图 8）。

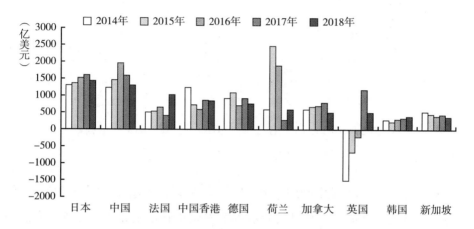

图 8　2014～2018 年全球外国直接投资（FDI）流出量排名前十的国家（地区）

资料来源：联合国贸发会议（UNCTAD）。

2018 年，美国仍稳居全球最大对外投资目的国，全年吸收外资 2518.1 亿美元。中国吸收外资 1390.4 亿美元，同比增长 3.7%，位居第二。从全球十大对外投资目的国（地区）来看，西班牙、加拿大和澳大利亚对外资吸引力表现突出，其增长率分别达到 108.4%、59.6%、42.9%（见图 9）。

（六）各国，尤其是欧美发达国家对外资持谨慎态度，限制性外资政策数量创近年新高；亚洲发展中经济体成为推动国际投资自由与便利化的关键力量

2018 年，各国出台的外资政策总量为 112 项，同比减少 22.2%，其中，自由化与便利化政策以及中性政策出台数量均出现大幅下降，分别下降 33.7% 和 30.4%。与此形成鲜明对比，限制性政策出台数量却大幅上升了

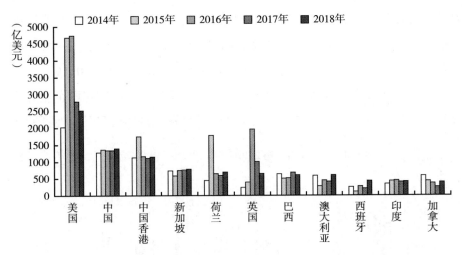

图9　2014～2018年全球外国直接投资（FDI）流入量排名前十的国家（地区）

资料来源：联合国贸发会议（UNCTAD）。

34.8%，全年出台31项限制性政策，创2011年以来的新高（见图10）。各国对外资态度更为谨慎，尤其是高新技术及关键基础设施领域，比如，欧盟理事会通过了针对外商投资的新审查框架，美国众议院和参议院相继通过《外国投资风险评估现代化法案》，进一步扩大美国外国投资委员会（CFIUS）审查权限，英国先后通过《英国外商投资审查新规》《国家安全和投资》白皮书等。

图10　2008～2018年各国投资政策数量变动情况

资料来源：联合国贸发会议（UNCTAD）；《2019年世界投资报告》。

需要指出的是，在推动国际投资自由化和便利化过程中，亚洲发展中经济体正扮演着重要角色。2018年，亚洲发展中经济体出台的42项国际投资政策中，76.2%属于投资自由化与便利化政策；而欧美发达国家共出台29项国际投资政策，其中72.4%属于限制性政策。

二 2018～2019年中国企业对外直接投资现状及特点

（一）中国企业在全球的投资影响力不断加大，占全球外国直接投资流量比重连续三年超过10%，占全球外国直接投资存量的比重排名全球第三

2018年，中国企业在全球外国直接投资大幅下滑的背景下，实现对外直接投资1430.4亿美元，虽然同比下降了9.6%，但降幅较2017年有所收窄（见图11）。并且，中国企业在全球的投资影响力不断加大，占全球外国直接投资流量比重连续三年超过10%，2018年占全球外国直接投资存量的比重为6.3%，仅次于美国和荷兰（见图12）。

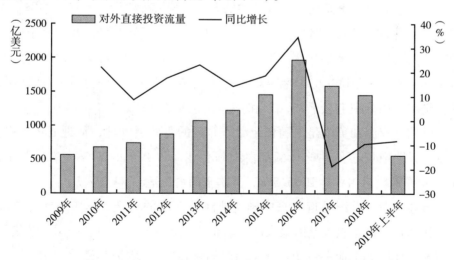

图11 2009～2019年上半年中国企业对外直接投资流量情况

资料来源：中国商务部。

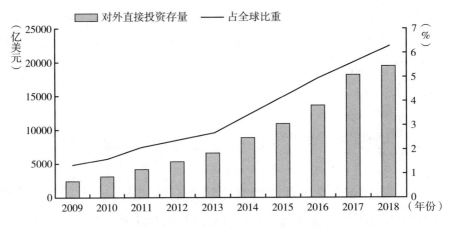

图12　2009～2018年中国企业对外直接投资存量情况

资料来源：联合国贸发会议（UNCTAD）。

（二）并购仍是中国企业海外投资的首选方式，1亿美元以上的绿地投资有所回暖；中国企业海外并购青睐欧洲，在美国及亚洲的并购数量和金额均有所下降

中国企业目前仍倾向于通过并购的方式实现海外投资。不过，中国企业海外并购自2016年达到峰值后，近几年出现连续下降态势，其中，中国企业赴美投资下降是重要原因。2018年，中国企业1亿美元以上的跨国并购数量和金额分别下降12.1%和47.6%。1亿美元以上的绿地投资有所回暖，其数量与金额分别上涨了28.6%和49.1%（见图13）。

欧洲、亚洲和美国是中国企业海外并购的主要目的地，从近五年来看，无论是并购数量还是并购金额都占中国企业海外并购的80%左右，其中，2018年并购数量占比达到85.5%，并购金额占比达到84.3%。

具体来看，欧洲是近年来中国企业海外并购的首选，其中不乏经典案例，比如吉利汽车收购北欧最大的汽车企业沃尔沃（Volvo）；中国三峡集团投资葡萄牙最大企业——葡萄牙电力公司（EDP），成为其最大股东；中国化工收购全球第一大农药、第三大种子巨头瑞士先正达（Syngenta）；等等。2018年，虽然中国企业在欧洲发生的并购数量有所下降，但并购金额同比

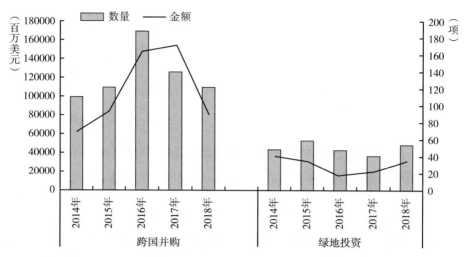

图13　2014～2018年中国企业超过1亿美元的跨国并购与绿地投资情况

资料来源：China Global Investment Tracker。

增长23.5%，仍为各区域最大值；中国企业赴美投资在2016年达到峰值后，出现连续两年下降态势，2018年赴美并购的数量与金额同比分别下降9.5%和28.6%；中国企业在亚洲的投资也出现下降，2018年在亚洲的并购数量和金额同比分别下降14.4%和58.4%（见图14）。

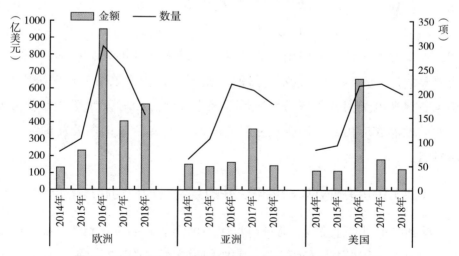

图14　2014～2018年中国企业海外并购主要区域分布情况

资料来源：普华永道、全球化智库（CCG）数据库。

与绿地投资等投资模式相比，跨国并购可以在相对短的时间内帮助企业进入目标市场，获得目标企业的技术、管理、商标等无形资产及关键能力，这成为中国企业主要的海外投资方式。近年来，中国企业海外并购行业选择上更青睐高端制造业、信息技术、生物医药、消费品相关行业等，行业结构更趋多元和优化。

（三）制造业占中国企业对外直接投资的半壁江山，信息传输、计算机服务和软件业表现稳定，阿里巴巴等企业表现不俗

CCG统计数据显示，2018年以来，中国企业对外直接投资发生在制造业的数量最多，占比达49.6%，例如，2019年1月，青山实业宣布向印度的托莱拉（Dholera）投资30亿美元兴建不锈钢与电动汽车电池工厂。3月，山东如意科技集团发布公告，如意科技联合其他投资人完成了对全球最大的综合纤维、面料与表面涂层的生产及经销商美国英威达（Invista）旗下三大品牌及生产线的收购。

信息传输、计算机服务和软件业占总投资案例的15.4%（见图15）。其中，阿里巴巴、腾讯、网易、京东等中国互联网企业都有不俗表现。比如，2018年以来，阿里巴巴对外投资不仅覆盖了新加坡、印度尼西亚、泰国、巴基斯坦、印度、以色列等亚洲国家，而且向欧洲国家延伸，比如收购了位于德国柏林的数据处理创业公司data Artisans，该公司主要是利用Apache Fink技术，帮助企业部署大规模数据处理解决方案。中国企业在电子商务领域已经取得了技术优势，随着云计算、大数据等技术的发展和应用，中国企业在跨境电商行业将迎来更多投资机会与发展机遇。

（四）民企海外并购较活跃，并购数量与规模均超过国企

受到一系列监管政策、海外市场对中国企业并购审核趋严等因素的影响，中国企业海外并购有所降温，并购规模大幅下降，2018年，国企海外并购64项，同比下降36.6%，民企海外并购310项，同比下降33.6%。两

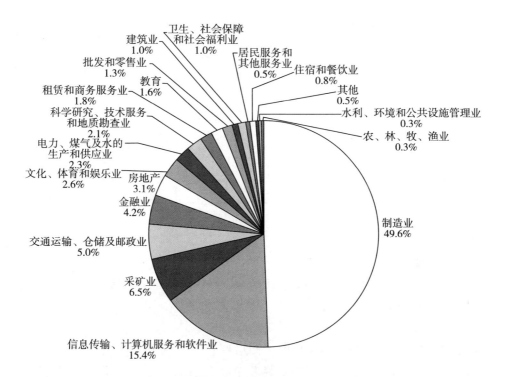

图15　中国企业对外直接投资行业分布情况

资料来源：全球化智库（CCG）数据库。根据 2018 年至 2019 年上半年中国企业对外直接投资数量分析。

者相较，民企海外并购更为活跃（见图 16）。

随着国内对中国企业海外并购政策由严格监管向引导规范转变，2019年上半年，海外并购有回暖势头，国企和民企分别发生 134 项和 260 项海外并购。

（五）私募股权基金、风险投资基金等财务投资者与产业类战略投资者合作进行海外并购的趋势愈加明显

近年来，私募股权基金、风险投资基金等财务投资者积极参与海外投资，普华永道统计数据显示，2018 年，中国企业中的财务投资者参与海外并购数量占比超过40%，达到历史新高。CCG 研究发现，这些海外投资显

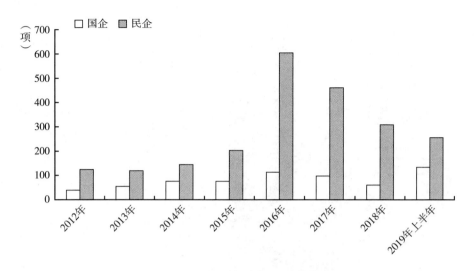

图16　2012 年至 2019 年上半年国企与民企海外并购对比

资料来源：普华永道。

现出某些特征，除了对初创企业的早期投资热情不减外，还倾向于同产业类投资者联合投资成熟企业，比如云锋基金联合鱼跃、万东医疗等以 19 亿元人民币收购意大利医疗设备商百胜（Esaote），联合微创医疗以约 1.9 亿美元收购意大利医械公司 LivaNova 旗下心律管理业务（CRM）品牌索林（Sorin）；鼎晖投资联合远大医药以 14 亿美元收购澳洲肝癌治疗器械生产商 SirtexMedical；等等。

（六）中国企业对"一带一路"建设投资积极推进，成效显著，占中国企业对外投资的比重稳步上升

2013 年，"一带一路"倡议自提出以来，得到越来越多国家和国际组织的支持与参与，截至 2019 年 7 月，已有 136 个国家与中国签署了"一带一路"合作文件。这些国家多来自非洲、亚洲、欧洲，占比分别为 30%、29% 和 20%（见图17）。

2018 年，中国企业对"一带一路"沿线的新加坡、老挝、越南、印度尼西亚、巴基斯坦、马来西亚、俄罗斯、柬埔寨等 56 个国家实现非金融类

直接投资 156.4 亿美元，同比增长 8.9%，占中国企业非金融类对外直接投资的 13%（见图 18）。

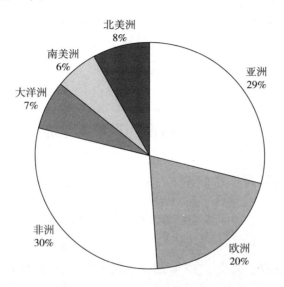

图 17　与中国签订"一带一路"合作文件的国家区域分布

资料来源：中国"一带一路"网。

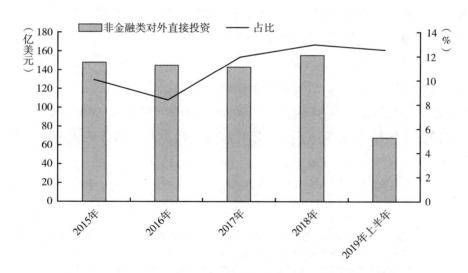

图 18　2015 年至 2019 年上半年中国企业对"一带一路"投资情况

资料来源：中国商务部网站。

境外经贸合作区是中国企业对外投资的重要平台，也是推进"一带一路"建设的重要抓手，商务部统计数据显示，中国对在国外共建的境外经贸合作区累计投资已接近 400 亿美元，为东道国贡献了超过 30 万个就业岗位以及超过 30 亿美元的税费，其中，与"一带一路"沿线国共建的境外经贸合作区占比达到 70% 以上。

三　中国外商投资的现状与发展趋势

（一）中国外商投资概况

改革开放以来，中国吸引了大量的外商直接投资，投资额从每年约 10 亿美元增长到 2018 年超过 1349 亿美元。外商投资对中国经济增长、外贸进出口、税收、就业、技术创新等都发挥了积极作用。2010 年，习近平主席在联合国贸发会议演讲中指出，中国约有 22% 的税收、28% 的工业增加值、50% 的技术引进、55% 的进出口、大约 4500 万人的就业，来自外商投资企业的贡献。香港大学商学院教授米高 - 恩莱特在《助力中国发展：外商直接投资对中国的影响》中也指出，1995～2013 年外资和外资企业对中国 GDP 的贡献率为 16%～34%，对中国就业的贡献率为 11%～29%[1]。2017 年，外商投资企业以占全国不足 3% 的数量，创造了约 50% 的对外贸易、25% 的规模以上工业企业利润以及 20% 的税收收入，在促进国内实体经济发展、平衡国际收支以及社会稳定等方面发挥了重要作用[2]。

外商在华投资的飞速增长离不开中国投资环境的改善和投资政策的推

---

[1]　白光裕、马林静：《积极合理有效地利用外资》，中国商务部，http：//history. mofcom. gov. cn/？newchina = %e7%a7%af%e6%9e%81%e3%80%81%e5%90%88%e7%90%86%e3%80%81%e6%9c%89%e6%95%88%e5%9c%b0%e5%88%a9%e7%94%a8%e5%a4%96%e8%b5%84 - 2，最后检索时间：2020 年 3 月 26 日。

[2]　《去年全国新设立外商投资企业超 3 万家》，http：//industry. people. com. cn/n1/2018/0117/c413883 - 29769657. html，最后检索时间：2020 年 3 月 27 日。

动。1979 年起，中国设立了深圳、珠海、汕头、厦门四个经济特区，并逐步建立了多个国家级经济技术开发区，形成了由特区、经济技术开发区、保税区、高新技术产业开发区、边境自由贸易区、沿江沿边开放地带、省会城市等构成的多层次、全方位开放格局①。"西部大开发"和"中部崛起"战略进一步开放和开发中西部地区，以吸引更多外国资本和先进人才进驻。随着 2001 年中国加入世界贸易组织，中国也继续完善相关政策，改善投资环境。

与经济体系的开放相辅相成的是外商投资有关法律的逐步完善。1979年，《中华人民共和国中外合资经营企业法》正式颁布，这是中国第一部利用外资的法律。此后，《中华人民共和国外资企业法》和《中华人民共和国中外合作经营企业法》相继颁布实施，形成了中国利用外资的主要法律体系。2019 年 3 月，《中华人民共和国外商投资法》获得通过，这是中国首部外商投资领域统一的基础性法律，于 2020 年 1 月正式实施，这意味着中国将进一步加强对外商投资合法权益方面的保护。2019 年以来，中国一方面通过《外商投资准入特别管理措施（负面清单）（2019 年版）》《自由贸易试验区外商投资准入特别管理措施（负面清单）（2019 年版）》，不断压缩外资准入负面清单条目；另一方面，通过《鼓励外商投资产业目录（2019年版）》等政策，不断扩大鼓励外商投资的领域（见表 2）。

国务院发展研究中心等针对 45 家在华世界 500 强企业的调研显示，跨国企业对《中华人民共和国外商投资法》的重大意义表示充分肯定，他们认为该法加强了对外商投资权益的保护，增强了外商投资便利性，但也表示其条文概括抽象，配套实施机制仍不完善，对立法意图能否得到真正贯彻仍心存疑虑②。

---

① 《中国产业园区改革开放 40 年发展历程》，https：//tdi. tongji. edu. cn/jiangzuo_ show. asp？id＝1028，最后检索时间：2020 年 3 月 27 日。

② 张纯、张锦、马晓白：《跨国企业期待尽快完善〈外商投资法〉配套法规》，《调查研究报告》，2019 年第 137 号，http：//www. drc. gov. cn/n/20190816/1－224－2899145. htm，最后检索时间：2020 年 3 月 26 日。

表 2   2017 年至今中国颁布的部分外商投资法律政策

时　间	文　件
2017 年 1 月	《国务院关于扩大对外开放积极利用外资若干措施的通知》(国发〔2017〕5 号)
2017 年 6 月	《国务院办公厅关于印发自由贸易试验区外商投资准入特别管理措施(负面清单)(2017 年版)的通知》(国办发〔2017〕51 号)
2017 年 8 月	《国务院关于促进外资增长若干措施的通知》(国发〔2017〕39 号)
2017 年 9 月	《商务部办公厅关于进一步做好鼓励类外商投资企业进口设备减免税有关工作的通知》(商办资函〔2017〕367 号)
2018 年 6 月	《自由贸易试验区外商投资准入特别管理措施(负面清单)(2018 年版)》
2019 年 3 月	《中华人民共和国外商投资法》
2019 年 6 月	《鼓励外商投资产业目录(2019 年版)》
2019 年 6 月	《外商投资准入特别管理措施(负面清单)(2019 年版)》
2019 年 6 月	《自由贸易试验区外商投资准入特别管理措施(负面清单)(2019 年版)》

资料来源：根据国务院、商务部等官网资料整理。

中国美国商会 2019 年度白皮书指出，"商会成员面临的最大挑战仍然是法律法规不一致或不明确，以及执法不公平。目前政策制定与政策执行之间的差距仍然很大"。中国欧盟商会的统计则显示，15% 的成员面临的壁垒存在于市场准入负面清单或外商投资负面清单，大约 30% 的成员在国内面临复杂的行政审批流程及获得运营资质困难等问题。

可见，作为一部基础性法律，《中华人民共和国外商投资法》具体实施条例以及配套法规的制定与执行是其真正落实到位的保证，也是提高国内投资环境的稳定性与透明度、增强外商投资信心的重要保证。因此，相关部门还需要尽快制定《中华人民共和国外商投资法》的具体实施细则，建议邀请世界知识产权组织等作为第三方监督，让法律条文更具操作性。在贯彻落实过程中，要做到政策执行落实到位，真正为我国高水平开放格局的形成提供强有力的法治保障。

此外，未来我国还需要进一步减少负面清单中的市场准入限制，在更多部门实施市场开放，创造一个真正公平的竞争环境，根据法律平等保护知识产权，对中国企业与外资企业做到一视同仁，加大吸引外商来华投资力度。

（二）中国外商投资现状

1. 外商投资增长情况

自2001年中国入世以来，外商在华投资金额总体呈增长态势，从2001年的468.78亿美元增长到2018年的1349.7亿美元①。受2008年金融危机等因素影响，其间增长率出现了一些波动，但近年来渐趋稳定，2017年和2018年吸引外资分别保持在4%和3%的增长率水平（见图19）。

从全球来看，中国的外资流入水平多年来均保持领先。根据联合国贸发会议（UNCTAD）统计，1992～2018年，中国连续27年成为吸收外资最多的发展中国家，其中，2018年中国继续保持全球第二大FDI流入国地位②。

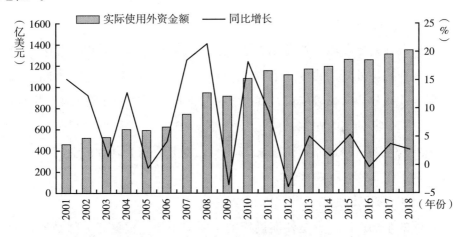

图19　2001～2018年中国实际使用外资情况

资料来源：国家统计局、中国商务部网站。

从企业数量上来看，中国从2001年起每年都新增数万家外商投资企业。2001年共有26140家，而到2018年，这一数目翻了一番多，当年共有60533家新设立的外商投资企业，同比增长69.8%（见图20）。

---

① 国家统计局：《2018年国民经济和社会发展统计公报》，2019。

② UNCTAD：*World Investment Report*，2019.

图 20　2001～2018 年中国新设立外商投资企业情况

资料来源：中国商务部。

2. 外商投资产业结构

改革开放初始阶段，外商在华投资主要集中于劳动密集型制造业，2011年，服务业利用外资所占比重首次超过制造业。2018 年，三大产业在华新设外商企业数量均有显著增长，其中农林牧渔业、制造业和服务业分别新设639 家、6152 家和 53696 家，同比分别增长 10.4%、23.4% 和 78.6%。实际使用外资方面，制造业同比增长 22.9%，服务业和农林牧渔业有所下降，同比分别下降 3.8% 和 10.1%。

3. 外商投资区域分布

中国的东部地区一直是外商投资的主要集中地，根据商务部数据显示，2017 年，我国东部地区新设外商投资企业数量、实际使用外资金额占比分别为 90.4%、87.5%。近年来，我国积极鼓励外资向中西部地区转移，2019 年 6 月，国家发改委、商务部发布了《鼓励外商投资产业目录（2019年版）》。在中西部目录中进一步增加了劳动密集型、先进适用技术产业以及配套设施等条目，进一步加大对中西部承接外资产业转移的支持力度①。

① 《〈鼓励外商投资产业目录〉发布》，中国政府网，http://www.gov.cn/zhengce/2019-07/01/content_5404739.htm，最后检索时间：2020 年 3 月 26 日。

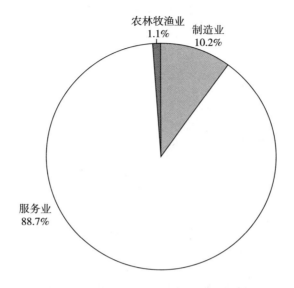

图21　2018年外商在中国投资产业分布情况

资料来源：中国商务部官网。

在国家政策利好下，中西部地区迎来了承接东部产业梯度转移的机遇，外商投资覆盖的区域范围也更为广泛。2017年，我国中部地区新设立的外商投资企业为1672家，实际利用外资83.1亿美元，同比增长超过17%，增速远高于全国4%的平均水平。西部地区新设外商投资企业数量达到1761家，同比大幅增长43.2%，市场主体活力得以激发①（见图22）。

4. 外商投资来源地

亚洲是中国外商投资的主要来源地。以2015～2018年数据为例，在华投资前十大国家（地区）中，来自亚洲国家（地区）的数量占比超过一半，实际投资金额占比更是超过85%，其中，香港地区为中国外资的第一大来源地，新加坡、中国台湾、韩国、日本、澳门等亚洲国家（地区）长期处于对华投资前十大来源地，此外，英国、德国和美国也长期属于对华投资前十大来源国，2018年，来自英国和德国的投资分别为38.9亿美元、36.8亿

---

①　商务部：《中国外资统计公报2018》，2019。

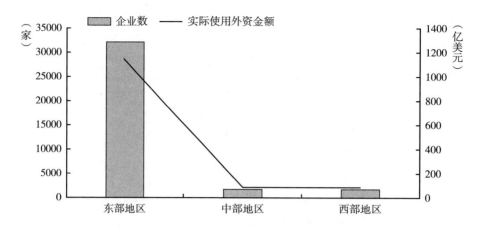

图22　2017年外商在中国投资的区域分布情况

资料来源：中国商务部。

美元，同比大幅上涨159%和139%；来自美国的投资为34.5亿美元，同比增长10%①。

2018年，来自东盟、欧盟、"一带一路"沿线国家的投资分别增长16.5%、34.9%和16%，各区域占中国吸收外资的比重分别为4.5%、8.8%和4.8%，占比均有所上升，尤其是来自欧盟的外资占比上升了2.1个百分点。

5.外商投资的主要形式

改革开放以来，外商在华投资形式经历了逐步摸索和转型的过程。改革开放初期，外商对中国的投资政策、投资环境等较为谨慎，因此多以中外合资、中外合作的形式进入中国。2001年中国加入世贸组织，不断与国际经贸规则接轨，随着国内营商环境的改善，越来越多的跨国公司开始在中国进行战略投资和布局。入世以来，外商在华投资的形式开始呈现新特点，首先，外商独资成为外商青睐的投资形式。入世前后的数据对比很好地说明了这一点：2000年，中外合资、中外合作、外商直接投资企业实际投资金额

① 中国商务部官网：《2018年1~12月全国吸收外商直接投资快讯》，http://www.mofcom.gov.cn/article/tongjiziliao/v/201901/20190102832209.shtml，最后检索时间：2020年3月26日。

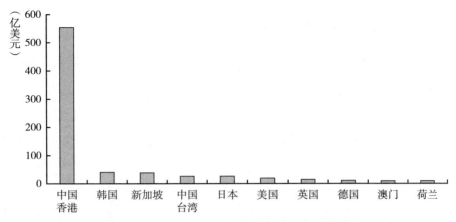

图23 2019年1～7月中国外商投资来源地前十位

资料来源：中国商务部。

占比分别为35.8%、15.9%和46.9%。2002年，上述三种类型企业实际投资金额占比分别为28.4%、9.6%、60.2%。其次，外商在华投资类型更为丰富多元，外商投资股份制企业、合作开发以及合伙企业等形式的外商投资占比从2000年的1.3%上升至7.6%。

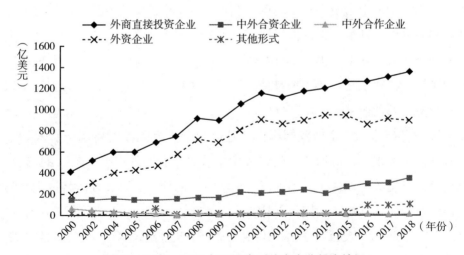

图24 2000～2018年不同类型外商在华投资情况

注：2001年、2003年数据缺失。

资料来源：中国商务部。

（三）中国外商投资发展趋势

1. 中国致力于发展更高层次的开放型经济，随着营商环境的不断改善，预计外商投资规模将保持稳定

近年来，反全球化、逆全球化现象凸显，一些国家走向单边主义和贸易保护主义道路。在这样的国际环境下，中国坚定维护经济全球化，坚持并扩大自身的对外开放，致力于发展更高层次的开放型经济。2016 年，G20 杭州峰会上发布了《G20 全球投资指导原则》，确立了全球投资规则的总框架，是全球投资治理领域的首份纲领性文件，对全球投资增长具有重要意义。2018 年和 2019 年，中国连续举办两届"一带一路"国际合作高峰论坛，举办了世界上首个以进口为主题的大型国家级展会，坚持多边主义，打造开放型合作平台，维护并发展开放型世界经济，推动构建公正合理的国际经贸规则体系，推动建设人类命运共同体。

《中华人民共和国外商投资法》《外商投资准入特别管理措施（负面清单）》《自由贸易试验区外商投资准入特别管理措施（负面清单）》等一系列法律、政策的出台及自贸试验区等利用外资平台的制度创新，都将进一步营造良好的投资环境。根据世界银行《2019 年全球营商环境报告》，中国大陆营商环境较上年大幅提升 32 位。在"开办企业""获得电力""办理施工许可证""登记财产""保护少数投资者""纳税""跨境贸易"等方面均取得了卓有成效的改善。

2016 年以来，在全球范围内 FDI 连续三年大幅缩减的背景下，我国外商投资流量实现了逆势增长，随着《中华人民共和国外商投资法》的出台、国内营商环境的不断优化、国内巨大市场潜力的释放，预计外商将进入更为广泛的行业领域，投资规模将保持稳定。

2. 提升利用外资质量是我国利用外资的新方向，高技术产业将成为外商在华投资的重要方向

随着我国国内经济的发展，积极提高利用外资质量成为我国利用外资政策的重头戏，比如国发 5 号文鼓励外商投资高端制造业、绿色制造业、智能

制造业等领域，国发 39 号文引导外资更多投向高技术、高附加值产业。在一系列政策的支持下，近年来，外商在华投资开始向高端产业集聚，高技术制造业和高技术服务业实际利用外资均保持较高增速。2019 年前 4 个月，我国电子及通信设备制造业、计算机及办公设备制造业实际使用外资分别同比增长 38.7% 和 45.8%；信息服务、研发与设计服务、科技成果转化服务分别同比增长 57.4%、49.1% 和 96.3%[①]。

高技术产业处于全球价值链的高端，成为全球主要经济体竞相投资发展的重点领域。联合国贸发会议统计数据显示，未来几年高技术领域跨国公司在投资意愿与投资规模方面均超过全球平均水平[②]。随着《中华人民共和国外商投资法》的出台，其中关于知识产权保护和禁止强制技术转让方面的规定，也有利于吸引高技术产业等领域外资。在国内外社会经济发展背景下，预计高技术制造业、服务业等将成为未来外商在华投资的重要方向。

3. 外商在华投资区域分布格局上有望更趋平衡

在区域分布格局方面，外商在华投资一直以来主要集中于东部地区，这与东部地区的经济基础、市场潜力、消费水平、开放程度等都有重要关系。近年来，我国积极鼓励外资向中西部地区转移。2017 年以来新建的 14 个自贸试验区中，57% 分布于中西部地区。国家发改委、商务部发布的《鼓励外商投资产业目录（2019 年版）》中，也在中西部目录中进一步增加劳动密集型、先进适用技术产业以及配套设施等条目，不断加大对中西部承接外资产业转移的支持力度。在国家政策的引导下，随着中西部地区投资环境、配套服务等方面的逐渐完善，外商在华投资区域分布格局上有望更为平衡。

4. 外商在华投资企业类型将更为丰富多元，独资仍最受外商青睐

中国入世后，中外合资经营企业、中外合作经营企业和外商独资经营企业成为外商在华投资的三种主要形式。其中，外商独资经营企业最受外资青

---

① 《前 4 月我国新设外商投资企业超过 1.3 万家》，新华网，http：//www.xinhuanet.com/2019 - 06/05/c_ 1124583770.htm，2019 年 5 月 17 日，最后检索时间：2020 年 3 月 26 日。

② 商务部：《中国外商投资报告 2018》，2019。

眛，其实际投资金额占比从 2000 年的 46.9% 增长到 2018 年的 66.2%。随着汽车、能源、金融等领域外资股比限制的进一步放开甚至取消，外商在华独资项目纷纷落地。比如，汽车行业，在中国取消对新能源汽车的外资股比限制后，美国特斯拉公司成为首家在华独资建厂的车企。石化行业，德国化工巨头巴斯夫集团首开中国重化工行业外商独资企业先河。

5. 自贸试验区、自由贸易港将成为我国吸引外商投资的新高地

2013 年，我国在上海建立了第一个自贸试验区，在此后近 7 年的时间内，又相继建立了广东、天津、福建、辽宁、浙江、河南、湖北、重庆、四川、陕西、海南、山东、江苏、广西、河北、云南以及黑龙江共 18 个自贸试验区，成为全球发展合作的重要平台。商务部统计数据显示，2019 年上半年，前 4 批的 12 个自贸试验区吸引外商实际投资近 700 亿元，占比约为 14%，实际使用外资增长超过 20%，比全国增速高近 13 个百分点。在积极推进自贸试验区建设的同时，我国还瞄准了更高水平的开放，即开始探索自由贸易港的建设。2018 年 4 月，海南被赋予探索建设自由贸易港的使命。

《中华人民共和国外商投资法》于 2020 年 1 月开始施行，全面实施外商投资准入前国民待遇加负面清单管理制度，加强对外资的保护，对外资企业产权、知识产权、商业秘密的保护将在自贸试验区得以贯彻①。此外，建议在条件成熟的自贸试验区对全球 FTA 贸易协定中的"零关税、零壁垒、零补贴"原则进行先行试验。

自由贸易港是全球开放水平最高的区域，在资本、人才、信息、政府管理等方面都需要做出特殊的政策安排，进行全方位的变革，形成完善的知识产权保护、公开公正透明的法治化营商环境，真正做到对所有企业都一视同仁、平等对待。自由贸易试验区的大力推进以及对中国特色自由贸易港的积极探索，无疑将对外资企业投资中国形成极大的吸引力，有望形成吸引外资的新高地。

---

① 《自贸试验区增至 18 个，完善全面开放新格局》，《中国经济导报》2019 年 8 月 30 日，http://www.ceh.com.cn/cjpd/2019/08/1159365.shtml。

四 中国企业全球化发展的问题与建议

（一）错综复杂的国际局势给中国企业海外发展带来极大的不确定性

近年来，贸易保护主义、单边主义持续升温，经济全球化遭遇严峻挑战。美国、英国等国家曾经是经济贸易全球化的大力倡导者、积极实践者和最大获利者，然而，特朗普上台后，美国退出 TPP，并扬言退出世界贸易组织；英国则开始了漫长的脱欧进程。大国关系方面，美国等西方国家希望长期保持在世界经济领域中的主导地位，美国则极力在亚太地区扮演"离岸平衡手"的角色①，2019 年 6 月 1 日，美国国防部发布首份《印太战略报告》，报告在结语中写道，"随着大国竞争加剧，我们将继续投资、有所行动和调整方向，以维护使所有国家受益的规范性国际秩序。为了维护印度 – 太平洋地区的自由和开放，我们将把我们在该地区的拓展活动建立在我们强大的联盟和伙伴关系的基础上。在加强建设同盟国能力的同时，我们还将转变态度，提高存在感。"②

风云诡谲的国际形势对中国企业的海外投资造成了极大的不确定性，也给中国企业未来的海外发展带来巨大挑战。

CCG 建议：

政府、企业与第三方服务机构携手做好对外投资的风险管理。政府需要建立和完善中国企业海外投资的整体保护框架，通过投资方面的国内立法和国际条约的签订来管控风险。企业需要搭建风险管控体系，将风险管理贯穿到投资经营的各个环节。重视前期的风险评估，以此为开展投资活动的基础。使用法律服务，发挥律师团体的专业作用，做好法律尽职调查和其他法

---

① 王辉耀、苗绿主编《全球化向何处去——大变局与中国策》，中国社会科学出版社，2019，第 45 页。

② 美国国防部网站，https：//www.defense.gov/，最后检索时间：2020 年 3 月 26 日。

务事项。用好海外投资保险，了解国内的海外保险制度以及国际保险制度，以有效分散风险。同时也要利用必要的安保服务，保障企业海外人员、财产的安全。

深入发掘亚非拉新兴国家的投资机会。以非洲为例，2019 年 7 月，第 12 届非洲联盟非洲大陆自由贸易区特别峰会正式宣布非洲大陆自贸区成立。从成员数量看，非洲大陆自贸区将成为全球最大的自由贸易区，或将形成一个涵盖 12 亿人口、GDP 合计达 2.5 万亿美元的市场。非洲大陆自贸区的成立将使非洲大陆的投资环境得到进一步改善。非洲对中国推动的中非产能合作以及"一带一路"建设抱有很大期待，中国企业可以进一步探寻非洲的投资空间。

（二）欧美发达国家对外资审查趋严，中国企业成为重点审查对象

根据联合国贸发会议（UNCTAD）对全球各国对外资政策的统计显示，近年来，自由化与便利化政策数量占比呈下降趋势，限制性政策数量所占比重有所上升。2018 年，各国出台的外资政策中，自由化与便利化政策大幅下降，限制性政策出台数量大幅上升，全年限制性政策出台量创 2011 年以来的新高。这其中，欧美发达国家扮演了重要的角色，在这些国家全年出台的 29 项国际投资政策中，72.4% 属于限制性政策（见图 25）。

在全球对外资审查趋严的大背景下，各国，尤其是欧美发达国家对来自中国企业的投资进行了重点审查。比如美国《外国投资风险评估现代化法案》就新增加了专门针对中国投资的部分，将中国投资列为重点审查对象，而且在美国外资安全审查的对象国中，来自中国的数量已连续五年位居榜首。

近年来，欧洲国家也一改对外资审查低限管制的特征，不断修订外资安全审查制度与法律。德国在 2017 年通过《对外经济法》实施条例的修订后，成为欧洲首个收紧外资并购的国家。根据德国经济部公布的数据，2017 ~ 2018 年，在德国对外国收购德国企业的审查案例数量中，中国连续

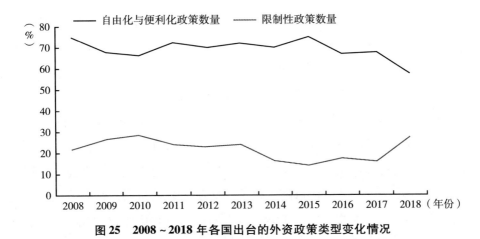

图25　2008～2018年各国出台的外资政策类型变化情况

资料来源：联合国贸发会议（UNCTAD）。

两年位居榜首①。根据德国最新的投资法律《对外贸易与支付法案》修正案，"在涉及国家安全的基础设施及核心技术领域，欧盟之外的投资者并购德国企业的审查线从持股25%降到10%"。比如，2018年8月，德国就以"可能会危害德国的公共秩序和安全"为理由，否决了烟台台海集团对德国莱菲尔德金属旋压机制造公司（Leifeld Metal Spinning）的收购。预计未来中资对涉及基础设施、电信设备及核能等领域的德国企业并购将面临更多困难。

欧美发达国家对海外并购以及出口等进行限制来防止本国关键技术外流的现象已经出现，在全球贸易保护主义、单边主义等大背景下，预计这种问题将更为严重。而中国企业经过多年发展，已经具备一定的实力和优势，但多数企业仍属于技术沉淀不足，亟待技术转型升级，对技术尤其是高端核心技术有着迫切需求。

CCG建议：

企业需要加强对高技术领域海外投资的前端布局。根据CB insights与普华永道联合发布的《2018年度风险投资行业报告》显示，互联网、医药健康和电信通信行业是美国融资热度最高的行业，而人工智能、金融科技和健

---

① 王辉耀、苗绿主编《中国企业全球化报告2018》，社会科学文献出版社，2018，第185页。

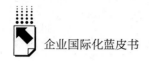

康科技则是融资最集中的细分行业。欧洲方面，近几年创业环境蓬勃发展，初创公司数量较多，其中，人工智能、大数据、物联网等高科技领域最受风险投资青睐。此外，企业需努力发掘高技术等领域海外投资新蓝海，积极开拓以色列、日本、新加坡等拥有先进技术的投资区域。

通过在海外设立研发中心等方式，可以充分利用发达国家优秀科技人才，对接全球前沿技术。中国目前多数企业都处于"追赶"阶段，由于行业竞争激烈、技术更新换代频繁，企业的核心竞争力越来越无法保持并持续。同时技术的快速更迭也为企业弯道超车提供了前所未有的机遇，企业若能把握世界最前沿技术，并提前布局，便能在技术变革的过程中取得领先。华为、阿里、百度、腾讯等已在海外建立了多个研发中心，不仅可以直接对接全球最前沿技术，而且更能充分利用当地人才，实现企业的突破性成长[1]。

（三）破解"一带一路"建设难题，开拓可持续发展路径

在全球经济增长放缓、全球治理面临严峻挑战的背景下，"一带一路"倡议成为推动全球化发展的重要平台。"一带一路"倡议自提出以来为全球基础设施建设和世界经济增长发挥了重要作用。根据世界银行研究报告，已完成和规划中的"一带一路"交通运输项目将使沿线国家与地区的货运时间平均减少1.7%~3.2%，使全球平均航运时间减少1.2%~2.5%，使沿线国家与地区的实际收入增长1.2%~3.4%，使全球实际收入增长0.7%~2.9%[2]。

但是，"一带一路"倡议在发展过程中也遇到了很多难题，比如部分欧美国家对"一带一路"倡议还存在误解与疑虑，"一带一路"建设还存在如何实现可持续发展等问题。

CCG建议：

增强"一带一路"多边性，运用多边规则推动全球合作，打破欧美国

---

① 王辉耀、苗绿：《大潮澎湃——中国企业"出海"四十年》，中国社会科学出版社，2018，第94页。

② 《世界银行发布系列报告，这样评价"一带一路"作用》，https://www.sohu.com/a/309312141_731021，最后检索时间：2020年3月27日。

家对"一带一路"倡议的误解与疑虑。建议成立"一带一路"国际合作委员会,通过邀请各国前政要、国际组织等加入,增强其多边性,发挥"一带一路"国际合作平台的作用,以多边合作发展全球治理。加大与世界银行、IMF、WTO等国际组织的合作力度,与联合国开展相关合作,充分发挥联合国的国际影响力,加强"一带一路"参与国之间的对话与合作。

鼓励和支持中小企业参与"一带一路"建设,充分发挥市场在资源配置中的作用,以市场化力量推动"一带一路"建设的可持续发展。"一带一路"倡议自提出至今,国企、央企以及部分大型民企成为中国企业参与"一带一路"建设的主要力量,发挥了十分重要的作用。从可持续发展的角度出发,中国数量最多、最具创新活力的中小企业的加入将为"一带一路"建设创造更为广阔的发展空间。

不过,中小企业自身的一些劣势成为其对外投资的阻碍,比如,国际竞争力较弱、缺乏品牌支撑、缺乏国际化人才、融资难等。对政府来说,需要为中小企业参与"一带一路"建设提供风险评估、及时的信息预警,为中小企业对潜在投资风险的研判提供支持,最大限度地保障中小企业的投资安全与利益;健全"一带一路"金融服务体系,为民营企业海外投资提供融资、信贷支持,利用公共投资和国企投资引导、助推民间资本融入"一带一路"。对企业而言,则要做到合规经营,积极履行社会责任,强化品牌意识,提升软实力。同时,注意加强与当地企业的合资合作,创造双赢格局。

(四)打破境外经贸合作区发展瓶颈,推动高质量发展

境外经济贸易合作区是指在中华人民共和国境内(不含香港、澳门和台湾地区)注册、具有独立法人资格的中资控股企业,通过在境外设立的中资控股的独立法人机构,投资建设的基础设施完备、主导产业明确、公共服务功能健全、具有集聚和辐射效应的产业园区[1]。早在20世纪末,中国

---

① 《中国商务部"走出去"公共服务平台》,http://fec.mofcom.gov.cn/article/jwjmhzq/article02.shtml,最后检索时间:2020年3月26日。

企业就开始了在海外开展产业园区的探索，2006 年，商务部推出了境外经济贸易合作区建设工程，并提出了"政府引导、企业决策、市场化运作"的建设原则。十多年来，境外经贸合作区取得了显著的建设成绩，涌现出泰中罗勇工业园、西哈努克港经济特区等一批标杆工程。据统计，截至 2018 年第三季度，我国企业在全球 46 个国家建设了 113 家境外经贸合作区，累计投资超过 360 亿美元，入区企业超过 4660 家，总产值超过千亿美元。

中国境外经贸合作区在取得显著建设成绩的同时，也存在一些发展瓶颈。

主导产业主要集中于传统的劳动密集型及资源密集型产业，产业附加值、技术含量较高的主导产业相对较少，园区功能有待升级与深化。比如在经过商务部确认考核的 20 家国家级境外经贸合作区中，大多属于以能源利用开发为主体的资源利用型经贸合作区、以传统加工制造业为主体的加工制造型经贸合作区，仅有"匈牙利中欧商贸物流园"等少数园区属于以现代服务业为主体的综合经贸型合作区[①]（见表 3）。

境外经贸合作区在实际运营过程中受到资金、配套服务等因素制约。境外经贸合作区需要进行土地开发、基础设施等方面的建设，投资周期长，资金需求规模大，虽然目前中方主导企业多为行业龙头，但仍然面临巨大的资金压力。我国目前针对境外投资的金融支持体系尚不完善，根据《中国"一带一路"境外经贸合作区助力可持续发展报告》显示，61% 的受访园区没有获得任何类型的金融支持[②]。此外，中国境外经贸合作区主要分布在亚非拉发展中国家，很多地区的道路、通信、水电等基础设施落后，对园区的运营产生了负外部性。比如非洲基础设施条件落后，道路和出口路径的运输时间比亚洲高 2~3 倍，运输成本占总生产成本的比重达到 20%~40%，尼日利亚莱基自贸区因未能完全解决电力供应问题，影响了合作区的发展[③]。

---

① 吕秉梅：《当前中国境外经贸合作区发展研究》，《价格月刊》2019 年第 8 期。
② 联合国开发计划署、商务部国际贸易经济合作研究院：《中国"一带一路"境外经贸合作区助力可持续发展报告》，2019，第 9 页。
③ 武汉大学"一带一路"研究课题组：《"一带一路"境外经贸合作区可持续发展研究》，《社会科学战线》2019 年第 6 期。

表3　经过中国商务部确认考核的20家国家级境外经贸合作区

境外经贸合作区名称	境内实施企业名称	园区主导产业
柬埔寨西哈努克港经济特区	江苏太湖柬埔寨国际经济合作区投资有限公司	一期以纺织服装、箱包皮具、木业制品等为主,二期重点引入五金机械、建材家居、精细化工等
泰国泰中罗勇工业园	华立产业集团有限公司	汽配、机械、建材、家电和电子等
越南龙江工业园	前江投资管理有限责任公司	纺织服装、建材化工、机械电子等
巴基斯坦海尔－鲁巴经济区	海尔集团电器产业有限公司	家电、汽车、纺织、建材、化工等
赞比亚中国经济贸易合作区	中国有色矿业集团有限公司	有色金属矿冶产业、有色金属加工产业、有色金属衍生产业、建材产业、配套产业等
埃及苏伊士经贸合作区	中非泰达投资股份有限公司	新型建材、石油装备、高低压装备、机械制造等
尼日利亚莱基自由贸易区(中尼经贸合作区)	中非莱基投资有限公司	以生产制造与仓储物流为主导,以城市服务和房地产为支撑
俄罗斯乌苏里斯克经贸合作区	康吉国际投资有限公司	轻工、家电、木业等
俄罗斯中俄托木斯克木材工贸合作区	中航林业有限公司	木材深加工等
埃塞俄比亚东方工业园	江苏永元投资有限公司	纺织、农产品加工、建材、机电等
中俄(滨海边疆区)农业产业合作区	黑龙江东宁华信经济贸易有限责任公司	养殖、农产业加工、种植等
俄罗斯龙跃林业经贸合作区	黑龙江省牡丹江龙跃经贸有限公司	林木采伐、加工、林产品展销交易等
匈牙利中欧商贸物流园	山东帝豪国际投资有限公司	商品运输、仓储、集散、配送、信息处理、流通加工等
吉尔吉斯斯坦亚洲之星农业产业合作区	河南贵友实业集团有限公司	种植、养殖、食品深加工等
老挝万象赛色塔综合开发区	云南省海外投资有限公司	能源化工、烟草加工、物流仓储等
乌兹别克斯坦"鹏盛"工业园	温州市金盛贸易有限公司	农用机械、轻纺、建筑材料等
中匈宝思德经贸合作区	烟台新益投资有限公司	生物化工等
中国·印尼经贸合作区	广西农垦集团有限责任公司	汽车装配、家用电器、机械制造等
中国印尼综合产业园区青山园区	上海鼎信投资(集团)有限公司	不锈钢、镍铁等
中国·印度尼西亚聚龙农业产业合作区	天津聚龙集团	油棕种植开发、深加工、仓储物流等

资料来源:根据中国商务部及各经贸合作区官网资料整理。

境外经贸合作区可以为"走出去"的中国企业，尤其是中小企业提供海外发展基地，降低投资经营成本，并通过加强企业间合作，共同抵御海外投资风险，为中国企业"抱团出海"创造前提条件，成为中国企业"走出去"的重要选择。同时，境外经贸合作区也促进了东道国的经济发展，推动了产业升级，成为推动"一带一路"倡议的重要抓手。推动境外经贸合作区的高质量发展，具有重要的现实与战略意义。

CCG 建议：

积极推动境外经贸合作区的转型升级，提升高附加值产业比重，形成上中下游配套发展的产业链。中国境外经贸合作区投资产业目前主要集中在纺织服装、家电电子、自然资源开发等我国具有比较优势的传统行业，限制了经贸合作区未来的发展前景。建议鼓励中国企业提升现有经贸合作区高附加值产业的比重，形成上中下游配套发展的产业链，提升经贸合作区的竞争力。

按照"共商、共建、共享"的理念，建立健全双边政府长效沟通协调机制，充分调动东道国政府参与经贸合作区建设的积极性，为经贸合作区的顺利发展建立制度保障。经贸合作区建设经验显示，东道国政府如果将园区放在比较重要的位置，并配合出台相关利好政策，经贸园区的发展就会比较顺利。比如柬埔寨西哈努克港经济特区、老挝万象赛色塔综合开发区、泰国泰中罗勇工业园等发展较好的园区与东道国政府均有良好的沟通与密切的合作。这就要求中国境外经贸合作区的建设需要与东道国发展战略相衔接，加强与当地经济社会的融合发展，实现与当地政府、企业的共赢，充分调动东道国政府及当地政府的积极性，建立健全政府层面的长效对话协商机制，通过签署投资保护协定、双边税收协定，明确投资、劳工、行政、税收等优惠政策，为经贸合作区的顺利发展建立制度保障。

提升经贸合作区的资金、人才及各项配套服务的支撑水平。"政府引导、企业决策、市场化运作"是我国境外经贸合作区的建设原则，在坚持企业作为市场主体的前提下，政府应进一步提升经贸合作区的各项服务支撑水平，为合作区建设创造有利的外部环境。比如资金方面，可以通过亚投行、丝路基金、中非发展基金等，为企业提供金融服务方案，畅通融资渠道。人才方面，在培养和引进国际人才的同时，积极建立本土化的人才供应链体系，为经贸合作区实现本土化运营创造条件。

（五）积极应对中美贸易摩擦，为中国企业投资美国创造条件

2018年，美国根据"301调查"结果对中国出口美国的商品大规模加征关税，并限制中国企业投资美国，由此拉开中美贸易争端的大幕，几经波折，至今未决。中美贸易摩擦不仅损害了美国经济利益和人民福祉，也影响了我国的经济增长，放缓了经济结构的平衡进程，更可能触发全球新一轮的"特朗普经济衰退"。国际货币基金组织主席克里斯蒂娜·拉加德认为，中美之间的紧张关系是对世界经济的威胁①。国际货币基金组织在《世界经济预期》中将2019年全球经济增长率由2018年的3.6个百分比下调到3.3个百分比，预示中美经贸摩擦将持续打击已然虚弱的全球投资，进一步拖累全球经济复苏进程②。中美作为世界上最大的两个经济体，尤其是在全球价值链体系下，可谓休戚相关。

CCG建议：

改善中美贸易统计方法，公平公正地显示包含旅游、留学等服务贸易在内的两国所获价值。中美贸易逆差因数据统计方法的差异而出现很大的不同，如果将旅游、留学等服务贸易数据计入，美中贸易逆差大约为1000亿美元。中美贸易应该使用最新的统计方法公平公正地反映两国真正的贸易价值，争取国际规则改革议程中的话语权。

完善《中华人民共和国外商投资法》细则的制定与落实，吸引外商来华投资，并以此回应美方对知识产权、强制技术转移等中国法律问题的担忧。在制定《中华人民共和国外商投资法》实施细则时，可邀请世界知识

---

① IMF："IMF Managing Director Lagarde Calls for Cooperation to Support Global Growth"，June 9，2019，https：//www.imf.org/en/News/Articles/2019/06/09/pr19205-imf-managing-director-lagarde-calls-for-cooperation-to-support-global-growth，最后检索时间：2020年3月26日。

② World Economic Outlook，IMF，April 2019，https：//www.imf.org/external/pubs/ft/weo/2019/01/weodata/index.aspx.

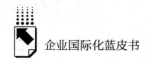
产权组织等作为第三方监督，对美国担忧的知识产权、强制技术转移等方面内容进行详尽的规定，打消美方疑虑，推动中美达成一个平等公正、符合两国利益的贸易协定。

坚持维护多边贸易机制，以多边合作的方式推动 WTO 改革，建议中国加入 CPTPP。在贸易保护主义等逆全球化背景下，中国如果加入 CPTPP，可以向全世界释放我国愿意以更高标准的国际规则扩大自身开放的积极信号，为我国在中美贸易谈判、参与全球经济治理中争取更多主动权。此外，中国应联合日本、欧盟等共同推动 WTO 改革，积极推动 RCEP 和 FTAAP 的达成，维护亚洲自贸秩序建立中的多边主义原则。

加强中美企业合作，使双方无法"脱钩"。可以通过推动中美企业在基建领域的合作、加强电商和网络科技企业合作、举办中美企业家论坛、加大对美招商引资力度等方式，增强双方黏性，使其无法"脱钩"。

充分发掘智库、贸易协会、NGO 等在中美关系中的民间外交价值。重视民间外交在中美关系中的重要作用，积极开展两国智库等的对话交流，推动两国相关领域专业人士的沟通，为消除双方的分歧误解搭建灵活有效的平台。

积极开展"州级外交"，加强与美国州级和市级政府的合作。我国各级地方政府可以利用美国各级州市的独立性特点，针对其对外资的需求，主动对接，谋求合作。

五　结语

在全球化遭遇严峻挑战、贸易摩擦不断、地缘政治风险加大等国际背景下，2019 年全球经济运行环境严峻，全球贸易、对外投资等领域复苏面临较大阻力。作为世界第二大经济体，中国坚定维护经济全球化，坚持并扩大自身的对外开放，致力于发展更高层次的开放型经济。

中国通过连续举办"一带一路"国际合作高峰论坛，坚持多边主义，打造开放型合作平台，维护并发展开放型世界经济，推动构建公正合理的国际经贸规则体系，推动建设人类命运共同体；通过出台《中华人民共和国外商投资法》，加强对外商投资合法权益的保护；通过出台《外商投资准入特别管理措施（负面清单）》《自由贸易试验区外商投资准入特别管理措施（负面清单）》等一系列政策，为外商营造更为有利的投资环境；通过在7年内设立18个自贸试验区，积极探索自贸港建设，搭建起全球合作平台。

在全球对外投资疲软的大背景下，中国的外资流入水平保持全球领先，稳居全球第二大对外投资目的国地位，外商在华投资数量与金额稳步增长，在华投资形式更为丰富和多元。同时，中国企业在全球的投资影响力不断提升，是全球对外投资第二大来源国。企业海外并购行业结构更加多元，制造业、信息传输、计算机服务和软件业等行业对外投资表现亮眼。企业对"一带一路"沿线国家投资积极推进，成效显著，占中国企业对外投资的比重不断上升。

展望未来，中国企业对外投资将呈现以下几大趋势：第一，"一带一路"建设朋友圈不断扩大，孕育更多投资机会，或将重塑全球投资新格局，吸引更多中国企业加入。2019年，意大利是首个加入"一带一路"倡议的"七国集团"（G7）成员，这意味着"一带一路"覆盖范围正式拓展到发达国家。意大利在航空、航天、可再生能源、汽车等领域具备雄厚的技术与实力，该国的加入不仅可以对其他发达国家产生示范效应，而且也将为企业创造更多投资机遇。第二，中国企业在电子商务领域已经取得了技术优势，随着云计算、大数据等技术的发展和应用，中国企业在跨境电商行业将迎来更多投资机会与发展机遇。第三，中国企业对外投资方式将更为多元，私募股权基金、风险投资基金等财务投资者与产业类战略投资者合作进行海外并购投资的趋势明显。

作为中国企业全球化发展的观察者、研究者与政策推动者，全球化智库（CCG）将持续追踪中国企业"走出去"的步伐，研判企业海外投资的全球大势，研究中国企业的海外发展战略，为企业全球化发展提供理论参考以及更具指导意义的对策建议，为政府政策的制定提供扎实的参考与依据。

榜单篇

Evaluation Report

B.2
全球化智库（CCG）2019年企业全球化推荐

CCG企业全球化研究课题组

摘　要：　CCG企业全球化研究课题组连续六年对中国企业全球发展
情况进行追踪与研究，并每年进行中国企业全球化发展榜
单的发布。2019年，课题组分别从"走出去"与"引进
来"两个视角，通过对企业进行走访调研、发放问卷调查、
跟进电话访谈、定期组织专题论坛、研讨会、媒体新闻监测
等方式，对2018至2019年上半年中国企业海外发展以及跨
国公司在华投资情况进行了收集与研究，以投资体量、影
响力、发展潜力等为重点考察因素，通过专家评议，综合评
选推介出"2019年跨国公司在华投资十大企业"与"2019
年中国企业全球化十大企业"，旨在对企业的全球化发展进
行评价，激励更多的跨国公司对华投资，同时鼓励更多的

中国企业实现全球化发展。

关键词： 跨国公司　在华投资　中国企业　全球化

一　2019年跨国公司在华投资十大企业

（一）安联保险集团（Allianz Group）

2018年11月25日，银保监会发布公告称，德国安联保险集团获准筹建安联中国控股，将成为我国首家外资保险控股公司，这是安联集团在中国发展的一大里程碑①。

安联集团是欧洲最大的保险集团，在中国的业务活动可以追溯到20世纪初。公开资料显示，早在1910年，安联集团就在上海设立办事处，20世纪70年代末中国保险业复业后，迅速与中国保险业建立联系。1993年正式在北京设立中国区代表处。目前，安联集团在中国拥有数家全资控股/参股的子公司，雇员数量超过2000人。

安联中国控股获批是我国持续推进金融业各项开放措施落地实施的代表性案例，体现出安联集团对我国市场的坚定信心。此次获批将有助于安联集团在中国市场抓住商业机会，推动安联集团在国内市场的长期发展。

（二）巴斯夫公司（BASF SE）

2018年7月，德国化工巨头巴斯夫与广东省政府签订合作谅解备忘录，宣布将在湛江建设一体化基地，并于2019年1月签署了相关框架协议。湛江一体化基地预计总投资100亿美元，由巴斯夫独立建设运营，项目整体将

---

① 中国银行保险监督管理委员会，http：//www.cbirc.gov.cn/chinese/home/docView/D57769D63D50441387E60AC0FAC53BC6.html，最后检索时间：2020年3月6日。

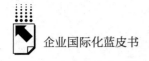

于 2030 年左右完工，建成后将成为继德国路德维希港、比利时安特卫普后巴斯夫全球第三大一体化生产基地。2019 年 3 月，巴斯夫宣布投资 3400 万欧元建设的上海浦东研发基地的两个研发中心正式投入使用。

巴斯夫在华投资首开中国重化工行业外商独资企业先河，从建设新的一体化基地到扩充全球研发中心，全球化工巨头巴斯夫一直走在深耕中国市场的路上。

（三）宝马集团（BMW AG）

随着我国下调进口汽车关税、打破合资股比限制等政策的出台，中国汽车产业对外开放步伐不断加大，以宝马为代表的三大德国车企，纷纷在中国加大投资。

2018 年 10 月 11 日，宝马集团与华晨汽车集团签署新的合资协议，双方将华晨宝马的合资协议延长到 2040 年，同时，宝马将对华晨宝马增加 30 亿欧元投资用于沈阳生产基地的改扩建项目，目前，沈阳是宝马集团全球最大的生产基地，其拥有三大整车生产厂、欧洲以外最大的动力总成工厂、德国以外最大的研发中心以及宝马高压动力电池亚太基地。

此外，宝马集团和华晨集团共同宣布，宝马将增持华晨宝马的股份，交易完成后，宝马将持有华晨宝马 75% 的股份，该交易的交割时间预计为2022 年。

（四）戴姆勒股份公司（Daimler AG）

戴姆勒不断深耕中国市场，通过深化本土化生产与研发，推动中国汽车行业，特别是新能源汽车领域的发展。2018 年 2 月，戴姆勒和北汽集团共同宣布，计划共同投资超过 119 亿元人民币为其合资公司北京奔驰建立新的汽车生产基地，国产包括纯电动车型在内的梅赛德斯-奔驰产品。11 月，戴姆勒宣布投资约 11 亿元人民币，在北京建立中国研发技术中心，这是继设立北京研发中心后，戴姆勒在北京设立的第二大研发机构，将进一步深化其全球最大市场的本土化。

（五）玛氏公司（Mars，Incorporated）

玛氏公司成立于1911年，总部位于美国，是全球著名的食品制造与分销商，1989年进入中国市场。2019年1月，玛氏公司同天津开发区管委会签署投资协议，投资超过1亿美元建设一座宠物食品工厂[①]。6月，在嘉兴经济技术开发区第五届招商大会上，玛氏公司签署了4500万美元的投资协议，主要用于为BE－KIND®和德芙®增设生产线，以及扩充嘉兴工厂的注册资本。

（六）默克集团（Merck KGaA）

默克集团成立于1668年，是全球历史最悠久的制药与化工公司之一，其在华首家分公司于1933年在上海成立。此外，默克集团在北京设立了全球医疗研发中心，在上海设立了高性能材料研发中心和生命科学实验室。

2018年，默克集团宣布在广州设立默克广东创新中心，并于2019年11月正式启动。该项目对大湾区、亚太地区的初创企业和本土创新者形成了很大的吸引力。2019年，默克集团在上海设立创新中心，并特别设立1亿元人民币种子基金，助力中国初创企业[②]。

（七）美国埃克森美孚石油公司（Exxon Mobil Corporation）

2018年9月，美国埃克森美孚公司与广东省在广州签署协议，宣布将斥资100亿美元在惠州大亚湾石化工业区独资兴建化工综合体项目，主要包括120万吨/年乙烯装置，聚乙烯、聚丙烯等配套生产线等。

作为掌握行业领先技术的化工巨头，埃克森美孚在华投资将给该地区带来大量的技术与资金，降低中国对乙烯的进口依存度，助力广东推动能源结

---

① 《外企在天津开发区的"成长密码"》，新华社，2019年9月3日，http：//baijiahao. baidu. com/s?id=1643637455872790673&wfr=spider&for=pc，最后检索时间：2020年3月26日。

② 默克集团，https：//www. merckgroup. com/cn-zh/research. html。

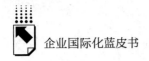
构调整、优化产业布局和推进石化产业转型升级。

埃克森美孚与中国有着长期的合作关系，此次在华投资，是其对中国近年来一系列扩大开放、优化营商环境、保护知识产权等举措的充分肯定。

（八）瑞银集团（UBS Group AG）

2018 年 11 月 30 日，证监会核准了瑞银集团增持瑞银证券的股份至51% 的申请。这是证监会正式发布《外商投资证券公司管理办法》，允许外资持股比例最高可至 51% 后，获批的首家外资控股证券公司。瑞银由此成为我国首家以增持内地合资证券公司股权的方式实现控股的外资金融机构。

作为我国金融开放的重要一步，外资进入证券业的门槛将逐步降低，外资券商凭借在公司治理、风险管理等方面的优势，带来理念上的巨大冲击，有望给我国证券业带来"鲇鱼效应"。

（九）三星电子（Samsung Electronics Co.，Ltd.）

2018 年 3 月，三星电子在西安的存储芯片项目二期工程开工建设，总投资将超过 140 亿美元，这是为满足全球 IT 市场对高端 V－NAND 产品需求的增加，三星电子对西安存储芯片项目进行的追加投资。此前，2012 年，西安引进的三星电子存储芯片项目一期工程总投资 100 亿美元，是三星海外投资历史上投资规模最大的项目，也是改革开放以来我国电子信息行业最大的外商投资项目。一期工程于 2014 年竣工投产，带动了超过 100 家配套企业落户西安，并推动该地形成了较为完整的半导体产业链。

作为存储芯片最大的需求者及全球移动通信、IT 行业集中生产基地，中国一直被三星视为最重要的战略市场之一。截至 2018 年底，三星累计对华投资 349 亿美元，对华尖端产业投资占比 55%[1]。三星对西安的投资，对

---

① 温素威、钱一彬：《三星致力打造高新技术产业集群——融入中国　发展自身》，《人民日报》2019 年 8 月 28 日。

陕西省产业结构的调整、经济外向度的提高、经济增长方式的转变等都具有重要意义。

（十）特斯拉公司（Tesla，Inc.）

2019年1月，美国特斯拉公司在上海开建美国本土外的第一家海外超级工厂，这是上海有史以来规模最大的外资制造业项目。

特斯拉上海工厂项目位于上海临港新片区，总投资达500亿元人民币，其中一期工程投资140亿元。9月，特斯拉上海工厂（一期）——联合厂房1顺利通过综合验收，年底投入本地化生产。

特斯拉是在中国取消对新能源汽车的外资股比限制后，首家在华独资建厂的车企，意味着中国汽车行业进一步对外开放的政策切实落地。特斯拉的落"沪"，将对当地相关配套产业的集聚、当地乃至全国的新能源汽车技术的进步产生重要作用。

二 2019年中国企业全球化十大企业

（一）阿里巴巴集团控股有限公司

阿里巴巴集团控股有限公司（以下简称阿里巴巴）以中国市场为基础，通过技术、产品、模式创新等不断开拓海外市场。2014年，阿里巴巴成功在纽交所上市，成为当时全球最大的IPO，此后阿里巴巴开启了"创于中国，为世界而生"的全球化步伐。阿里巴巴的天猫电商平台通过跨境国际业务，实现"全球买，全球卖"；蚂蚁金融、支付宝实现海外应用；物流服务菜鸟不断打造跨境一站式服务平台，开启从海外直接发往海外的物流业务，菜鸟"全球运"迈出关键一步。

阿里巴巴海外投资不仅覆盖了新加坡、印度尼西亚、泰国、巴基斯坦、印度、以色列等亚洲国家，比如2016～2018年共向东南亚最大电商平台

Lazada 注资 40 亿美元，还向欧洲国家延伸，比如收购了位于德国柏林的数据处理创业公司 Data Artisans。

（二）北京大米科技有限公司

北京大米科技有限公司（VIPKID 在线青少儿英语）成立于 2013 年，是中国互联网教育出海的先行企业，专注于通过一对一"浸入式"教学为 4 ~ 15 岁青少儿提供优质在线英语学习服务，旗下 Lingo Bus、SayABC、VIP 蜂校等品牌共同构建了 K12 完整生态。

公司目前在全球设有 9 个办公室，签约北美外教数量超过 7 万名，学员覆盖超过 100 个国家和地区，是学员国际化程度最高的中国互联网教育企业之一。2018 年，大米科技启动"三年十城百国"国际化战略，重点面向"一带一路"沿线国家和地区推广在线教育，促进中国文化传播。在美国，与芝加哥市政府达成合作，旗下中文国际教育品牌 Lingo Bus 为当地公立学校提供中文在线教育服务；在韩国，英语及中文在线课程备受当地教育机构欢迎，展开了多种模式的资源合作；在"一带一路"沿线，与柬埔寨、印度、阿联酋、沙特等国家多所公办学校、华人学校达成合作，共同推广中文教育。

此外，公司还积极推动在线教育数字资源出海，通过自主研发的在线分级图书馆解决方案，赋能海外学校和教育机构，重点解决海外优质语言学习特别是中文语言学习资源紧缺的困境，在澳大利亚、新西兰、英国、法国、西班牙、加拿大等国已实现产品落地。

（三）福耀玻璃工业集团股份有限公司

福耀玻璃工业集团股份有限公司（以下简称福耀集团）是全球规模最大的汽车玻璃专业供应商，福耀集团在美国、德国、俄罗斯、日本、韩国等 9 个国家和地区设立了现代化生产基地及商务机构，在中国、美国、德国等国家设立 6 个设计中心。福耀集团的产品获得宾利、宝马、奔驰、奥迪等全球著名汽车制造企业的认可，并被各大汽车制造企业评为"全球优秀供应商"。

2018 年底，福耀集团位于德国海尔布隆的工厂竣工投产。2019 年 1 月，福耀集团出资 5882.76 万欧元，收购德国老牌汽车零部件企业 SAM 公司。在欧洲新建的工厂和对 SAM 公司收购的成功使福耀集团在欧洲获得新的生产基地，有利于进一步提升技术水平，为进一步开发欧洲市场奠定良好的基础。

福耀集团自"走出去"参与全球汽车产业供应链建设以来，理性面对和解决不同国家的企业文化融合问题，为中外企业间的经贸合作起到了示范作用。

（四）华为投资控股有限公司

华为投资控股有限公司（以下简称华为）是全球领先的信息与通信基础设施和智能终端提供商，业务遍及 170 多个国家和地区，服务 30 多亿人口。截至 2019 年上半年，华为已经在全球获得 50 个 5G 商用合同，其中欧洲的占比最大，约为 56%，其次是中东地区，约为 22%，其余主要来自亚洲、美洲和非洲等区域。

作为一家民营通信科技公司，华为携手全球伙伴，搭建起开放的产业生态。在网络领域，华为已在全球 8 个国家设立了研发机构，与 Vodafone、SK 电讯、英国电信、德国电信、Telefonica 等联合成立了超过 10 个网络创新中心。同时积极参与关于国际主流标准的制定，在 IETF、ITU、ETSI 等组织担任了四十余个高端标准职位，不仅引领了接入、传送的行业标准，IP 技术的标准实力全球领先，同时也是 SDN/NFV 技术标准的重要贡献力量。

（五）京东集团

京东集团于 2004 年正式涉足电商领域，2014 年在美国纳斯达克上市，成为中国第一个成功赴美上市的大型综合型电商平台。2018 年，京东集团市场交易额接近 1.7 万亿元。2019 年京东集团第四次入榜《财富》全球 500 强，位列第 139 位，是全球仅次于亚马孙和 Alphabet 的互联网企业。京东集团积极响应"一带一路"倡议，积极推进国际化战略，希望通过优质的供应链服务，为全球消费者和品牌商持续创造价值。目前，京东以零售、物

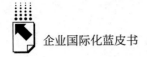

流、技术为载体布局印度尼西亚、泰国等东南亚国家，并逐步开拓欧美和全球其他市场。2018 年 6 月，京东与谷歌达成战略合作，接受来自谷歌的 5.5 亿美元投资，计划在全球提供融合的零售解决方案。8 月，京东无人超市落地印尼首都雅加达，成为东南亚首家无人超市。2019 年 1 月，京东无人机印尼首飞。2 月，京东与日本乐天开展无人配送合作。未来，京东将持续向全球市场大力输出优质的供应链服务，将中国模式拓展到海外，实现低成本、高效率的中国制造通全球、全球商品通中国，推动全球商业进步与人类生活品质的提升。

（六）联想控股股份有限公司

2018 年 7 月 2 日，联想控股宣布，已完成对卢森堡国际银行（Banque Internationale à Luxembourg S. A.）89.936% 股权的收购，耗资 117.4 亿元人民币。卢森堡国际银行是一家成立超过 150 年的综合性银行机构。此次交易是欧洲央行首次批准一家中资非金融企业对受其监管的"其他系统重要性"银行进行收购，在反全球化浪潮的国际经济政治背景下显得尤为不易。

收购完成后，联想集团在联想控股的资产占比将下降至 33%，卢森堡国际银行将变成联想 IT 业务之外新的支柱性资产。企业的资产结构将更加优化，金融板块的战略布局更为扎实，同时与已有的战略投资以及财务投资板块形成协同效应与联动空间。

（七）青岛海尔股份有限公司①

2019 年 1 月 8 日，青岛海尔披露，以约 38.05 亿元完成对欧洲知名家电企业意大利 Candy 公司的收购。通过本次收购，海尔将进一步加大对海外市场尤其是对欧洲市场的拓展力度，通过完善产品种类，扩大对不同客户群的覆盖面。

自 2011 年海尔收购日本三洋电机起，海尔的国际化布局就未曾停歇，从新西兰家电龙头斐雪派克（Fisher & Paykel）、美国通用电气家电业务再

---

① "青岛海尔股份有限公司"于 2019 年 6 月更名为"海尔智家股份有限公司"。

到意大利 Candy 公司，海尔的全球化布局覆盖亚洲、大洋洲、北美与欧洲，为全球传统企业转型提供了宝贵的经验。

（八）深圳市腾讯计算机系统有限公司

深圳市腾讯计算机系统有限公司（以下简称腾讯）由马化腾等创办于 1998 年，目前是中国最大的互联网综合服务提供商之一。腾讯海外投资遍布欧洲、亚洲、北美洲、南美洲、非洲和大洋洲，以游戏和文娱传媒类企业为重点投资对象。2008 年至今，腾讯在海外进行了上百次投资并购，其中，游戏领域占比超过 30%。2018 年投资了法国的育碧（Ubisoft）、蓝洞工作室（Bluehole Studio），韩国 Kakao Games、VR 游戏开发商 Skydance Media 和 Grinding Gear Games 等公司。文娱传媒行业也是腾讯海外投资的重点领域，且主要集中在亚洲和北美洲，比如 2018 年以来，腾讯领投印度音乐流媒体公司 Gaana、领投美版"贴吧"Reddit 等。

（九）新希望集团有限公司

新希望集团有限公司由刘永好发起创立于 1982 年，目前在全球 30 余个国家/地区拥有分子公司 600 多家。新希望集团 1997 年开始海外业务探索，1999 年在越南建成第一家海外工厂，目前，已经在"一带一路"沿线国家投产、建设、筹建、投资的工厂超过 40 家，建立起以亚非为中心，遍布欧洲、北美、大洋洲的产业格局。

2019 年 4 月，在第二届"一带一路"国际合作高峰论坛企业家大会上，新希望集团与越南清化省、平福省以及平定省政府签署总投资额 11.47 亿元人民币的项目合作协议，越南成为新希望开展海外生猪养殖业务的首个国家①。未来 3~5 年，新希望集团还将围绕牛、羊、鱼虾等高端动物蛋白产业链在全球进行投资。

---

① 李欣忆：《第二届"一带一路"国际合作高峰论坛四川唯一签约项目！新希望 11.47 亿元携手越南三省养猪》，四川在线，2019 年 4 月 25 日，https：//sichuan. scol. com. cn/ggxw/201904/56859666. html，最后检索时间：2020 年 3 月 26 日。

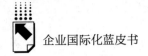

（十）浙江吉利控股集团有限公司

浙江吉利控股集团有限公司总部位于浙江杭州，于 1997 年进入汽车行业。2010 年并购沃尔沃汽车后，吉利集团不断加大海外布局，目前在美国、瑞典、比利时、马来西亚等国家建有现代化的汽车整车与动力总成制造工厂，在哥德堡、考文垂和法兰克福等地区拥有 5 个工程研发中心，在哥德堡、加利福尼亚、巴塞罗那、考文垂等地设有 5 个设计造型中心。

2018 年 2 月，吉利集团通过旗下海外企业主体收购戴姆勒股份公司9.69% 具有表决权的股份，成为戴姆勒第一大股东。通过参股戴姆勒集团，吉利有望吸收戴姆勒集团在新能源汽车以及无人驾驶领域的先进技术，更好地为吉利集团的产品提供技术支持，助力吉利全球影响力的提升，加快吉利向高端汽车市场进军的步伐。

调 研 篇

Investigation Reports

B.3

更加开放的中国：《中华人民共和国外商投资法》细则与对话投资新前景

CCG 企业全球化研究课题组

摘　要： 自 1978 年实行改革开放以来，中国不断改善外商投资环境，积极吸引外商投资。2019 年 3 月 15 日，十三届全国人大二次会议表决通过了《中华人民共和国外商投资法》。作为一部基础性法律，《中华人民共和国外商投资法》将为中国在新时期扩大对外开放、有效利用外资提供更加有力的制度保障。全球化智库（CCG）以论坛、研讨会等多种形式邀请政商学界专家针对该法对中国的外商投资、多边贸易、双边关系等方面带来的影响、政府在新时期促进外商企业对华投资方面可以发挥的作用等话题进行了多次研讨，课题组将这些精彩的观点进行了整理汇编，以飨读者。

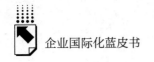

关键词：《中华人民共和国外商投资法》　对外开放　市场经济
　　　　企业决策

一　投资新变化：《中华人民共和国外商投资法》出台

2019 年 3 月 15 日，十三届全国人大二次会议表决通过了《中华人民共和国外商投资法》（以下简称《外商投资法》）。这部法律自 2020 年 1 月 1 日起施行，取代之前的"外资三法"，成为外商投资领域的基础性法律。如何评价这部新的投资法，它对中国的外商投资、多边贸易等方面会带来何种影响？

中国澳大利亚商会北京首席执行官 Nick Coyle：《外商投资法》是一个很好的开端，但是细节才是关键。外商投资希望的就是监管环境要清晰透明，从一个澳洲企业的角度来讲，我们希望公司可以凭借真正的水平去打开市场。我们于 2018 年底做的一个调查显示出企业对内外资是否被统一一致对待的担忧。新的《外商投资法》已经很好地解决了其中的部分担忧，还有就是争端解决的条款，我们期待看它会如何与现有机制一起推进，如何进行协调。《外商投资法》是一个很好的起点，它有助于解决很多企业关切的问题，但这是一个持续渐进的过程，可能会遇到一些矛盾，我们拭目以待。

美中贸易全国委员会中国副总裁 Jacob Parker：在《外商投资法》中，准入前国民待遇是一个非常好的部分，这是美中关系的一大进展。关于知识产权保护、上诉机制都被纳入法律中，这对企业会有很好的保护作用，希望这些都能得到落实。

默克中国总裁 Allan Gabor：我对《外商投资法》的未来保持乐观。这部法律不仅能够支持外商企业，广泛支持创新的发展，而且它将推动每个人的健康发展。为了让《外商投资法》奏效，我认为，这些立法必须要透明，而且必须要可执行，这样才能够真正地支持创新发展。我们自身是做电子材料和健康领域产品的，在投资时，我们需要看 3～10 年的投资期，要确保投资环境和市场有一个透明的机制，我们才愿意进行投资。从一个投资人的角度来说，我觉得《外商投资法》对于中国创新是一个转折点，让中国有能力推动全球的发展。

中国保监会原副主席周延礼：《外商投资法》的重要性体现在两个方面，第一是它能够更好地保护外商投资者，保护他们在中国的投资项目有更多的拓展空间。第二是它对政府的行为做了进一步的约束。之后我们将会有更多细节性的法律法规出台，来进一步支持这些法律的实施。《外商投资法》具有非常广泛的代表性，包括外商投资和外商投资促进等内容，此外还涵盖商业管理、企业管理，制定了相应的惩罚机制。新的《外商投资法》是备受期待的。

宽资本创始人兼董事长关新：《外商投资法》是一个很大的进步。但是，我们也要多实践、多反思。今天我们有国资、外资、台资、港资，但是资本没有国界，资本都是逐利的，它的流动性非常强，我们对资本的流动性与资本的逐利方式理解得越深刻，这方面的市场化程度越高，对于我们国家就越好。

美国威特集团董事长、美国中国总商会副会长李学海：《外商投资法》的总则非常清楚，就是扩大对外开放，促进外商投资，促进社会主义市场经济健康发展。具体条款上增加了很多新的内容，包括准入前国民待遇和负面清单的管理制度，明确规定了禁止用行政手段转让技术等，可以说迈出了很大的一步。当然，这个条款将有一个过渡期、磨合期，而且在执行层面要了解或者实行，或者有细则才可以进一步扩大开放，真正促进外商投资。

水木投资集团合伙人方方：关于《外商投资法》，我想强调两点：第一是有关《外商投资法》的范围问题，过去中国改革开放40年来产生的这些问题，以及为了解决问题所进行的审议行为，实际上是一个互动的过程，即更加去推动会有更好的结果。在WTO磋商的过程中，保险行业的推动力是最大的，与此同时也得到了很多的妥协成果，其他一些行业花了很长时间才跟上保险业的步伐。因此，《外商投资法》的改革在整个审议范围和流程方面都是一个巨大的进步。第二是企业管理和企业治理方向问题，《外商投资

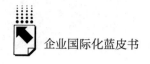

法》有关企业组成、收入分配等方面的规定体现了法律的进步，这是国民待遇的信号。

二 中国外商投资的重要议题

知识产权、市场准入等是外商在华投资非常关注的问题。相较于"外资三法"，《外商投资法》更加重视知识产权与技术转让，注重保障外商投资的知识产权等合法权益。

中国美国商会主席 Tim Stratford：很高兴看到《外商投资法》通过，我认为，《外商投资法》要取得成功，必须解决一些核心问题，首先是技术转让的问题，要处理技术转让纠纷就必须有争端解决机制，如果外国投资者认为其中一条法律中的细则并没有得到落实，那么他必须有对应的渠道上诉，以解决担心和关切。然而争端解决机制的问题在于向谁投诉？此人是否真的是能够了解技术性细节的专家？同时，专家也必须有足够的权威性，其做出的决定能够被行政机构和投资人所认可，并加以落实。比如金融服务业的市场准入，就会涉及不同的政府机构，争端解决机制需要有统一的权力能够统筹各个不同的政府部门，并且官方做出最终的争端解决决策时，要维护外国企业的利益，不应存在报复外国公司的可能性。其次是规则的清晰度方面，比如被迫技术转让的问题症结在于书写规则有很多种方法，如果过度注重细节，那可以找办法绕开法律，但无法解决问题。

中国保监会原副主席周延礼：回顾中国历史，在过去的计划经济时期，中国对工业化产品、技术转让、个人的知识产权保护等概念都缺乏认识，改革开放后，我们发现要发展市场经济，就必须有保护措施，不仅仅是保护财产的持有人，同时也包括保护知识产权。如今，中国大力强调对科学技术和产权的保护，同时强调企业的做事之道，中国需要做出改变，进行相关新的立法，因此中国将其纳入了《外商投资法》。这是正确的一步，造福中国的改革开放，进一步扩大开放。中国将在这个过程中更好地与国际接轨，与国际的规则和标准接轨，与这些领域知识产权的法律接轨。

水木投资集团合伙人方方：中国现在也是大型技术出口国，不论是出口至德国、瑞士还是新西兰，都同样希望进行公平交易。中国意识到自己必须提供一个公平竞争的环境，这样才能够吸引并且维持外商的投资，从而吸引更多的外资进来。与此同时，中国的企业不只在中国，还在其他国家，比如在"一带一路"倡议下中国企业拥有诸多投资项目，他们也是利益相关方。虽然中国发起了"一带一路"倡议，但中国最大的对外投资目的地仍然在美国，因此中国必须以公平的、互惠互利的方式对待彼此。

BP 中国总裁杨筱萍：《外商投资法》对于外商投资而言是一个里程碑。我们希望看到更多细节，比如未来原油进口是否会有一定配额？是否有规定的采购方和出售对象？企业能否拥有真正公平竞争的环境？外商是否能够完全参与进来？《反托拉斯法》是否对外商在市场份额上进行限额？国企是否依然占有市场 70% 到 80% 的固定比例？《外商投资法》是否意味着所有的外商都能拥有更多的市场份额？在这些问题上，外国企业都期待看到这一法律的积极影响。

三　全面开放的中国：外商投资如何迈向新时代

2018 年 9 月，国务院新闻办公室发表《关于中美经贸摩擦的事实与中方立场》白皮书，表示中国未来将继续坚定保护外商在华合法权益，包括着力构建公开、透明的涉外法律体系，不断改善营商环境。对于促进新时期外商企业对华投资而言，政府和企业可以发挥什么样的作用？

中国美国商会主席 Tim Stratford：不妨把市场看作一条河流，把美国的企业看作河里的鱼，它们都是非常聪明的鱼，知道如何在水里游泳，找到最好的能够产卵和觅食的地方。鱼是不能够改变河流的，但是它可以很好地了解河流的走向，并且最好地利用整个生存环境。政府处在河流之外，但为了让河流的水质更好，让鱼能够有更好的环境生存，政府可以做的也许是把水

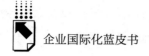

里的一些淤泥清除，让水质能够更好，以吸引更多的鱼。不仅是美国的鱼，对于中国的鱼也是如此。外商企业界未来将继续扮演非常重要的角色。由于外商企业已经前往中国投资，中国企业也在美国投资，中美间有诸多共享知识，知道如何互相做生意，同时也认识到挑战是什么，因此中美可以找到务实的解决办法。《外商投资法》作为一个很好的平台将促进更具有建设性的讨论，包括企业界或政府讨论两国之间的问题。

水木投资集团合伙人方方：很多欧洲公司更加务实，一步一步往前走，坚持一定要做好生意，不管是做电梯生意还是做机械的，其中大部分企业都是家族企业。他们有一种忍耐度，但也并非无限地承担风险。大公司尤其是公开上市的跨国企业非常清楚什么能做、什么不能做，这些公司也发现在这条道路上有很多挑战。一方面，中国需要采取渐进的措施构想，以此搞清楚什么能做、什么不能做。同时，中国也需要务实地看待事情，逐步推动。另一方面，还需要不断地对《企业法》以及与市场相关的法律进行修改。总体看，当前外资企业可以在中国上市，外商来中国筹款、赚钱、运营所面临的机遇与20年前相比更多也更易获得。三个词概括：一是渐进，二是多边，三是坚持。

默克中国总裁 Allan Gabor：默克公司有350年的历史，默克家族有13代人世代相传。对于未来的看法默克的视角是不同的，由于默克公司无须上市，也不用公开家族企业财务信息，因此看待中国的角度也有所不同。中国已经成为世界第二大市场，并且中国市场的份额在不断扩大。《外商投资法》更适合于被称为投资法，外资企业没有伙伴关系在中国做不成事，而这种伙伴关系是默克在中国商务模式的重要组成部分。比如近期，默克向当地的供应商，即一些以中国的创新为导向的中高端创新公司投资了100亿元人民币。应该看到，默克与中国的合作和合资实现了发展的共享，也是共赢的。

中国保监会原副主席周延礼：外商在中国经商必然面临着很多的风险和挑战，《外商投资法》其实是一个很好的帮助外商维护自己利益的工具。中国已经发布了《外商投资法》，让外商能够了解中国现在正在实践法制，外商可以使用这个法律来保护自己的利益，也可以用这一法律来避免一些商业上的不确定性。外国政府和商界都可以把它看作一个维权的工具。

美中贸易全国委员会中国副总裁 Jacob Parker：外国企业将是影响中美双边关系的关键组成部分，因为这一领域是未来的潜在亮点，涉及安全、战略等诸多难以解决的问题，外国企业能够作为重要的力量把双方带回正轨。

B.4
2018 ~2019年中国企业全球化发展新的机遇与挑战

CCG 企业全球化研究课题组

摘　要：　经济全球化是不可逆转的时代潮流。中国支持全球化、拥抱全球化的立场鲜明而坚定。然而，单边主义、贸易保护主义等"逆全球化"思潮不断，国际贸易、对外投资壁垒不断增加。中国企业全球化发展将面临怎样的机遇与挑战？全球化智库（CCG）以论坛、研讨会等多种形式邀请政商学各界专家针对改革开放四十年来跨国公司在华投资与中国企业海外投资的经验教训、"一带一路"倡议的发展前景、中美贸易摩擦下中美双向投资等话题进行了多次研讨，课题组将这些精彩的观点进行了整理汇编，以飨读者。

关键词：　"走出去"　企业全球化　对外开放

一　改革开放四十年：来华投资与"走出去"

改革开放四十年来，中国坚持"引进来"与"走出去"的对外开放战略，来华投资与对外投资对我国经济社会发展做出了巨大贡献。在中国改革开放四十年进程中，外资企业和中国企业经历了哪些挑战，有哪些经验或教训？

研讨嘉宾（按照发言顺序排列）：

中国欧盟商会会长　Mats Harborn

商务部美大司原司长、原中国驻美公使　何宁

联合国驻华协调员、联合国开发计划署驻华代表　H. E. Nicholas Rosellini

中国开发性金融促进会执行副会长、国家开发银行原副行长　李吉平

SK 集团中国副总裁　刘智平

方太集团联席执行总裁　何东辉

Mats Harborn：过去四十年里，外国企业如果想在中国获得成功，最重要的就是选择合适的时间、合适的地点与合适的领域。现在站在一个新的历史节点，我们必须进行更多的创新，给市场带来新的价值。对政府来说，需要对自身的角色进行一个清晰的界定，在更高层面上制定明确有力的规则，做好政策的监管与执行落实。过去几年，中国提出了很多好的倡议，比如"一带一路"倡议，想要改善非洲、中东还有欧洲等地区的基础设施，这些是全球亟须解决的问题，但是倡议提出之后，在推广和交流的过程中却引起了一些国家的误会和焦虑。所以，一定要重视交流沟通的方式，而且它的透明度也非常重要。

何宁：改革开放四十年来，我们国家取得了巨大的成就。在给中国人民带来实实在在经济利益的同时，也直接或间接地给世界上其他国家带来了非常具体的经济利益。这些经济利益的获得得益于改革开放的政策实施，这些政策使我们解放了思想，减少了关税壁垒，开放了服务业市场。改革开放诸多成果已经证明了之前改革开放的方向是对的，未来要继续深化改革，要实现更高层次的开放，要建立利益共同体，让大家能够分享中国经济发展的成果，到那个时候，我们才会在营商环境、对外贸易关系方面打开一个更加美好的局面。

H. E. Nicholas Rosellini：中国改革开放四十年的成就很好地展示了经济的成功如何转变为人本发展的成功，40 年来 8 亿人成功摆脱贫困，人均寿命延长了 10 年，中国的发展已经到了比较高的水准。三年前全球通过了可持续发展 2030 议程，制定了 17 个可持续发展目标，作为一个全球性的议程，需要国家与国家之间、政府与企业之间进行合作，而企业将扮演相当重

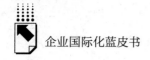

要的角色。中国在低碳社会的建设以及低碳经济的发展方面相当积极，已经做了很多工作，发挥了领头羊的作用。中国推出了"一带一路"倡议，我觉得中国可以跟沿线国家合作，确保社会环境和经济的可持续发展。

李吉平：中国的金融未来十年或者更长时间应该要有一个深刻的改变，就是由以传统的银行信贷模式为主转向与资本市场并重，甚至进入以后者为主的阶段。从融资方式上来说，目前主要有财政融资方式、信贷融资方式以及证券融资方式，发达国家采取的多是后两种。我们亚洲国家最大的问题是以银行为主，就是说以发贷款为主，欧美国家是以资本市场为主。

刘智平：改革开放的一个重要成果就是促进了中国市场的开放与快速成长。改革开放初期，来华投资企业因为对中国市场情况不太了解，在资本注册方面比较谨慎，但是随着中国经济的发展和市场的快速扩大，外资企业纷纷加大了投资力度。在整个改革开放的过程中，每一次营商环境的改善都可以带来一轮新的投资热潮。我认为，外资企业应该有信心，中国市场仍然是世界上最重要并且最有活力的，希望中国营商环境可以不断改善。

何东辉：过去四十年，中国成了世界制造大国，未来四十年持续的改革开放我们肯定希望能成为制造强国，怎么样才能成为制造强国？就我们的经验来看，企业必须有一套文化体系，方太在 2008 年引入以儒家文化为核心的中华优秀传统文化，并与企业管理体系进行融合。我们的团队焕发了生机，我们打造中国高品质产品，同时把品牌做强。对于广大民营企业来说，必须从根本上寻找能量基因，并与企业的管理工具做充分的融合，这样未来的四十年不光能把制造业做强做大，同时整个训练有素的产业工人团队也可以真正地成长起来，为我们国家的发展发挥重要作用。

二 "一带一路"倡议的发展与未来

2013 年习近平主席提出"一带一路"倡议以来，五年已经过去了，这五年来"一带一路"的建设取得了相当大的进展，获得越来越多国家的支持。但是，国际上也存在对"一带一路"倡议的质疑和不理解的声音。在

"一带一路"倡议提出五年的节点上，CCG邀请到了中外嘉宾，希望他们从各自角度对"一带一路"倡议提出建议，共同展望"一带一路"倡议发展前景。

研讨嘉宾（按照发言顺序排列）：

原国家外经贸部副部长、博鳌亚洲论坛原秘书长　龙永图

商务部原副部长、第十二届政协委员　陈健

英国东亚委员会秘书长　麦启安（Alistair Michie）

新加坡驻华大使　罗家良

美国西亚委员会会长　Alidad Mafinezam

国际红十字委员会东亚地区首席代表　Pierre Dorbes

中国建材集团副董事长　李新华

龙永图：在"一带一路"倡议实施的过程中，我们既要务实也要务虚。既要把公路建好，项目做好，也要下功夫把"一带一路"倡议给国内和国外的人民讲清楚。它是一个有利于中国的发展，使中国很多内陆地区、边远地区可以参与到对外开放过程中，解决中国的地区发展不平衡问题，同时也有利于沿线国家发展的好倡议。要特别把中国改革开放的精神体现在里面，"一带一路"的倡议实际上就是中国几十年来所实施的改革开放路线的延续。

陈健："一带一路"是一个倡议，而不是一个计划，共商是基础，共建是过程，共享是目的。要推动"一带一路"倡议的可持续发展，需要注意三点：首先，"一带一路"是一种理念，需要我们正确地理解，在实践中推行它，而不是去曲解它。其次，共商是最重要的，是前提，中国企业要与国外的合作方共商，多尊重对方的意见。最后，合理划分好中外的利益格局，关注当地的利益、第三方的利益。只有把利益格局划分好，"一带一路"的推进才可能更为持久和健康。

麦启安："一带一路"目前是以中国的方式进行宣传，但是想让外界参与进来的话，需要以不同的方式进行宣传和沟通。如果宣传和沟通做到位，相信可以大大促进"一带一路"的发展。国际国内的交往往往是以政府的形式开展，"一带一路"建设可以打破这种形式，顺着改革开放的思路，将国外

的一些私有部门企业融进来。在金融方面，可以和有丰富经验和资源的地区进行对接，将他们融进来，给"一带一路"建设带来更大的潜力和价值。

罗家良：对于"一带一路"2.0提出四点建议。第一，优化金融安排，充分利用市场机制，比较成熟的项目可以证券化，增加市场参与机会，分散投资风险。第二，创新"一带一路"运作模式。比如，新加坡与中国在重庆互联互通项目下打造了一条国际陆海贸易新通道，就是从重庆到北部湾到新加坡陆海联运的方式新通道，运输时间从三周减少到一周，运输成本大大降低，而且具有战略意义的是，"一带一路"两个网络一个往东一个往西，利用这样一个通道连在一起变成一个大网络。第三，打造法治"一带一路"，通过社会机制解决商业纠纷，例如设立"一带一路"法庭。第四，打造智能"一带一路"，从基础设施建设发展延伸到城市数字化。

Alidad Mafinezam："一带一路"给我们传递的信息就是可以提升互联互通，使我们超越原居住地的一些地缘经济政治方面的特征。从北美角度来看，"一带一路"建设需要进一步扩大，照顾到北美的需求，也就是美加对于"一带一路"建设的基础需求。比如说大家去硅谷，发现几十年来我们的地铁一直都是那个样子，而且越来越糟糕。我们希望改进城市交通系统，可是我们资金缺口非常大。从人道角度讲，"一带一路"倡议还应该更多着眼于社区，更好地了解社区居民的需求，这样的话"一带一路"倡议才能实现更好的交流和沟通。

Pierre Dorbes："一带一路"倡议为我们提供了很好的机会，可以帮助人们解决一些最基础的需求，比如获得更好、更清洁的水源，获得基本居住的场所等。作为投资人的企业，可以扮演非常重要的角色，我们希望他们遵守的原则就是不要给当地社区带来伤害，希望他们能够与社区进行互动对话，在商业之外也能够承担社会责任，更好地融入当地社会。

李新华：我们在国外的投资遵循三个原则，第一，要促进当地经济社会和谐发展。第二，与合作伙伴共同发展，包括国际合作伙伴和中国的企业。第三，通过在当地建立国际化的检验认证机构，提高当地对产品品质的管理评价，把最好的产品带给当地。

三 中美贸易摩擦影响下的中美双向投资

2018年，受美国政策等因素影响，全球外国直接投资总额出现大幅下滑。外国直接投资是全球化的风向标，也是企业供应链和未来贸易关系增长的潜在迹象。不断升级的中美贸易摩擦对投资前景、企业家信心、产业链以及上下游行业的影响十分深远。中美贸易摩擦对中国乃至全球经贸投资带来了怎样的挑战？

研讨嘉宾（按照发言顺序排列）：

财政部原副部长 朱光耀

中国美国商会主席 William Zarit

商务部中国国际经济合作学会副会长 王辉耀

中房集团理事长、汇力基金董事长 孟晓苏

香港科技大学中国跨国关系中心主任 David Zweig

美中贸易全国委员会副会长 Jacob Parker

朱光耀：2019年我们遇到以下挑战：第一，贸易争端，不仅是中美之间，美国跟欧盟、跟其他一些国家都出现了这种贸易摩擦，这会影响市场的信心，影响全球经济的稳定。第二，英国脱欧，如果是硬脱欧，那么对于英国经济、欧洲经济，甚至全球经济的影响都非常大。第三，美联储的利率走势会对市场产生重要影响。第四，一些新兴市场国家出现资本的外流，面临货币的贬值甚至金融市场动荡的风险。第五，地缘政治的影响，大宗原材料的价格特别是石油产品价格的波动对于全球经济产生影响。在中美贸易摩擦下，目前最重要的就是加强双方的沟通，要保持各个层次的沟通，元首外交发挥着引领作用，在元首外交引领下政府层级的各个层面都要加强沟通。另外，两国的企业家、学界、智库要深化沟通，为政府的决策提供建议，通过民间交往增进了解与信任对于中美两国全面关系的发展至关重要。

William Zarit：中美贸易摩擦对两国企业都带来了伤害。美商会在中国的调查显示，美国的关税对美国在华企业造成了严重的伤害。改革开放初期，美国扮演了一个非常积极的角色，中国出口到美国的很多商品都得到了美国的投资，中国经济实现了前所未有的增长；同时，美国人能够买到更多的产品，美国企业可以赚到更多的钱，美国的政治领袖也获得了更多的支持。但是，他们往往忽视了其实中国市场并不像美国市场那么开放，很多问题比如知识产权问题一直存在。因此，我们现在需要重新做一番探讨，双方都打开市场，这样才能够更加公平，两国都可以获益。

王辉耀：两国元首最近已经释放出了和解的积极信号，两国的企业也特别期望能解决中美贸易摩擦。在原则层面，两国之间没有太大分歧。习近平总书记、李克强总理都一再强调要加强知识产权保护，也表示会积极配合WTO的要求放宽市场准入。在全球价值链的时代，你中有我我中有你，如果全球价值链被切断，可能会给整个世界带来巨大的风险甚至爆发金融危机，相信中美两国有智慧、有能力解决贸易摩擦，找到平衡点。

孟晓苏：特朗普执政以来，房地产思维已深深影响着美国政治，经济利益是他的首要考量。中美之间除了竞争关系、贸易关系外，其实还有一层师生关系。中国的市场经济、房改，还有很多金融产品都是从美国那里学来的。我认为，中美两国的贸易摩擦问题还是有解决办法的。中国需要遵照做出的承诺解决贸易逆差，加大对外开放；美国则需要理解中国推动改革的难处。

David Zweig：我认为，中美现在正在进行的是战略竞争。一方面是一个全球霸权国家想保住地位，另一方面是一个新兴国家的强势崛起。回顾历史，改革开放初期，两国都从中受益，但是，美国现在认为自己开放了科技、经济、教育资源，让中国人学习之后来挑战美国，所以近年来美国国内对中美接触的支持几乎没有了。虽然我认为美国对中国可能造成的威胁有所夸大，但中国的确应该继续扩大开放，进行实实在在的改革，让美国看到中国想要促进公平贸易的决心，这样两国关系才有机会缓和。

Jacob Parker：现在的中美关系，有五个很难解决的问题：一是市场准入和公平竞争；二是国企改革。美国政府，特别是美国企业非常关心中国的国企，因为他们不是以市场为基础的，这样对外国的企业非常不利；三是产能过剩，比如铝、钢材、玻璃的产能过剩已经影响了全球这些商品的价格，这些会对美国生产商产生不利影响；四是知识产权；五是产业政策补贴。关于产业政策这块，中国的产业政策主要关注一些战略性行业，有一些中国企业参与了国际标准的制定，但是，他们有时候并没有对最好的技术以及最好的产品进行选择与投票，他们选择了有利于中国企业的标准。

四　推动更高层次的开放

2018年是中国改革开放四十年，在新的一年，人们都在思考如何继续推动更高层次的开放。国际上出现的错综复杂的多变性，让人们感受到一种紧迫性，逆全球化的潮流和贸易保护主义的形势催促我们寻找新的路径和有效的措施继续推动中国的对外开放。

研讨嘉宾（按照发言顺序排列）：

原国家外经贸部副部长、博鳌亚洲论坛原秘书长　龙永图

财政部原副部长　朱光耀

商务部原副部长、第十二届政协委员　陈健

商务部中国国际经济合作学会副会长　王辉耀

厚朴投资联席主席、工商银行原副行长　张红力

华坚集团董事局主席　张华荣

龙永图：现在，国际上出现的逆全球化潮流、贸易保护主义、单边主义都逼着我们去寻找新的路径和方式进一步推动中国的对外开放。中国政府目前采取了以更高层次的开放来应对，这就更需要各方面的共同努力。除了积极参与WTO改革外，我们还需要积极参加区域贸易协定、区域贸易集团等方面的谈判。展望未来，打造一个好的营商环境是扩大对外开放、培养核心竞争力的重要条件。在改善中国营商环境时，需要特别关注两件事情，第一件事情就是怎样实行WTO国民待遇的问题，要真正实现对不同所有制的企业，包括国有企业、民营企业、外资企业的一视同仁；第二件事情是怎样解决中国一些行业对外开放以及投资门槛的问题。

朱光耀：中国如何在新形势下推动更高层次的改革开放，这是一个关

系到中国的发展和命运的极其重大的战略性课题。我们要对中国经济进一步向更高层次发展、实现从高速增长向高质量发展有坚定的信心。改革开放四十年，中国经济取得了巨大的成绩，综合国力得到空前提高。在我们自身经济发展向好的前提下，还要积极参与全球经济治理。在开放方面，外部的压力往往是推动我们内部结构改革的动力，关键是我们如何把握好改革的节奏。在 WTO 改革方面，有三点，首先，WTO 效率需要提高；其次，WTO 上诉争端机制的解决迫在眉睫；最后，在提出改革方案的同时，我们自身的改革，尤其是结构性改革的任务需要坚定，而且要向前推进到一个更高的水平。

陈健：中国是通过开放促改革发展起来的，只开放不改革是不行的。改革开放前四十年，中国主要进行了横向层面的开放，比如深圳、上海等地域领域的开放。国际上，我们加入了国际治理体系，特别是经济治理体系。未来四十年需要向更深层次开放。现在已经形成了一个雏形，就是自贸区、自贸港的建设，这就需要赋予地方更多的自主权，让市场在整个资源配置中发挥最重要的作用。我们要更加深入地参与到全球经济治理体系的建设中去，使经济秩序更加开放、普惠和平衡。改革开放深入推进任务艰巨，我们需要进一步解放思想，把握好自身、学会包容，实实在在地推进、不要停留在表面。

王辉耀：回顾历史展望未来，我认为，非常重要的一点就是中国要更多地参与到国际多边机制中去。十八大以来，中国已经非常积极地投入其中，推动全球化、支持全球化成为我们国家的高度共识。比如我们推动了亚投行的建立，推出了"一带一路"倡议，积极推动 RCEP 等。我认为，我们还应该探讨加入 TPP，积极主动地参与到 TPP 的谈判中，这将给中国的发展带来巨大的推动作用。

张红力：我们要想迎接更高层次的开放就一定要遵循市场规律，做银行有规律，做金融讲规律，任何一个行业都有市场规律，敬畏市场规律是改革开放特别是进一步扩大开放应该严格遵循的一个基本原则，这样企业才能做得更强更大，这也是过去四十年中国经济腾飞的关键。中国金融下一步将面临如何从数量向质量、向结构更加优化方面转变，党的十九大明确提出加强加快多层次资本市场的建设，其中多层次资本市场主要指直接融资和间接融资的比例，加大直接融资的比例使企业从资金向资本方面更多地进行转换，将有助于中国经济更为健康地发展。

张华荣：作为参与"一带一路"建设的企业，我们走到非洲去，我认为，我们带过去的是一种理念。第一，中国改革开放四十年是如何实现招商引资的，如何与外国企业共同创造发展经济，共同分享利益。第二，我个人从50年前一个穷人家的孩子到今天的国际化的企业家，我把个人成长的经历、担当的社会责任分享给他们。第三，我们由三台缝纫机十个人创业发展到今天，我把企业成长经历、国际贸易服务等经验送给他们。"一带一路"倡议可以帮助非洲国家发展，但是有一点，我们的企业必须要尊重当地的文化、当地的法律，并与当地政府沟通好。

专 题 篇

Special Issue Reports

B.5

中国企业海外投资的制度环境及其影响评估：分析架构、实证研究和对策建议

梁国勇　丁浩员*

摘　要： 本文建立了一个国际投资制度环境的分析架构，并在此基础上对国际投资制度环境对中国企业海外投资的影响进行了实证分析。对2003~2016年上市公司对外投资数据的计量分析表明，中国企业倾向于在制度环境更佳、制度风险更低的国家进行投资，而政治制度的改善对投资具有显著的促进作用。

* 梁国勇，博士，联合国贸发组织投资和企业司资深经济事务官员，中国自贸区协同创新中心和全球化智库特邀高级研究员，在国际经济和发展领域著述颇丰，特别是在国际投资方面做出了开创性的研究；丁浩员，博士，上海财经大学商学院副教授、博士生导师、院长助理，研究重点是国际经济学和中国经济，在相关领域学术成果丰富，是上海市晨光学者和浦山学术研究奖获得者。本文内容仅代表作者个人观点。

本文还对近年来全球投资制度环境的最新动向进行了分析，并从国家和企业两个层面提出了对策建议。

关键词： 对外直接投资　制度环境　政治风险

企业在海外进行投资时面临与本国不同的制度环境，一般由东道国的法律政策以及东道国和母国签订的投资协定共同规制。另外，母国关于对外投资的法律法规也是企业海外投资制度环境的一个组成部分。总体而言，国际投资的制度环境是一个复杂的体系，影响着企业海外投资和运营的绩效。对于加速"走出去"的中国企业而言，充分认识海外投资的制度环境具有尤其重要的意义。本文旨在建立一个国际投资制度环境的分析架构，并在此基础上对其概况和最新动向进行分析。制度影响企业绩效的一个重要渠道是海外投资运营的风险，而这与国际投资制度环境的变动和限制性的增强密切相关。因此，本文基于国别风险指数对国际投资制度环境对中国企业国际投资的影响进行了实证分析，以期对企业海外投资实践和相关政策制定提供借鉴。

一　国际投资的制度环境：分析架构和概况述评

制度是一个社会的游戏规则或者人为设计的限制，用以约束人们的互动（North，1990）。制度由影响个人与企业行为的正式制度与非正式制度组成，其中正式制度包括法律、规章和规则。从形式上来说，制度既包括成文的规范，也包括不成文的规则。由于制度是业已成形的行为准则，因此它具有相对的稳定性和长效性。本文所说的国际投资制度指的是指企业在海外投资运营过程中面临的特定规则体系，具体涉及市场准入、投资者待遇、投资保护、争端解决机制等相关方面的具体规定，一般是正式的、成文的、具有法律效力的。广义的国际投资制度还涉及运营阶段的一般性监管问题、东道国

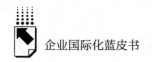

政府一般性政策等内容，并非专门针对外国投资者。全面认识企业海外投资的制度环境，需要建立一个涵盖规则载体、规制内容、时空维度、投资者待遇等问题的全面分析架构，并认识其对企业投资运营绩效的潜在影响。

（一）国际投资制度的载体：国内法律和国际协定

国际投资的治理体系包括各国的相关国内政策和国家间的相关协定：一方面是东道国（经济体）以及母国（经济体）的相关法律和政策规定；另一方面是东道国（经济体）和母国（经济体）之间签订的国际投资协定。前者属国内法范畴，后者属国际法范畴。

投资东道国（国际投资的目的地）的很多法律和政策会影响宏观层面的外资流入、行业层面的外资准入和微观层面外资企业的投资和运营。有的法律法规明确规定了外资进入的条件、外国投资者的待遇和对外资的保护；有的法律则涉及投资自由化和投资促进，以及如何提高外资对本国经济发展的贡献和如何限制外资可能带来的负面影响等问题——这些是东道国外资政策体系的主要组成部分。部分国家选择制定一部专门的法律对外国直接投资的相关问题进行规制，这部法律往往是该国国际投资制度环境的集中体现。各国的法律和政策具有稳定性，但也可能出现调整。这些调整既可能是对外资更加开放、改善待遇或加强保护的正面举措，也可能是对外资推出新的限制性举措或加强监管的措施。

跨国公司母国（国际投资的来源地）相关法律和政策也可能影响国际投资。这方面，主要是关于国际收支资本账户的有关规定。发达国家于20世纪70~80年代普遍实现了资本项目自由化，但部分发展中国家仍然实施一定程度的资本管制。资本管制措施可能影响证券投资，也可能影响直接投资，包括资本流入和流出两个方向。关于对外直接投资的具体限制主要是出于防范大规模资本外逃、保持足够外汇资产的考量[1]。20世纪90年代至21

---

① UNCTAD, 2019, *World Investment Report 2019：Special Economic Zones*, Geneva and New York：United Nations.

世纪 10 年代，各国国内政策对于本国企业海外直接投资的限制逐渐放松，有的国家推出了一些鼓励和推动对外投资的政策。然而，2008 年全球金融危机后，特别是 21 世纪 10 年代中期以后逆全球化加剧的背景下，各国对海外投资的限制性举措有所增加。其中，发达国家"再工业化"政策旨在留住本国跨国公司投资，有的甚至鼓励其回流。

从国际投资协定的覆盖范围看，涉及双边、区域、诸边和多边几个层面。和国际贸易不同，国际投资领域没有一个像 WTO 那样的多边架构发挥统领作用，相关规则和治理主要是通过双边投资协定进行的，而包含投资章节和条款的其他协定也开始发挥越来越重要的作用。双边投资协定（BIT）指两国之间订立的专门针对国际投资进行规制和保护的双边条约，而其他协定（特别是区域和双边自贸协定）也可能涉及投资相关问题。同时，在投资担保和争端解决等方面，存在若干多边协定和机制，包括《多边投资机构担保公约》和《关于解决国家和其他国国民之间投资争端公约》等。

以全球视野俯视会发现，国际投资领域的治理体系仿佛是一个由数千个国际协定相互交织而成的"一团乱麻"。截至 2018 年，国际投资协定的数量达到了 3300 多个，其中包括 2900 多个双边投资协定和 380 多个包含投资章节和条款的其他协定，如区域和双边自贸协定；目前有效的协定约 2600 多个（UNCTAD, 2019）。这些协定内容各异，但总体上在外国投资者的待遇和保护问题上遵循了共同的规则。这些规则有力地推动了国际投资，也是全球化的制度基石之一。然而，数量如此庞大的协定体系具有异常复杂、相互重叠、不一致等问题，这彰显了改革的必要性。

（二）国际投资协定：规制内容和时空维度

国际投资制度的规制内容主要包括外国直接投资（FDI）定义、市场准入规定、投资者待遇、投资保护和争端解决等。这些内容决定了东道国如何界定外国投资者和外国直接投资，外国投资者可以或不可以进入哪些行业，如何对其投资和运营活动加以保护，以及在出现投资争端时以何种机制加以

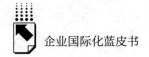

解决。与国际贸易领域争端解决在国家与国家之间进行不同，投资领域采用的是投资者－国家间争端解决机制（ISDS），是在企业（投资者）和国家（东道国政府）之间进行。目前，解决投资争端国际中心（ICSID）是国际上受理国际投资争议的主要仲裁机构。

从时间维度看，国际投资制度涉及准入前（pre-establishment）和准入后（post-establishment）两个阶段。对企业而言，这意味着对一个特定投资目的地的进入（at-entry）阶段和进入后（after-entry）阶段，也可以说是投资和运营阶段。从空间维度看，国际投资制度关注的是投资来源地和投资东道国两者之间的关系，但在特殊情况下又可能涉及第三国。就投资路径而言，从一国到另一国的投资可能假道第三国进行，这称为过路（trans-shipping）投资；具体可能涉及以避税为目的的离岸金融中心（offshore financial centres），也可能涉及特殊目的实体（special purpose entities）。在另一种情况下，一国企业也可能借助在另一国家或地区设立分支机构在本国进行投资，这称作返程（round-triping）投资，具体目的可能是为了利用本国对外资企业提供的税收等方面的优惠。

投资者待遇是国际投资制度涉及的一个重要问题。双边投资协议可能为外国投资者提供不同待遇标准：公平公正待遇（Fair and Equitable Treatment）、最惠国待遇（Most-Favoured-Nation Treatment）以及国民待遇（National Treatment）等。基于国民待遇原则，东道国向外商投资者提供不低于本国企业的待遇。具体涉及准入前和准入后两个前段，前者的本质其实是投资市场准入的问题。在向外资提供"准入前国民待遇"的同时，东道国会将一些特定的行业列入"负面清单"并对其保留一些进入限制。

对中国而言，准入前国民待遇和负面清单管理是国际投资政策领域的新理念。2013年7月，中国同意以此为基础与美方进行双边投资协定的实质性谈判。6年过去了，中美投资协定谈判尚待破局，但准入前国民待遇和负面清单管理已经从自贸区试点推向全国。2019年3月15日通过的外商投资法对实施准入前国民待遇加负面清单管理做出了明确规定，最终确立了其法律地位。

（三）国际投资制度环境和制度风险对企业的影响

各国国际投资制度环境的比较影响企业的投资区位选择。针对特定东道国而言，国际投资制度环境则影响投资者的进入领域和进入模式选择，也通过影响企业各方面的"交易成本"进而影响项目的投资效果和企业的经营绩效。

进入模式选择是国际商务研究中的一个重要问题，具体探究投资者在东道国是选择独资、合资，还是并购已有公司，广义上也涉及出口和一些其他非股权合作方式。产业政策作为广义投资制度环境的内容，对企业进入选择有显著影响。当企业同时受到母国和东道国产业政策支持时，企业更加倾向于以合资的方式进入海外市场①。从"文化距离"看，两国文化差异越大，投资者越倾向于采取合资或合并的方式。Kogut and Singh（1988）的研究发现，在初次开辟文化差异大的市场时，企业会首先选择合资，而文化相似的国家之间企业的跨国并购会更频繁。对"制度距离"概念而言，情况是类似的②。另外，东道国政策和监管的严格程度也影响投资者的进入模式选择。约束越严厉，外国投资者越倾向合资经营而非独资或收购。发展中国家为了保护国内民族产业，往往更欢迎外国投资者创建新企业，而对并购东道国当地企业的投资行为施加更多的限制③，这种情况在一些发达国家则越来越明显。

和国际投资制度相关的风险主要表现在两方面：其一，对国际投资限制性的增强和特定监管壁垒的提升；其二，国际投资制度在国际和国家两个层面的不确定性。制度风险会对投资者的投资和运营绩效带来显著影响。实证研究表明，东道国的制度环境对中国跨国公司的境外投资绩效有着显著影

① 杜健、郑秋霞：《合资还是独资？——产业政策对中国跨国企业 FDI 进入模式的影响》，《西安电子科技大学学报》（社会科学版）2017 年第 3 期。
② Xu，D. and Shenkar，O.，2002，"Institutional distance and the multinational enterprise"，*The Academy of Management Review*，27（4）：608－618.
③ 曹林静、周政芳：《新建投资与并购投资两种 FDI 进入模式的选择》，《内蒙古科技与经济》2006 年第 19 期，第 92～94 页。

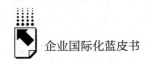
响。东道国经济规模与中国跨国企业海外子公司绩效正相关；同时，国家风险越大，中国跨国企业海外子公司绩效越低[1]（2010）。

二 国际投资制度环境对中国企业国际投资的影响：基于国别风险和制度因素的实证分析

规则、各方实力以及具体的博弈过程三方面共同决定结果——游戏中是这样，现实世界也是如此。在经济领域，规则的主要载体是法律法规；而在国际经济领域，由于交易涉及不同国家的市场主体，国际协定成为规则的重要载体，规则的制定则通过协定的谈判进行。与此同时，投资目的地国和来源国（特别是前者）的法律、法规和相关政策也是投资规则体系的重要组成部分。国际协定和国内法规共同构成了国际投资制度。

如上节所述，国际投资制度对企业投资和经营绩效产生影响的一个重要渠道是风险因素。在本节对制度环境影响中国企业国际投资的实证分析中，我们对制度的测度选取 PRS Group 发布的国际国别风险指南（International Country Risk Guide，ICRG）。该指数无论在国际性组织还是学术界的应用都十分广泛：联合国、世界银行、国际货币基金组织等使用 ICRG 评估一国的制度发展情况；许多学者也使用 ICRG 综合指数衡量一国整体的制度水平[2]，而更多学者选取某个维度或者子指标来反映国家的特定制度风险[3][4][5]。

PRS Group 每个月对全世界 140 个国家和地区的风险进行预测和分析。该机构将国家风险划分为支付能力和偿付意愿两个基本组成部分，支付能力

① 付竹：《文化距离、进入模式与绩效》，西南财经大学，2010。
② Méon, P. G., and Sekkat, K., 2012, "FDI waves, waves of neglect of political risk", *World Development*, 40 (11), 2194－2205.
③ Kolstad, I., & Villanger, E., 2008, "Determinants of foreign direct investment in services", *European Journal of Political Economy*, 24 (2), 518－533.
④ Papaioannou, E., 2009, "What drives international financial flows? Politics, institutions and other determinants", *Journal of Development Economics*, 88 (2), 269－281.
⑤ Jiao, Y., and Wei, S. J., 2017, "Intrinsic Openness and Endogenous Institutional Quality", *NBER working paper* (No. w24052).

包括经济风险和金融风险，偿付意愿则用政治风险体现。因此，ICRG 指数包括政治风险、经济风险和金融风险三个维度的分指标和一个综合指标。其中，政治风险涉及 13 个子指标，经济风险和金融风险各包括 5 个子指标。ICRG 每个子指标的取值范围反映了该要素的权重，综合指标中三个分指标的权重比例是 2:1:1。ICRG 综合风险指数（CR）的计算公式为：

$$CR = 0.5 \times (PR + ER + FR)$$

其中，政治风险（PR）计 100 分，占比 50%；经济风险（ER）计 50 分，占比 25%；金融风险（FR）计 50 分，占比 25%。CR 总分为 100 分。分值越高则表明国家的制度风险较低，制度环境越好，反之亦然。

现有文献一般采用国家层面的宏观数据探究东道国制度环境对于对外投资（OFDI）的影响。本节则采用企业层面的微观数据对该问题进行探究，以填补这方面的研究空白。我们构建如下计量模型：

$$OFDI_{ict} = \alpha + \beta\, Institution_{ct-1} + \gamma_1\, Experience_{ict-1} + \gamma_2\, X_{ct-1} + \theta_{it} + \theta_c + \varepsilon_{ict}$$

其中，i，c，t 分别表示企业、国家和年份。$OFDI_{ict}$ 为企业 i 在 t 年对 c 国的投资情况。我们设置两个变量：一是是否进行投资的虚拟变量 Dummy；二是 OFDI 的项目数 Number。$Institution_{ct-1}$ 表示 ICRG 的综合指标、三个分指标和部分子指标。$Experience_{ict-1}$ 表示企业 i 在 $t-1$ 年之前是否有对 c 国的投资经验。X_{ct-1} 为一系列国家层面的控制变量，我们选取 GDP 增长率（GDP growth）、人均 GDP（GDP per capita）和进出口贸易额占 GDP 的比重（Trade）。所有解释变量相对于被解释变量滞后一期。θ_{it} 和 θ_c 分别为企业 - 年份和国家的固定效应，ε_{ict} 为随机扰动项，标准误聚类至企业层面。

对外直接投资数据来自两个数据库，其中绿地投资（Green Filed）来自 fDiMarkets，跨国并购（Cross-border M&A）来自 SDC 数据库。GDP 增长率、人均 GDP 和 GDP 总额数据来自世界银行，进出口数据来自世界货币基金组织。我们首先将两个 OFDI 数据库分别与 CSMAR 上市公司数据库进行匹配，再将匹配好的数据根据上市公司股票代码合并。然后，我们根据投资的国家和地区信息对企业数据进行展开，并剔除金融类公司，以及常规企业控制变

量和国家层面控制变量缺失的样本。最终，我们得到 2003～2016 年，598 家上市公司和 114 个 OFDI 国家和地区，共计 640768 个企业－年份－国家观测值。

表 1 报告了 ICRG 三个分指标和综合指标（Composite Rating）的回归结果。结果显示，无论被解释变量是跨国公司是否进行 OFDI，还是 OFDI 的项目数量，ICRG 的系数均显著为正。这表明，东道国的制度环境越稳定，企业越倾向于在该东道国进行投资，且投资的次数越多。从风险的三个维度来看，东道国的政治风险（Political Risk Rating）和经济风险（Economic Risk Rating）越低，企业就更容易进行投资，但是金融风险（Financial Risk Rating）的影响并不显著。控制变量方面，企业有东道国进行投资的经验、东道国的经济增长速度更快、人均 GDP 越低都将使得跨国公司更倾向于在东道国进行投资，而进出口总额占国民经济比重则对跨国公司进行 OFDI 的决策没有显著影响。

更进一步，我们探究了特定制度因素和风险对企业 OFDI 决策的影响，包括东道国的政府稳定性（Government Stability）、社会经济状况（Socioeconomic Condition）、投资环境（Investment Profile）和外部冲突水平（External Conflict）。政治稳定性测度政府实施已公开宣布计划的程度，以及政权连任的机会；社会经济状况评估社会中可能限制政府行为或加剧民众不满的社会经济压力；投资环境反映了其他政治、经济和金融指标所没有覆盖的投资风险，其测度了合同执行性/政府没收概率、利润返回和延期支付情况；外部冲突评估了东道国政府外交活动可能涉及的各类政治风险。表 2 的实证结果显示，政府稳定性、社会经济状况和外部冲突的回归系数均在 1% 的水平上显著为正，而投资环境对跨国公司是否进行 OFDI 的影响在 10% 的水平上显著。以上结果说明政治制度的改善对 OFDI 存在显著的促进作用，即东道国的制度环境越优越，越容易吸引外国公司进行直接投资。

本文的研究结果与已有的文献一致。例如，Méon 和 Sekkat（2012）采用 ICRG 研究发现 FDI 受东道国制度风险的负面影响。Tekin-Koru（2012）以 1987～1998 年瑞典制造业跨国公司为研究对象，同样选取 ICRG 指标衡

表1 东道国制度环境和 OFDI

	(1)	(2)	(3)	(4)	(5)	(6)	(7)	(8)
	Composite Rating		Political Risk Rating		Economic Risk Rating		Financial Risk Rating	
	Dummy	Number	Dummy	Number	Dummy	Number	Dummy	Number
Institution	0.00419ᵃ	0.00313ᵃ	0.00773ᵃ	0.00583ᵃ	0.00217ᵃ	0.00161ᵃ	-0.000587	-0.000432
	(0.00094)	(0.00070)	(0.00136)	(0.00101)	(0.00046)	(0.00036)	(0.00046)	(0.00034)
Experience	0.0379ᵃ	0.0288ᵃ	0.0379ᵃ	0.0288ᵃ	0.0379ᵃ	0.0288ᵃ	0.0379ᵃ	0.0288ᵃ
	(0.00512)	(0.00396)	(0.00513)	(0.00396)	(0.00512)	(0.00396)	(0.00513)	(0.00396)
GDP growth	0.00499ᵃ	0.00381ᵃ	0.00440ᵃ	0.00336ᵃ	0.00472ᵃ	0.00362ᵃ	0.00630ᵃ	0.00480ᵃ
	(0.00111)	(0.00081)	(0.00111)	(0.00080)	(0.00111)	(0.00081)	(0.00117)	(0.00086)
GDP per capita	-0.00369ᵃ	-0.00274ᵃ	-0.00393ᵃ	-0.00293ᵃ	-0.00347ᵃ	-0.00258ᵃ	-0.00297ᵃ	-0.00221ᵃ
	(0.00064)	(0.00048)	(0.00066)	(0.00049)	(0.00062)	(0.00046)	(0.00060)	(0.00045)
Trade	-0.0007	-0.000697	-0.000975	-0.000907	-0.000307	-0.000404	-0.000189	-0.000317
	(0.00075)	(0.00057)	(0.00076)	(0.00058)	(0.00072)	(0.00055)	(0.00075)	(0.00058)
Firm – Year FE	Yes	Yes	Yes	Yes	Yes	Yes	Yes	Yes
Destination FE	Yes	Yes	Yes	Yes	Yes	Yes	Yes	Yes
观测值	624098	624098	624098	624098	624098	624098	624098	624098
R²	0.032	0.032	0.032	0.032	0.032	0.032	0.032	0.032

注：a,b,c 分别表示在1%、5%、10%水平上显著。

量东道国制度状况，在企业层面上证明了东道国的制度风险越低，跨国公司的绿地投资和并购行为越多。本文在微观层面上同样证明了中国企业更倾向于在制度环境更佳、制度风险更低的国家进行投资。

三 全球国际投资制度环境和风险：最新动向和应对策略

自 2000 年代初期以来，中国对外投资迅速增长，海外商业利益不断膨胀。截至 2017 年底，境外机构和企业数量达到 3.9 万家，资产达到 6 万亿美元，中国对外直接投资存量达到 1.8 万亿美元。与此同时，全球范围内国际投资协定呈现新的趋势，国家层面的投资政策也有一些新的动向，包括对国际投资限制性的增强以及监管壁垒的提升。国际投资制度在国际和国家两个层面的不利变动对中国企业则意味着投资和运营的风险。总体上看，中国庞大的海外利益却越来越暴露于各类风险中。具体问题非常复杂，突出地表现在两方面：在发达国家投资的制度性障碍（institutional obstacles）和在发展中国家投资的制度性风险（institutional risks）。这就需要在国家和企业两个层面加以妥善应对。

（一）国际投资协定的新趋势

从历史趋势看，国际投资协定经历了从 20 世纪 80 年代中期以来的"大扩张"到金融危机后的"大调整"的演变。调整表现在几个方面：一是数量减少、质量提高，表现在新签协定减少的同时，协定类型对比发生变化，单个协定覆盖范围扩大，规则质量有所提升；二是立场上的分化，一方面推动投资自由化努力的加强，另一方面是更加保守的政策立场。前者如准入前国民待遇的逐渐推广，主要由美国等发达国家推动；后者的极端表现形式是干脆退出现有协定，如南非、印尼、玻利维亚、厄瓜多尔等发展中国家。三是内容上的"再平衡"，表现在投资者和东道国的权利、义务关系的变化，特别是私人投资者保护和主权国家监管之间的平衡。显然，更加保守的政策立场和投资者－东道国关系的变化可能蕴含着显著的制度性障碍和风险。

表 2 东道国政治制度和 OFDI

	(1)	(2)	(3)	(4)	(5)	(6)	(7)	(8)
	Dummy	Number	Dummy	Number	Dummy	Number	Dummy	Number
	Government Stability		Socioeconomic Condition		Investment Profile		External Conflict	
Institution index	0.00300^a	0.00227^a	0.00366^a	0.00273^a	0.000868^c	0.000739^c	0.00783^a	0.00582^a
	(0.00059)	(0.00045)	(0.00062)	(0.00044)	(0.00052)	(0.00038)	(0.00137)	(0.00104)
Firm experience	0.0379^a	0.0288^a	0.0379^a	0.0288^a	0.0379^a	0.0288^a	0.0378^a	0.0288^a
	(0.00512)	(0.00396)	(0.00513)	(0.00396)	(0.00513)	(0.00396)	(0.00513)	(0.00396)
GDP growth	0.00484^a	0.00369^a	0.00530^a	0.00404^a	0.00617^a	0.00469^a	0.00457^a	0.00351^a
	(0.00113)	(0.00083)	(0.00116)	(0.00084)	(0.00117)	(0.00085)	(0.00110)	(0.00080)
GDP per capita	-0.00365^a	-0.00272^a	-0.00441^a	-0.00328^a	-0.00338^a	-0.00254^a	-0.00322^a	-0.00239^a
	(0.00062)	(0.00047)	(0.00065)	(0.00048)	(0.00064)	(0.00047)	(0.00061)	(0.00045)
Trade	-0.00037	-0.000451	-0.000898	-0.000845	-0.00042	-0.000499	-0.00109	-0.000985*
	(0.00072)	(0.00055)	(0.00074)	(0.00057)	(0.00072)	(0.00055)	(0.00075)	(0.00057)
Firm – Year FE	Yes	Yes	Yes	Yes	Yes	Yes	Yes	Yes
Destination FE	Yes	Yes	Yes	Yes	Yes	Yes	Yes	Yes
观测值	624098	624098	624098	624098	624098	624098	624098	624098
R^2	0.032	0.032	0.032	0.032	0.032	0.032	0.032	0.032

注：a、b、c 分别表示在 1%、5%、10% 水平上显著。

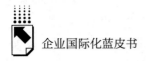

全球金融危机爆发后，国际投资协定也展现了一些新动向。第一，"区域主义"抬头——这表现在投资协定的签订和投资自由化的推动力越来越多地在区域内部和区域之间展现，区域层面成为双边层面之外投资规则制定的活跃因素。第二，自由贸易谈判越来越将贸易、投资及其他议题捆绑在一起，共同纳入一个全面的、全新的国际经济规则体系。第三，国际投资规则出现了显著变化。伴随着"再平衡"，协定文本越来越重视东道国的监管权力和政策空间。另外，在传统的投资者保护这一核心之外，国际投资协定也开始涉及自由化、便利化和投资促进等新领域。与此同时，环境、社会、劳工等可持续发展因素在投资协定中得到加强。

在近年来逆全球化加剧的背景下，美国在国际经贸规则制定的区域和双边层面之间重新选择倾向于后者，因此退出了 TPP，TTIP 也陷入停滞。由于贸易和投资密切关联，这难免对全球投资规则的制定产生一定的影响。从奥巴马到特朗普，一脉相承的是抛开多边体系另起炉灶，但具体做法又有明显不同。奥巴马政府重视区域层面，因此有了 TPP 和 TTIP 的所谓"两洋战略"；而特朗普的贸易团队则侧重双边层面，通过实施"双边战略"力求在一对一的谈判中发挥优势，实现自身利益最大化。对于贸易摩擦和分歧，前者主要是在多边规则框架内解决问题；后者则奉行单边主义，挑战原有制度安排，不惜大打贸易战。尽管美国"退群"，其他 11 国仍然签署了 CPTPP（Comprehensive and Progressive Agreement for Trans-Pacific Partnership），RCEP 谈判也在进行中——因此区域层面经贸规则制定的动能仍然存在。同时，发达经济体之间的双边自贸谈判有所加强。如果主要发达经济体之间的自贸安排破局，全球贸易规则体系将重构，投资规则可能出现新的格局，中国也难免受到不利影响。

（二）国家层面投资政策的新动向

从全球范围看，国家层面的投资政策一直存在推动自由化和加强限制两者并存、前者比重明显高于后者的情况。2016 年以来，限制性措施比重出现回升，反映了投资保护主义有所抬头。特别是 2018 年，限制性措施呈现明显加强的倾向。新的针对外国投资者的限制性规定主要是基于国家安全考量，重点关注对基础设施、核心技术、军工部门、敏感商业资产和住宅等领域的投资①。在实施层面，限制性举措也有所加强。2018年，全球范围内因国家安全问题阻止的并购交易总额超过1500亿美元。

从中国对外投资的长期情况看，企业在海外面临的监管壁垒不断增强。据郭璐②测算：金融危机爆发后，随着中国企业对外投资规模不断扩大，海外监管壁垒水平逐年上升。分地区来看：欧洲对中国企业在其投资的监管壁垒较高；美国对来自中国的投资一直实施严格的审查，贸易战爆发以来对中国企业投资于其敏感技术领域的投资进行更严格的监管；亚洲其他国家对中国投资的监管壁垒略低于全球平均水平；非洲国家对中国的监管壁垒最低。中国企业海外投资面临的政治问题非常复杂，特别是对国有企业、特殊行业（自然资源、基础设施、高科技行业等）和大型项目而言。企业海外投资的"政治学"突出地表现在两方面：在发达国家投资的制度性障碍和在发展中国家投资的制度性风险③。前一方面，中国企业在美国等国家收购屡屡受挫反映了部分发达国家的投资保护主义倾向。后一方面，相继发生的一系列风险事件不是偶然的，它们彰显了这样一个事实：随着中国崛起及其全球存在的不断扩大，其商业利益也不断地暴露于形形色色的政治风险当中。

与全球趋势一致，国家安全审查是发达国家限制中国投资的一个主要手段。美国一直对外资进行国家安全审查，具体由1975年成立的美国外国投资委员会（CFIUS）具体实施。从近年来审查案例的数量来看，该委员会对来自中国的投资尤其关注，审查数量与投资规模明显不成比例。2018年以来，美国对中国投资的安全审查越来越严格。3月22日，301调查结果出炉。相应地，美国总统特朗普签署备忘录，要求贸易代表采取包括加征关税等具体措

---

① UNCTAD，2019，*World Investment Report 2019*：*Special Economic Zones*，Geneva and New York：United Nations.
② 郭璐：《中国企业海外投资的东道国监管壁垒——量化、原因与对策》，《国际经济合作》2018年第4期，第30~34页。
③ 参阅梁国勇在2011年的"财新峰会"上的发言。

施，同时要求财政部等部门考虑限制中国企业在美特定领域的投资。8 月 1 日，美国国会通过了《外国投资风险审查现代化法案》，旨在加强投资审查和管制。欧盟成员国的投资安全审查也有加强的趋势。2018 年，法国和德国扩大了外资审查的范围，涉及几项新的技术领域，矛头针对中国的意味明显。

（三）应对制度风险，保护商业利益：政府和企业两个层面的对策

应对制度性风险、对投资者进行保护一直是国际投资规则制定的核心问题。这方面，双边投资保护协定设立了一个基本的制度架构，规定了投资者待遇、征用补偿、资本转移等内容；对于投资者与东道国间争端的解决，协定往往援引国际仲裁机制。另外，国内制度安排和国际协定的有效衔接也为投资者了保护：依据海外投资保险制度，投资者若因政治风险遭受损失可迅速得到补偿；与此同时，承保机构依据双边投资保证协定获得代位求偿权以向东道国索偿。美国是这种双边模式的开创者，也是典型代表。作为新兴的对外投资大国，中国在保护海外商业利益方面面临的挑战既有共性又有个性。这就决定了，在相关的制度建设方面应在全面借鉴国际经验的基础上积极创新，以期构建一个稳定、透明、灵活、有效的制度架构。

国家层面，首先应针对海外投资进行专门立法。引进外资方面，《外国投资法》已经通过并将于 2020 年 1 月 1 日起实施；很明显，对外投资方面的立法也应提速。在签订新的双边和区域投资协定、扩大地域覆盖范围的同时，应进一步完善协定内容，提高规则质量。有效地防范制度性风险、保护海外商业利益需要借助国家、市场两种力量。前者涉及海外投资保险体系的完善，政府在企业海外投资方面事中、事后管理和服务的加强，以及经济外交、经贸磋商等问题。后者主要涉及政治风险咨询、相关金融和中介服务等。对于海外利益的维护，中国政府已经建立了比较完备的信息预警、领事保护、安全防护、部门协调等机制。在此基础上，需要着眼于海外商业利益进一步完善制度性风险的应对体系。

微观层面，正在走向全球的中国企业应建立全面的制度性风险防范和应

对机制，应将海外投资运营建立在经济、环境、社会三重合理性之上，特别注意避免环境、社会等敏感问题转变为政治风险的诱发因素。中国企业在发达国家的并购活动具有技术和资源获取导向性的特征，这可能与东道国的政策目标发生冲突，因而面临较高的进入壁垒与制度性障碍。这方面，美国的情况尤其明显。因此，面对对于中企收购活动的怀疑乃至敌意，不妨鼓励企业在美实施大规模的、标志性的绿地投资项目，从而通过大量创造就业岗位建立东道国各界对中国投资的信心。例如，中国制造业在美投资的潜力很大，并已有万象、福耀等先例可资借鉴，基础设施等领域的处女地也有待开拓。展望未来，若中美经贸磋商取得成功，双边投资协定谈判有所突破，将为两国双向投资奠定坚实的制度基础。

参考文献

曹林静、周政芳：《新建投资与并购投资两种 FDI 进入模式的选择》，《内蒙古科技与经济》2006 年第 19 期。

杜健、郑秋霞：《合资还是独资？——产业政策对中国跨国企业 FDI 进入模式的影响》，《西安电子科技大学学报》（社会科学版）2017 年第 3 期。

付竹：《文化距离、进入模式与绩效》，西南财经大学，2010。

郭璐：《中国企业海外投资的东道国监管壁垒——量化、原因与对策》，《国际经济合作》2018 年第 4 期，第 30 ~ 34 页。

Jiao, Y., and Wei, S. J., 2017, "Intrinsic Openness and Endogenous Institutional Quality", *NBER working paper* (No. w24052).

Kogut B, Singh H., 1988, "The effect of national culture on the choice of entry mode", *Journal of international business studies*, 19 (3): 411 –432.

Kolstad, I., & Villanger, E., 2008, "Determinants of foreign direct investment in services", *European Journal of Political Economy*, 24 (2), 518 –533.

Méon, P. G., and Sekkat, K., 2012, "FDI waves, waves of neglect of political risk", *World Development*, 40 (11), 2194 –2205.

North, D. C., 1990, "Institutions, institutional change and economic performance: institutions", *Journal of Economic Behavior & Organization*, 18 (1), 142 –144.

Papaioannou, E., 2009, "What drives international financial flows? Politics, institutions

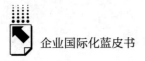
and other determinants", *Journal of Development Economics*, 88 (2), 269 – 281.

Tekin-Koru, A. , 2012, "Asymmetric effects of trade costs on entry modes: Firm level evidence", *European Economic Review*, 56 (2), 277 – 294.

UNCTAD, 2006, *World Investment Report 2019: FDI from Developing and Transition Economies: Implications for Development*, Geneva and New York: United Nations.

UNCTAD, 2019, *World Investment Report 2019: Special Economic Zones*, Geneva and New York: United Nations.

Xu, D. and Shenkar, O. , 2002, "Institutional distance and the multinational enterprise", *The Academy of Management Review*, 27 (4): 608 – 618.

B.6
努力提高中国企业海外投资的质量和效益

霍建国*

摘　要： 党的十九大之后，中国经济已进入高质量发展和高水平开放的新阶段，面对国际市场的复杂变化，特别是美国的单边主义和贸易保护主义的上升，全球贸易投资发展前景面临极大的不确定性，中国企业的海外投资政策如何定位，采取何种战略措施积极适应国际市场竞争格局的变化，亟须我国做出重要决策。本文在深入分析我国当前海外投资的现状和国际格局变化的基础上，大胆提出了今后的发展建议，希望对我国企业把握形势、制定策略有一定的参考意义。

关键词： 海外投资　复杂形势　投资建议

2018年国际形势复杂变化，国际市场竞争日趋激烈，大国冲突和矛盾进一步上升，欧美国家对投资的限制和壁垒不断加强，导致全球投资大幅下降。与此同时，我国从稳定宏观经济形势的角度出发，不得不对海外投资政策进行必要的调整，强调对制造业投资的鼓励与支持，严控文化、体育及酒店业等轻资产的投资项目，在上述投资政策的变化下，我国的海外投资仍然实现了稳步的发展，成绩来之不易，说明我国企业的海外投资仍存在强烈的发展意愿，内生发展动能依然强劲。

---

* 霍建国，经济学博士，研究员，中国世界贸易组织研究会副会长，商务部原国际贸易经济合作研究院院长，商务部原外贸司副司长。

一 2018年我国海外投资的基本情况

2018 年，在国际竞争形势异常复杂的情况下，在中美贸易摩擦不断升级的背景下，我国企业的海外投资仍保持了平稳增长的格局，全年累计实现对外投资 7974.0 亿元人民币①，同比下降 1.6%（折合 1205.0 亿美元，同比增长 0.3%）。其中，股权和债务工具投资 5438.2 亿元人民币，同比下降 11.7%（折合 965.0 亿美元，同比下降 5.5%），占我国对外投资额的 80.1%；收益再投资 1588.2 亿元人民币，同比增长 30.7%（折合 240 亿美元，同比增长 33.3%），占我国对外投资额的 19.9%（见表 1）。截至 12 月底，我国对外非金融类直接投资存量累计 11 万亿元人民币（折合 1.7 万亿美元）。

表1　我国对外非金融类直接投资概况

单位：亿美元，%

指标	金额	同比增长	占比
合计	1205.0	0.3	100.0
股权及债务工具投资	965.0	−5.5	80.1
收益再投资	240.0	33.3	19.9

资料来源：中国商务部。

2018 年我国对外直接投资流量上亿美元的国家（地区）有 58 个，其中超过 10 亿美元的国家和地区有，中国香港、开曼群岛、美国、英属维尔京群岛、新加坡、澳大利亚、卢森堡、老挝、英国、越南、德国、荷兰、印度尼西亚和巴基斯坦。

2018 年全年中国企业共实施完成并购项目 405 起。其中浙江吉利控股集团有限公司以 90 亿美元收购戴姆勒集团 9.69% 股份，为当年最大海外并购项目。从并购金额的国家（地区）分布看，德国、新加坡和中国香港位

① 人民币与美元折算率为，2018 年 1 ~ 12 月日平均汇率 1 美元 = 6.6174 元人民币。

列前三；对"一带一路"沿线国家并购 68 起，投资额为 116.2 亿美元。从并购金额的行业分布看，制造业，交通运输、仓储和邮政业与电力、热力、燃气及水的生产和供应业位列前三①。

从对外直接投资的地区分布看，2018 年，我国对亚洲、欧洲和非洲投资同比分别增长 22.0%、6.2% 和 2.9%，对拉丁美洲、北美洲和大洋洲的投资同比下降 45.9%、34.2% 和 24.8%（见表 2）。

表2 我国对外非金融类直接投资地区分布情况

单位：亿美元，%

地区名称	直接投资额	同比增长	占比
亚　　洲	854.2	22.0	70.9
拉丁美洲	135.8	−45.9	11.3
欧　　洲	92.9	6.2	7.7
北 美 洲	59.8	−34.2	5.0
非　　洲	31.6	2.9	2.6
大 洋 洲	30.7	−24.8	2.5
合　　计	1205.0	0.3	100.0

资料来源：中国商务部。

2018 年，我国八成对外投资流向香港特区、东盟、欧盟、美国、澳大利亚、俄罗斯和日本，投资额达 963.1 亿美元。其中，对美国、澳大利亚和俄罗斯的投资同比分别下降 35.2%、17.4% 和 4.0%，对中国香港、日本、东盟和欧盟投资同比增长 24.6%、12.0%、5.1% 和 3.3%（见表 3）。对中东欧 16 国的直接投资额为 5.0 亿美元，同比增长 66.7%。

表3 我国对主要经济体非金融类直接投资情况

单位：亿美元，%

经济体名称	直接投资额	同比增长	占比
中国香港	697.7	24.6	57.9
东　　盟	99.5	5.1	8.3

① 迟福林：《二次开放》，中国工人出版社，2017。

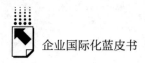

续表

经济体名称	直接投资额	同比增长	占比
欧　盟	78.2	3.3	6.5
美　国	50.6	−35.2	4.2
澳大利亚	27.1	−17.4	2.2
俄罗斯联邦	7.2	−4.0	0.6
日　本	2.8	12.0	0.2
合　计	963.1	13.1	79.9

资料来源：中国商务部。

表4　2018年我国对外非金融类直接投资流向的前20位国家（地区）

单位：亿美元，%

排名	国家（地区）	投资额	占比
1	中国香港	697.7	57.9
2	开曼群岛	89.3	7.4
3	美　国	50.6	4.2
4	英属维尔京群岛	37.5	3.1
5	新加坡	35.5	2.9
6	澳大利亚	27.1	2.3
7	卢森堡	19.8	1.6
8	老　挝	14.3	1.2
9	英　国	13.9	1.2
10	越　南	12.3	1.0
11	德　国	12.2	1.0
12	荷　兰	12.0	1.0
13	印度尼西亚	11.1	0.9
14	巴基斯坦	11.1	0.9
15	马来西亚	9.7	0.8
16	加拿大	9.2	0.8
17	俄罗斯联邦	7.2	0.6
18	韩　国	6.6	0.6
19	柬埔寨	6.4	0.5
20	泰　国	6.4	0.5
	合　计	1089.9	90.4

资料来源：中国商务部。

从境内投资者构成情况看，2018 年，中央企业和单位对外直接投资 370.7 亿美元，同比下降 17.8%。地方企业对外直接投资 834.3 亿美元，同比增长 11.3%，占同期对外直接投资总额的 69.2%。其中东部地区 10 个省份合计对外投资 651.0 亿美元，同比增长 16.3%，占地方投资的 78.0%；中部 6 省对外投资 73.3 亿美元，同比增长 14.7%，占 8.8%；西部地区投资 81.8 亿美元，同比下降 16.7%，占 9.8%；东北 3 省投资 28.2 亿美元，同比增长 1.1%，占 3.4%。广东、上海和浙江位居地方对外投资的前列。长江经济带沿线省份对外投资 355.7 亿美元，较上年同期增长 0.7%，占全国对外直接投资总额的 29.5%，占地方对外投资的 42.6%。

从投资的行业构成情况看，2018 年，对外直接投资主要流向租赁和商务服务业（446.1 亿美元），同比增长 27.6%，占 37.0%；批发和零售业 106.0 亿美元，同比下降 57.5%，占 8.8%；采矿业 92.3 亿美元，同比增长 11.3%，占 7.7%；建筑业 73.6 亿美元，同比增长 0.8%，占 6.1%。

按三次产业划分，第一产业的直接投资 10.9 亿美元，同比下降 28.3%，占同期对外非金融类直接投资额的 0.9%；流向第二产业 351.6 亿美元，同比下降 5.6%，占 29.2%；流向第三产业 842.5 亿美元，同比增长 3.6%，占 69.9%。

表5 2018 年对外投资并购十亿美元以上的项目

单位：亿美元，%

排名	境外企业名称	所在国家（地区）	境内投资主体	股权比例	并购总金额	其中直接投资
1	戴姆勒集团	德国	浙江吉利控股集团有限公司	9.69	90.0	0.0
2	GLP Pte. Ltd.	新加坡	万科等境内投资者	57.7	66.2	14.5
3	东方海外公司	中国香港	中国远洋海运集团	75.0	49.4	15.0
4	EPI 项目	法国	中国投资有限责任公司	49.0	48.5	48.5
5	智利化学矿业公司	智利	天齐鑫隆科技（成都）有限公司	23.8	40.7	4.2

续表

排名	境外企业名称	所在国家（地区）	境内投资主体	股权比例	并购总金额	其中直接投资
6	巴西 CPFL 公司	巴西	国网国际发展有限公司	100.0	34.9	0.0
7	卢森堡国际银行	卢森堡	联想控股股份有限公司	89.9	18.2	0.0
8	日本高田株式会社	日本	宁波均胜电子股份有限公司	82.9	15.9	6.4
9	EEW Energy	德国	北京控股集团有限公司	100.0	15.5	0.0
10	ETC 项目	智利	中国南方电网有限责任公司	27.8	13.0	0.0

资料来源：中国商务部。

二 企业海外投资面临复杂的形势变化

当前国际形势出现了一些新的变化，欧美经济形势日益复杂，国际贸易保护主义势力有所抬头，国际市场竞争日益激烈，全球经济治理面临着新的艰巨挑战。国际形势的复杂变化对我国改革开放提出了新的要求，十九大提出的构建全面开放新格局是在充分把握国际形势变化新特点的情况下提出的新的开放任务。在新的形势下，中国只有继续坚持扩大开放才能赢得国际竞争和国内经济发展的主动，也只有加快高水平的开放才能够有力地促进我国经济的高质量增长，积极稳妥地发展海外投资，不断地提高我国企业的国际化经营能力和水平是保证我国外向型经济更有效率、更可持续发展的重要方面。在当前形势下，企业要更好地把握国际形势变化的新特点，当前国际形势新变化主要表现为以下几个特点。

（一）大国之间的博弈竞争日趋激烈，欧美国家经济复苏全面受阻

2017 年全球经济增速恢复到 3.7% 的水平，是自金融危机以来表现最

好的一年，其中发达国家经济基本维持在 2% 以上的增长水平，而新兴经济体经济仍保持了 4.5% 的增长水平。根据国际货币基金组织的预测，2018 年全球经济仍将维持复苏的态势，全球经济增长有可能达到 3.9% 的水平甚至更高，但由于国际竞争和贸易摩擦冲突的增加，2018 年全球经济增速出现明显回落。随着欧美经济的复苏，不仅发达国家针对全球事务及全球治理的态度日趋强硬，同发展中国家的矛盾进一步上升，同时大国之间的矛盾和竞争也日益激烈。在这一过程中，中国作为世界上经济增长最突出的国家日益受到各国的瞩目，中国的经济增长和竞争能力的全面提升也给欧美发达国家带来了更多的焦虑和不安。他们不断地寻找各种理由和借口批评或指责中国的发展环境不符合市场经济发展的基本要求，特别是美国总统特朗普上台后，公开强调美国优先的贸易保护主义政策，不断采取单边主义的做法，对主要贸易伙伴采取加征关税的霸道行径，搅得全球市场不得安宁。所以从外部环境看，我们需要做好应对复杂的国际经济环境变化的思想准备。而打开国门搞建设，积极推进高水平对外开放无疑是最主动的应对举措。

（二）国际贸易投资进入恢复发展阶段，但全球贸易保护主义呈上升趋势

全球贸易在持续多年萎靡之后，2017 年再次超过全球经济增速，达到 4.4% 的增幅，从而带动全球的贸易投资进入新一轮的活跃期，与此同时，以美国为首的贸易保护主义也处于上升阶段。美国特朗普政府强调的美国优先的单边主义政策不仅严重威胁着世界经济的复苏与增长，带来许多新的不确定因素，同时也对全球多边贸易体制产生严重冲击和影响，美国单边主义的霸道做法正在受到越来越多国家的质疑和反对。当前全球经济贸易发展必须克服和解决好三大问题。一是如何妥善解决好主要贸易伙伴之间发生的相互关税制裁升级的问题，重新回到坚持贸易自由化和便利化的正确发展轨道上来，保持全球经济贸易的持续健康稳定发展。二是进一步加强世界主要国家在经济政策和全球经济治理方面

的协调与配合，减少全球经济发展方面存在的矛盾与冲突。三是正确对待世界贸易组织的改革，当前针对世贸组织的改革问题，存在这三种态度和三种可能的改革结果，一是以美国为首的一些国家企图通过改革加强对中国及部分新兴经济体发展的约束；二是以欧盟为主的一些世贸组织的老成员寄希望于通过改革，进一步加强 WTO 的职责，完善其法律法规并提高其执行力，使其发挥更大的作用；三是以中国为首的部分主要发展中大国则继续强调世贸组织原则的有效性，特别是有关发展中国家差别待遇政策的重要性，中国支持对有关领域的条款进行修改，但关键是无论大国还是小国均应严格遵守，否则任何条款的修改和完善都是毫无意义的。此次改革可以说是在新形势下的一种博弈，也可以说是发达国家同发展中国家之间的一次利益大调整，结果无外乎有三种出路：一是未来的 WTO 将更加强调公平和对等原则，倾向于保护发达国家的利益；二是继续维护大多数发展中国家的利益，对主要贸易大国的单边主义形成一定的约束机制；三是修修补补的改革，难以产生明显效果，基本维持现状，难以发挥更大作用。①

（三）新一轮科技革命正在加速发展，国际科技竞争异常激烈

全球新一轮科技革命正在蓬勃发展，技术进步日新月异。各主要国家均将新能源、新材料、智能制造和机器人以及互联网技术的应用放在竞争的突出位置，虽然新一轮的产业革命仍有待突破，但以互联网为基础的技术应用和商业普及已掀起新的高潮，大数据、云计算等技术越来越多地被应用到现实的生产和竞争之中。中国作为具有竞争潜力的后起的大国不可避免地面临着国际科技革命的挑战和影响，中国要想实现弯道超车，就必须创造一个有利于创新发展的环境，调动广大企业创新发展的积极性，实现技术上的优先突破发展，总之，在科技革命的超越和发展方面，我们仍面临众多的挑战和压力。最近美国以国家安全为由，公开对中国的华为公司采取限制和围剿的

---

① 薛荣久：《中国对 WTO 规则的恪守与砺进》，中国商务出版社，2018。

手段，进一步加剧了全球技术竞争的不确定性，也使得我国先进技术公司在国际市场面临复杂的竞争局面。我们除了要坚定维护我国企业的合法权益外，还要继续坚持开放合作的态度，在不断融入全球市场竞争的过程中实现技术突破和赶超。

（四）国际市场频繁震荡，金融风险日益上升

美联储政策变化引起的国际金融市场的动荡此起彼伏，加之地缘政治的冲突和矛盾，使国际大宗商品市场、石油、黄金等价格剧烈波动，这一切都需要我们认真把握，不断适应国际市场竞争的变化，不断提高防范市场风险的能力。而更残酷的现实是，美国华尔街一直是国际金融市场和国际商品市场的主要操盘手并享有独特的控制权，而这一切多是因为美元是国际货币，以及美国操纵美元的能力和美国对国际金融市场强大的影响力。

（五）中美贸易摩擦复杂多变，为世界经济贸易增长增添新的不确定因素

随着美国单边主义的上升，特别是针对中国采取的 301 调查后，中美贸易摩擦和冲突呈日益紧张态势，不仅对中美贸易投资的增长形成了潜在的威胁，而且对全球经济增长及企业的预期心理产生了破坏性的影响。如果我们不能妥善解决中美贸易冲突，那么这种影响有可能波及世界上主要国家的贸易和投资，甚至会对全球贸易的价值链产生新的冲击和影响。中美贸易冲突和摩擦之所以日趋严重，固然有特朗普的个人因素，但也有白宫团队高管的强硬态度以及美国经济 2019 年上半年增长强劲等多方面原因。从发展趋势看中美贸易呈现长期化、复杂化的基本特征，需引起我国高度重视。若处理得不好，贸易冲突有进一步扩大和升级的可能，所以在坚持原则、维护国家核心利益的同时，我们还要充分发挥中国的智慧和周旋能力，积极寻求对话谈判解决问题仍是我们政策定位的主要选择。

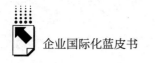

三　把握企业投资动机，处理好防风险和促发展的关系

从目前中国企业海外投资并购快速发展的情况分析，其投资意愿和动机是多方面的。

第一，多数企业认为经济全球化的大趋势是不可逆转的，认为当前正是欧美经济困难之际，此时收购欧美的一些具有成熟商业模式的服务行业企业肯定可以获得稳定的投资回报。但是在对美国经济的分析和判断上，多数企业缺乏对美国经济深层次矛盾的了解和把握，盲目乐观。此外，对于中美文化的差异，他们缺乏感性认识且未引起高度重视。从潜在风险看可能遇到三种情况，一是一旦遇到美国经济发生新的萧条或市场震荡，企业经营会遇到新的困难或亏损。二是当前中美贸易冲突仍处于升级阶段，应该看清楚中美贸易冲突的复杂性和长期性，如果短期内中美贸易冲突得不到妥善解决，情况就有进一步恶化的可能，届时将对我国海外投资产生新的冲击和影响，特别是对美投资将遭遇极大的困境，这一动态变化趋势需引起投资美国企业的高度重视。三是由于存在中外文化差异，中外企业间的合作可能在经营理念和发展模式上产生分歧或矛盾，如果企业处理不当或将影响企业的经营合作效益。

第二，企业对目前金融信贷高杠杆风险认识不足，大多数兼并收购的案例从外方看是中方以海外融资支付方式进行的，但实际上投资者一般是以大量的银行贷款或通过投资基金来完成支付的，很多企业的融资贷款投入占比高达90%。对于经营效益好的企业应该是没问题的，但对于本已负债较重的企业风险就比较高了，其中由于投资公司和基金的积极参与，企业对高杠杆收购的风险认识不足，认为只要落实了银行贷款就没问题了，有的对于投入产出的测算也不够严谨，甚至对银行还款的方案都没概念，这种行为将构成潜在的企业债务风险。

第三，自2015年8月11日人民币汇改以来，受人民币贬值的预期心理驱动，加之受到国内经济下行压力和此前两年美元快速升值的双重影响和冲击，人们的预期心理发生了巨大变化，人民币一度面临明显的贬值压力，而大多数企业对人民币汇率的未来走势心存疑虑，担心人民币会进入贬值通道，所以抢在人民币贬值之前大规模地投资海外市场以期获取汇率波动好处或更高的投资回报。

第四，企业主动转移部分生产出口能力，以应对美国加征关税带来的负面影响。这类企业一般以大型民营企业为主，由于国内成本上升和出口面临新挑战，这些企业将积极在国际市场上寻求投资机会。特别是在"一带一路"相关的国家和制造成本低于我国的地区扩大投资规模，一方面可以降低生产成本，另一方面又可以缓解美国加征关税带来的影响，当然这种生产能力的输出和转移主要集中在劳动密集型行业和产业链较单一的领域，从目前看企业的这种海外投资尚未对我国的制造业和出口产业形成明显的冲击和影响，但应引起我们的高度重视，最理想的办法是进一步加大改善我国中西部地区投资环境，优先引导和促进这些劳动密集型产业加快向中西部转移，以确保我国经济的平稳增长。

第五，部分上市公司或民营企业对国内经济下行压力过于担忧，且盲目轻信国际上对中国经济的负面分析，一方面认为中国经济将长期面临下行压力，另一方面则相信人民币资产将面临持续缩水压力。所以这些企业以加强全球资产配置，防范资产缩水为由，通过大规模海外兼并收购的方式和手段，实现其大规模转移资产的目的。这些企业海外投资收购大多采取了在海外融资贷款的方式，不仅逃避了国内监管，形成了新的负债，同时也造成了国内外汇储备在短时间内大规模外流，反之又形成对人民币汇率的贬值压力，对国民经济运行造成负面影响。结果很可能是，随着美元的持续加息，国际贷款利率的上升，这些企业最终会承受偿还海外借贷的压力，有的极可能触发企业债务风险。

针对中国企业海外投资并购快速发展中存在的问题和风险，国内管理部门自 2016 年 12 月以来，已加强针对海外投资的风险防范工作，一方面加强了对海外投资的跟踪监管，另一方面对海外投资的外汇支出实施了严格的审查限制。中国人民银行和国家外汇管理局都对企业对外放

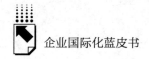

款提出了新的要求，商务部也发出通知明确要求对外投资和兼并项目，企业需提交额外的备案和核准申请材料，要求企业填写境外并购事项前期报告表。国资委亦颁布了中央企业境外投资监督管理办法，特别加强了对央企境外投资风险的管理和监督。各有关部门的齐抓共管，确实取得了明显的效果。企业非理性投资受到坚决遏制，国家外汇储备出现稳步回升迹象，当然这一加强监管的过程不可避免地也会对正常的理性投资者产生一定的影响。

为进一步规范海外投资管理，确保有效投资的持续发展，构建健康有序的投资发展态势，在此建议管理层和投资企业共同努力做好海外投资中的风险防范工作。希望管理层能进一步完善监管办法，确立明确的监管条件，并应做到监管条件和程序的公开透明，关键要处理好以下几方面情况。一要进一步研究完善海外投资新的监管审批办法和机制，明确规定海外投资鼓励和支持的项目清单，对于禁止类的和限制类的应纳入负面清单进行管理，以便于企业遵照执行。二要明确海外投资分级管理制度，对于投资规模较大的项目如何审核应明确程序，使企业做到心中有数，避免企业在投资过程中对政策把握不准，导致投资项目的拖累和延误并造成损失。三要在防控企业风险方面有明确的界限，对于已经负债过高的企业加强监管是必要的，但应明确界限。例如，能否明确规定对于企业负债率在70%以上的投资企业，银行将拒绝贷款，以避免企业在无序扩张中形成新的债务风险。四要确保高质量高效益的投资项目正常进行。针对中国快速发展的海外并购浪潮，除有关主管部门应加强监管外，同时还要强调对支持鼓励类的项目，有关主管部门仍有责任继续提供必要的便利化服务和政策支持；另外，应加大多方面的信息发布与服务，及时向企业发布风险提示和引导，提醒企业做好防范和应对各种风险的准备。

四 努力提高企业海外投资的质量和效益

目前我国经济已进入高质量发展阶段，构建全面开放新格局、推进高水平开放是当前我国开放型经济发展的主要任务，积极拓展海外投资的新模式，加快培育企业国际竞争的新优势是当前外向型经济发展的重要任务。重点在于加快提高企业海外投资的质量和效益，为此企业要把握好以下有关重点。

（一）企业要关注并学会把握和驾驭国内外经济形势的复杂变化

目前全球经济增长的不确定性进一步上升，市场波动和震荡十分剧烈，发达国家仍未最终摆脱新一轮危机的困扰，美国经济近两年虽保持了增长势头，但仍存在众多深层次的矛盾，金融资产泡沫和政府债务风险仍是困扰美国经济的主要矛盾。特别是美国总统特朗普推行的美国优先的极端保护主义政策将带来新的市场格局的变化，并威胁全球价值链的变动和调整，如美国不能及时取消对贸易伙伴加征的高额关税，必然影响美国消费市场的变化和调整并导致美国的国内消费的大幅下降，其结果必然影响美国经济的复苏进程，此外中美贸易摩擦及未来双边关系的发展态势对投资环境将产生巨大的影响，中国的投资企业一定要全面了解把握国际形势的复杂变化，努力把控好投资目的国的政治、经济和法律变化状况，并对这些发展变化有一个科学的判断，以避免大规模投资后由于经济贸易竞争形势恶化而遭受经济损失。

（二）企业必须学会制定完整的投资计划

中国企业一旦决定走向国际市场参与海外投资项目，首先要有一个统筹的战略考虑，要有明确的发展定位和思路，把握好自己的核心竞争力和经营主业。在实施投资计划前，应制定详尽的产品战略和市场战略，并要经过充分的论证；其次，在具体项目启动前一定要做好可研报告，如果企业不具备这种能力，应坚决委托专业咨询团队或机构完成。企业在这方面支出的费用同在项目上交的"学费"比起来还是微乎其微的。特别是针对服务领域的投资，关键是要把握好经营理念和商业模式，避免市场环境变化带来的不必要的损失。

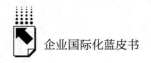

（三）企业要熟悉把握控股经营或参股经营的方式和方法

按照国际通行的公司法规定，最大股东控股是很正常的情况。所以我们在海外兼并收购过程中，应尽量避免全额收购，可以采取分步兼并收购的方法，如先入股一定的比例，待经营的前景比较明朗时再进行增资控股，是较明智的。对此，中国改革开放的实践为我们提供了有效的经验。数据显示，在中国加入世贸组织前，外商在华投资的70%是以合资的形式进行的，此后控股和独资的数量才逐渐上升。而且在投资进入市场的初始阶段，当地合作伙伴的选择也是十分重要的。

（四）要加强与当地企业的密切合作

海外投资在起步阶段最好先以合资的形式为主，学会与当地企业分工合作，并且要慎重地选择好合作伙伴。特别是在一些敏感领域的投资，没有当地有影响力的合作伙伴的配合是十分复杂和艰难的，有时甚至会付出较大的代价。此外无论是海外经营独资企业还是合资企业，都要深入了解当地的法律法规和文化风俗习惯，并且要严格遵守当地的法律法规，严格依法合规经营，不能有侥幸心理。在这一点上要密切地与当地的合作伙伴沟通合作，尽量采取属地化管理的模式，加快融入当地社会，逐步树立良好的中国企业形象。

（五）企业要加强风险防范意识

在海外投资兼并过程中，应注意两方面风险，即外部风险和内部风险，企业不了解所在国的法律法规和财税制度所导致的经营困难或财产损失属于外部风险；企业人员安排不当或主要负责人水平和能力有限所导致的经营亏损属于内部风险。此外，在当前形势下，在海外兼并收购的过程中应尽量避免杠杆过大操作，特别是对于有些负债很高的企业，更要严格限制超规模贷款收购的做法，应鼓励采取多渠道融资的方法，避免企业遇到债务问题直接对银行造成影响。

　　总之，我们已经看到中国企业在海外投资的实践中正在发展壮大，竞争能力不断提升，当前中国企业参与海外投资兼并收购仍是企业国际化发展的必然趋势，相信在企业普遍提高风险意识的前提下，在管理层不断改进完善监管制度提高服务水平的条件下，我国企业的海外投资定将行稳致远。只有企业尽快提升参与国际竞争的新优势，才能不断地巩固和提高中国在国际市场中的影响力和话语权，才能为中国经济的崛起做出更大的贡献。

B.7
建立合规管理体系　管控世行制裁风险

丁继华*

摘　要： 企业在参与世行等多边开发银行资助的项目时，如果没有遵守相关合规要求，就可能遭到制裁，进而失去再承接这些银行资助项目的机会。本文以近期世行对我国企业制裁的案例为切入点，分析我国企业受世行制裁的趋势与原因，并对世行制裁类型及世行要求建立的合规方案进行介绍。最后，笔者建议，参与世行项目的企业要对世行制裁风险有针对性地预防，增进对世行制裁制度的了解，强化合规风险意识，谨慎决策，同时要加快建立合规管理体系，实现体系化与制度化的自我监督与管理，从而增强企业的合规竞争力。

关键词： 合规管理体系　世界银行　制裁风险

2008 年以来，随着中国企业大规模"走出去"，企业对遵守国际上通行规则与非通行规则的认识不足或者理解不到位导致不合规的商业行为，使企业受到经营所在地政府或者国际组织的制裁。这不仅给企业造成经济与声誉损失，还给中国企业国际形象带来负面影响。

---

* 丁继华，博士，北京新世纪跨国公司研究所副所长，全国企业合规委员会专家委员会专家；研究方向：跨国公司战略、跨国并购、企业合规管理。

世界银行集团①（文中简称"世行"或"世行集团"）是国际上重要的多边开发银行，制定了一套国际通行的制裁制度。世行如果证实参与其资助项目的企业在投标与运营中存在不合规行为，就会对相关企业按世行制裁程序进行除名制裁。企业一旦被世行制裁，就会被禁止承接世行资助项目，甚至引起其他多边开发银行的制裁，从而限制企业参与多边开发银行资助的项目。

值得注意的是，世行资助的项目布局与"一带一路"建设在地域上存在高度的重合性，我国企业在这些地区参与了大量的世行资助的项目。如果这些企业因不合规被世行除名制裁，除了无法参与世行以及其他多边开发银行资助的项目外，还可能被其他国家的政府、企业、金融机构关注，或者被设置不利的合作条件。如此，将影响企业进一步获得项目与商业机会，同时还不利于"一带一路"倡议的顺利推进，因而相关企业需要对此高度重视。

一　中国企业被世行制裁案例、趋势及原因

在 21 世纪之初，中国企业与个人就曾被世行进行除名②制裁，但是，由于当时中国企业承接的世行项目较少，而且所涉及的企业和个人的影响力也较小，因而没有引起企业界的重视。直到近年来，被世行除名制裁的中国企业越来越多，而且涉案的还是一些在国际上很有影响力的企业，世行制裁制度开始引起企业界广泛的关注。

---

① 世界银行集团是包括其下属机构国际复兴开发银行（IBRD）、国际开发协会（IDA）、国际金融公司（IFC）、多边投资担保机构（MIGA）和国际投资争端解决中心（ICSID）五个机构的总称。

② 世行制裁制度里使用的词是"debarment"，本文译成"除名"，有的翻译成"取消资格"，还有的翻译成"上黑名单"。企业被世行除名制裁后，就无资格获得或参与世行融资的合同，也没有资格被指定为世行资助项目的分包商、咨询商、制造商或供应商、服务提供商等。

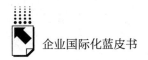

（一）近期受世行制裁的企业案例让人震动

世行在 2019 年 5 月 14 日公布了对总部位于上海的某企业做出除名制裁决定①。制裁原因是，该企业在参与世界银行资助的加纳电力项目采购合同时，伪造了过去合同经验文件，以满足项目合同的要求，被世行认为有欺诈行为，违反了其采购指南政策。随后，该企业与世行达成和解。作为和解协议的一部分，该企业及其附属 28 家子公司在为期 15 个月里被世行给予除名制裁。另外，世行制裁超过 1 年时间，其他多边开发银行也会给予交叉制裁。这样该企业及其附属公司在此后 15 个月内没有资格参与世行及其他多边开发银行资助的任何项目。如果该企业承诺继续与世行廉政局充分合作，达到世行要求的合规条件及在其他方面完全遵守了和解协议的条款和条件，那么该企业在制裁期满后，就可以从世行与其他国际多边开发银行的除名制裁名单上移除，还能继续参加世行与其他多边开发银行资助的项目。

值得关注的是，上述企业被制裁后不到一个月时间，世行在 2019 年 6 月 5 日又公布了对一家央企及其所有附属公司及 730 家控股子公司做出除名的制裁决定②。一个企业内受到制裁的附属公司数量之多，让人非常震惊。这打破了世行在 2013 年对加拿大兰万灵公司及其 133 家子公司制裁的纪录。该企业被制裁的原因是，相关企业在参与世行援助的格鲁吉亚东西公路走廊改善项目合同投标时存在问题（提供的人员信息、设备信息、经验及业绩存在瑕疵），被世行认定存在欺诈行为。经过长期沟通，该企业与世行合作并达成和解协议，缩短了资格取消期。作为和解协议的一部分，世行给予其 9 个月的除名制裁，并在 24 个月内进行附条件不除名制裁。要

---

① World Bank Group Debars Sieyuan Electric Co., Ltd, http：//www. worldbank. org/en/news/press-release/2019/05/14/world-bank-group-debars-sieyuan-electric-co-ltd，最后访问时间：2019 年 6 月 16 日。

② World Bank Group Debars China Railway Construction Corporation Ltd. and two subsidiaries, http：//www. worldbank. org/en/news/press-release/2019/06/05/world-bank-group-debars-china-railway-construction-corporation-ltd-and-two-subsidiaries，最后访问时间：2019 年 6 月 16 日。

解除制裁，该企业及其关联公司须承诺以符合世行诚信合规指南中规定的原则和方式制定诚信合规方案，保持与世行廉政局充分合作。在此期间，只要履行和解协议规定的合规义务，该企业将再次获得参与世行资助项目的资格。如果没有履行合规义务，附条件的不除名制裁将升级为附条件除名制裁。

（二）中国企业被世行制裁总体情况

从 2004 年起，就有中国企业被世行制裁。截至 2019 年 6 月 12 日，世行制裁的中国企业数量达到 54 家。一个企业直接或间接控制了多家企业，如果以每个实体来计算，则受制裁的中国企业数量达到了 914 家。另外，世行还对 8 个个人进行了制裁（见表 1）。上述制裁名单中，有 18 家企业和 4 个个人因受到其他国际开发银行制裁而被世行实施交叉制裁。其中，有 2 家企业被非洲开发银行制裁；15 家企业和 2 个个人受到亚洲开发银行制裁；1 家企业与 1 个个人受到美洲开发银行制裁。

表 1　历年被世行制裁的中国企业及个人数量

年份	企业（家）	个人	合并企业与个人数*
2004	1	2	3
2009	4	0	4
2011	3	1	4
2013	1	0	1
2014	1	0	1
2015	15	0	7
2016	4	0	2
2017	20	2	9
2018	50	3	21
2019(1 月至 6 月)	815	0	10
小　计	914	8	62

＊合并企业数是指：由 1 家企业直接或间接控股的多家企业被制裁，计为 1 家。

资料来源：世行制裁名单。

当然，以上统计数据仅是从世行公开制裁的名单上查阅获得。应当注意到，世行还把部分中国企业实施不当行为的违规信息通知给中国政府调查，这些企业名单并没有公开。还有一些企业在世行启动调查之前，就主动与世行达成和解，或者参与世行的自愿披露信息计划。以上2种情况涉及企业的具体数量无法从公开资料上查询到，结合历年披露的相关信息来推算，应在个位数。

从被制裁企业的行业分布来看，99%以上的企业是从事基础设施建设、工程建设类。这些企业往往是因为参与投标不合规，比如提供了不真实信息或者文件造假，违反了世行采购指南的反对欺诈行为条款，从而遭到制裁。

（三）中国企业受世行制裁的原因分析

2015年以来，世行制裁的中国企业数量呈增长趋势。这种趋势将随着中国企业大量"走出去"参与承接国际多边开发银行项目而加剧。中国企业受世行制裁的原因有以下几个方面。

世行项目普遍分布在腐败风险高的国家。研究表明，接受世行资金最多的国家（世界上不发达国家和发展中国家）也往往是那些被认为具有更高腐败风险的国家。透明国际每年发布的清廉指数对全球腐败风险进行监测，将一百多个国家和地区的清廉指数进行了从0到100的打分，得分低于50分的国家被认为存在严重的腐败问题。2014财年，世行廉政局调查并报告了32个国家的情况，其中19个国家在透明国际2013年清廉指数（177个国家）中排名第110或更低，超过60%的投诉与涉嫌腐败和贪污有关。2015财年国际开发协会（IDA）对孟加拉国、埃塞俄比亚、加纳、印度、肯尼亚、缅甸、巴基斯坦、尼日利亚、坦桑尼亚和越南10个国家资助资金最多，这些国家的清廉指数平均得分才30分。2015年，国际复兴开发银行对历史上十大受助国（阿根廷、哥伦比亚、埃及、印度、印度尼西亚、摩洛哥、波兰、土耳其、乌克兰等）的情况分析结果稍好一些，清廉指数平均为38.3分。2005～2015年，这些国家在美国《反海外腐败法》（FCPA）

的执法案例中被处罚了 280 多起。所以，中国企业在参与这些国家或地区的世行项目时，当地的营商环境对企业不合规行为有重要的影响。

企业对世行制裁制度了解不够。世行制裁制度根据美国法律体系而设计，是保证其采购政策得以实现的制度保障。在世行项目的采购合同中，以契约形式要求参与投标与提供服务的企业遵守其采购政策。一般来说，只有参与了世行项目的企业才会去研究相关政策，不参与世行项目的企业也没有必要去研究世行制裁制度。但是，从过去一些中国企业被世行制裁的案例来看，这些参与世行项目的企业也没有去深度了解制裁制度，而是抱着被制裁后最多不承接世行项目的心态消极应对，结果就可想而知了。另外，不管是政府、媒体、社会都对这类个案的关注度不够，这也是导致国内企业对世行的制裁制度重视程度不够的重要原因。近年来，随着我国企业开始大规模"走出去"，大量的企业参与世行资助的项目，但是大部分企业还是没有全面研究与高度重视世行制裁制度，所以出现了参与世行项目的企业不知规而违规的案例。还有案例表明，受中外文化差异影响，国内企业对世行采购政策的理解存在偏差，导致做法的偏离，因而受到制裁。这类企业在世行启动制裁程序期间，如果找专业的律师去应对，是可以大幅度减轻制裁的。

企业合规意识普遍不强。作为国际性多边开发银行，世行的制裁制度已经成为国际通行、成熟的规则，被世行上升到发展战略高度给予重视，并严格地执行。中国企业合规风险意识普遍不强，在参与世行项目时，一些企业会把在国内不算大问题、经常性的行为或者习惯性做法带到项目中去，结果在对方看来就是大问题。从过去被世行制裁的案例来看，一些看似低级的错误（伪造投标文件、伪造签名、伪造公章）或者被忽略的瑕疵（用母公司或兄弟单位的资质或者业绩作为应标公司的资质或业绩）等不合规行为都出现过。另外，企业的合规意识没有贯穿到整个项目的生命周期，合规拿到项目后，却在项目建设过程或者项目退出时没有遵守世行的合同规定，从而遭到制裁。

国有企业面临的合规风险增加。在 2014 年，世行就关注到国有企业在其资助项目中的比例已经越来越大，他们参与了许多社会发展项目。在世行廉政局收到的投诉和调查中，多个国家的国有企业占比较高，在世行制裁名单上占 1/3。一些国有企业参与项目时母公司和子公司对同一合同进行投标时会产生利益冲突，或者彼此使用对方的经验资质产生欺诈。诚信合规调查结果显示，国有企业在国内项目中存在默契的合谋；缺乏明确的规则、标准，透明度较低；管理和监督不透明；导致腐败给项目带来损失。近年来，世行着力对国有企业参与项目的风险提出解决方案，不仅与国有企业进行合作，还与相关政府部门探讨，就国有企业结构和运营的特点评估世界银行集团诚信合规指南，推动国有企业制定合规方案。

二 世行制裁类型与企业诚信合规方案

世行制裁制度①里定义了五种"可制裁的行为"并提出了 5 种制裁类型。企业受到制裁需要实施满足世行要求的合规方案才能解除除名。

（一）"可制裁的行为"基本情况

世行集团可对廉政局调查发现犯有下列违规行为的企业和个人进行制裁：（1）腐败行为；（2）欺诈行为；（3）强迫行为；（4）共谋行为；（5）妨碍调查行为。涉及具体"可制裁的行为"，从表 2 中可以看到，世行从 2007 年到 2017 年处理的 416 起发出制裁审理通知、临时暂停以及和解案子中，欺诈案子共 339 起，其中：伪造第三方文件 163 起，包括伪造银行保证或担保文件 46 起，伪造制造商授权文件 32 起，伪造绩效和经验文件 64 起，其他类型文件伪造 23 起；其他类型欺诈 219 起，包括假发票或付款认证 46 起，虚假陈述或隐瞒利益冲突与代理 62 起，虚假陈述过去的业绩或经验 64 起，虚假陈述未来业绩 30 起，其他欺诈 73 起。共谋行为 43 起，腐败行为 83 起，妨碍调查行为 19 起，强迫行为 2 起②。

---

① 丁继华：《如何化解日益增长的世行制裁风险》，《财经》2019 年第 7 期。
② World Bank Group Sanctions System Annual Report FY18，2018。

表2　2007～2017年对各类"可制裁的行为"统计分析

单位：起

类型	数量	欺诈									共谋	腐败	阻挠	强迫
		伪造第三方文件				其他类型欺诈								
		伪造银行保证或担保文件	伪造制造商授权文件	伪造绩效和经验文件	其他类型文件伪造	假发票或付款认证	虚假陈述或隐瞒利益冲突与代理	虚假陈述过去业绩或经验	虚假陈述未来业绩	其他类型欺诈				
制裁审理通知	320	44	29	57	18	26	41	46	18	53	34	69	19	2
和解	96	2	3	7	5	20	21	18	12	20	9	14	0	0
小计		46	32	64	23	46	62	64	30	73				
伪造类与其他欺诈类案件数量*		163				219								
各类可制裁行为数量		339									43	83	19	2
一案中有多项可制裁行为		59												

注：＊指处理的案件数量，一个案件可能涉及多起伪造行为，或者既涉及伪造还涉及到欺诈，所以这一栏数据与上面的数据加总值不相同。

资料来源：《世界银行关于暂停和除名的部门、数据和教训：2007～2015》第二版。

（二）约束对象与涉及的行业

在世行发布的《采购指南》①中，有明确的采购政策，由国际复兴开发银行提供的贷款、国际开发协会信贷或捐款、项目筹备垫款、世行赠款或由世行管理由受益人实施的信托基金全部或者部分资助的项目，都要遵守该指南。该指南的政策是，要求借款人（包括世行贷款的受益人）、投标人、供货商、承包商及其代理人（无论是否公开声明）、分包商、咨询服务分包商、服务提供商及其任何员工在世行贷款的合同采购和执行过程中都要遵守最高的道德标准。

在世行的投标合同或者招标文件中，有的是明确了对相关项目有审计权，有的有明确条款规定不能有不当行为，有的在代理披露中提出合规要

---

① World Bank Group, *Guidelines Procurement of Good, Work, and Non-Consulting Services Under IBRD Loans and IDA Credits & Grants by World Bank Borrowers*, 2014.

求，在这种情况下，参与了相关项目的投标人（无论是否中标）或者签订相关合同中标人，都要受到世行制裁制度的约束。

世行近一半的资金用于能源、交通、水务和 IT 等领域的基础设施项目，这些行业往往是合规风险高发领域。世行长期分析与统计各行业涉及的腐败行为，比如，在 2008 年的调查中发现，东亚基础设施项目、南亚的制药企业、东欧的咨询顾问和承包商有假报资格行为。该调查发现，有证据显示世行项目合同中发生了大规模企业卡特尔投标的情况。在 2009 年，世行项目与卫生、运输和水务行业新立的案件数量最多。透明国际民意调查将建筑业评为最容易发生腐败的行业，对国际公司的调查显示，建筑行业的公司比任何其他行业的公司更有可能因贿赂而失去合同。在 2010 年，全球公路项目获得世行贷款高达 90 亿美元，达到历史最高水平，占世界银行当年贷款总额的 15%。廉政局在 2011 年对公路行业过去的制裁与待制裁案例调查分析，结果发现世行资助的项目无法幸免①。在过去十年中批准的由世界银行资助的 500 多个道路项目中，大约 1/4 被提出一项或多项关于欺诈、腐败或混合的指控。

表 3 对 2007~2017 年共 1119 起②涉及受世行制裁行为所立案的历史数据进行分析，世行项目合规高风险排在前五位的行业为运输，卫生、营养和人口，水务，农业与农村领域，能源和矿业。

表 3　2007~2017 年受世行立案的行业数据分析

单位：起，%

行业	数量	占比
农业与农村领域	107	10
经济政策	1	0
教育	76	7

① The World Bank Integrity Vice Presidency, *Curbing Fraud, Corruption, and Collusion in the Roads Sector*, 2011.

② 2014 财年世行推出新战略，制定了全球实践（GP）主题，通过促进跨部门、地区和世界银行的知识流动，取代行业分类。由于数据获得原因，笔者按 2014 年前的行业分类标准进行统计，反映的趋势不影响整体判断。由于 2014 年后有新行业加入，因此各小项数据之和并不等于总体数据。2014 年，社会发展行业统计包含了农村、城市与居民类项目。

续表

行业	数量	占比
能源和矿业	91	8
环境	29	3
金融与私营部门发展	41	3
全球信息与通信技术	7	1
卫生、营养和人口	200	18
公共部门管理	78	6
社会保护	38	3
运输	208	19
城市发展	32	3
社会发展	33	3
水务	142	13
不属于任何行业的项目	36	3
总　计	1119	100

资料来源：历年世行廉政局年度报告。

（三）制裁类型及制裁加重与减轻因素

世行的制裁制度①提出了 5 种可能的制裁类型。

1. 附条件解除除名（Debarment with Conditional Release）

该类型在 2010 年被世行定为基准制裁类型。以 3 年作为最低期限，3 年内制裁对象不会有获得世行资助项目的资格。满 3 年期限以后，如果制裁对象符合一定的条件，就可以从制裁名单上移除。至于个人，可能被要求参加合规培训与教育，被灌输合规意识。世行对欺诈、腐败等不当行为采取零容忍的态度。

2. 有固定期限或无限期的除名（Debarment）

该类型针对被告公司已经制定强而有力的合规方案，可制裁的行为是由

---

① World Bank Sanction Guidelines.

某个雇员或者已经解除合同的雇员制造的孤立事件，这种以震慑为制裁目的的时间相对较短（1年或少于1年）。另一种相反的极端情况是，没有合理理由认为可以让被告通过合规或其他条件得到改造，就需要施加无限期除名的制裁。无限期除名最常适用于自然人、私人持股公司和空壳公司。

3. 附条件不除名（Conditional Non-Debarment）

在对被制裁的公司不给予除名的情况下，要求该公司在一定期限内达到世行提出的合规条件。如果在规定期限内没有达到相应的条件，该公司就要被除名处理。这一类型制裁适用于被诉人采取了全面而自愿的纠正措施，情况表明不需要被制裁；也适用于被告的母公司和其附属机构没有直接从事不当行为，但是其缺乏系统的监督导致了不当行为发生，需要为此承担责任。

4. 谴责信（Letter of Reprimand）

即使不当行为较轻微或者企业只是外围参与者，对企业给予的除名或者附条件不除名的处罚也偏重。在这种情况下，世行会向被告发出谴责信，可以是公开的，也可以是私下的。例如，因为存在某个独立的监督缺失事件，被起诉公司的附属机构要对不当行为承担共同责任，但是该附属机构并没有参与任何不当行为。

5. 恢复原状（Restitution）

在某些情况下，世行要求被起诉企业向借款人或者其他对象提供赔偿或相应的补救措施，以弥补不当行为带来的损失。当涉及在合同执行中的欺诈情况，可要求被起诉企业将可量化的款额还回客户的国家或项目。这种情况适用于那些错误导致的明确和可量化的损失。通过恢复原状避免受制裁往往比较困难，主要原因是缺乏明确的标准对恢复的数量进行计算，以及不好确定合适的被赔偿者。

世行在量刑时采取累积不当行为的计算方式，在做出制裁建议时，会对事实上不同的不当行为（腐败和共谋发生在同一项目投标）或不同情况下的不当行为（不同项目或相同项目不当行为发生在不同时间段）进行累积计算。也就是说，每个可制裁的行为发生后进行单独考虑并累积起来作为制裁的基础。制裁对象有参与多次不当行为的事实就会受到加重制裁。如果其不是主要参与者或者配合世行调查，世行也会考虑对其减轻制裁（见表4）。

表4　制裁中考虑的加重与减轻因素

考虑因素	具体因素	加重处罚
违法行为的严重程度	(1)违法行为模式重复出现； (2)被告使用复杂手段(计划周密程度,所应用技术的多样性,隐蔽程度)实施违法行为,涉事人员或者参与组织的数量与类型,该计划不断发展或者持续了很长一段时间,涉及多个司法管辖区； (3)组织中2个或更多的组织者、管理者、策划者在违法行为中扮演了核心角色； (4)违法事件中管理者的角色:组织中的高级管理人员参与、纵容或装作不知道该不当行为； (5)公职人员或世行工作人员参与密谋或者牵连	考虑到一项或多项因素的存在,制裁可以增加1~5年
违法行为造成实际损害	(1)对公共福利或项目的损害:不当行为明显会导致或者涉及人员死亡或人身伤害的风险,公共健康或者安全受到不当行为的威胁； (2)对项目的损害程度:合同执行不力(如产品和服务的质量或数量不符合合同的条款要求),造成延误	考虑到一项或多项因素的存在,制裁可以增加1~5年
干扰廉政局的调查	(1)干扰调查过程:故意摧毁、伪造、修改或隐藏调查证据材料或向调查人员做出虚假陈述以便严重阻碍廉政局调查,威胁、骚扰或恐吓任何一方以防止其披露与调查有关的事项或进行调查的事项的信息,严重妨碍世行执行对合同进行审计的权利或获取信息的权利； (2)恐吓或者收买证人:被告对证人的财产、工作、声誉、家庭成员或其他重要人员进行恐吓或者伤害,被告对证人进行了收买,让证人不与世行合作	考虑到以上一项或多项因素的存在,制裁可以增加1~3年
过往存在违法行为	(1)过去存在除名或其他处罚:既往历史必须是涉及被告因不当行为除名以外的不当行为； (2)先前的历史可能包括被其他多边银行除名	考虑到一项或多项因素的存在,制裁可以增加10年

考虑因素	具体因素	减轻处罚
在不当行为中扮演次要角色	(1)被告是次要、极不重要或外围的参与者； (2)没有决策权的个人参与、纵容或故意忽视不当行为	最多减轻25%

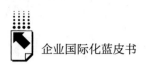
考虑因素	具体因素	减轻处罚
自愿采取纠正措施	(1) 停止不当行为：采取行动的时间反映真正悔恨和改革意图的程度，或者是采取预期步骤减轻制裁的严重程度； (2) 针对责任人采取内部行动：管理层采取一切适当的措施来处理不当行为，包括对相关员工、代理人或代表采取适当的纪律处分和（或）补救措施； (3) 有效的合规方案：建立或改进以及实施公司合规方案； (4) 恢复原状或财务补救：被告自愿解决合同执行中的任何不足之处或返还通过不当行为获得的资金	最多减轻 50%，在特殊情况下可能需要更大幅度的减轻
配合廉政局调查	(1) 被告协助和（或）与廉政局持续合作：根据廉政局的陈述，被告在调查中提供了大量协助，包括自愿披露，提供的任何信息或证词的真实性、完整性、可靠性，协助的性质和范围，以及协助的及时性； (2) 开展内部调查：被告对不当行为和不当行为的相关事实进行了有效的内部调查，也对其进行了制裁处理，并与廉政局分享了结果，廉政局指导被告通过内部调查那些超出了受制裁的不当行为相关的行为和事实，并与其分享了结果； (3) 承认或者接受有罪或者承担责任：在调查之前承认有罪或承担对不当行为的责任比调查或随后的程序更加重要； (4) 自愿约束：在调查结果出来之前对世行资助的投标进行自愿限制也可被视为一种协助和（或）合作形式	最多减轻 33%，在特殊情况下会更大幅度地减轻

资料来源：World Bank Sanctionnig Guidelines。

（四）执行有效诚信合规方案方可解除制裁

世行借鉴"胡萝卜加大棒"的理念，对受到制裁的企业提出合规要求，这是促进参与世行项目的企业主动遏制腐败和对腐败行为承担责任的方式。企业制定合规方案，显示了企业对不当行为建立自我纠正的机制的努力。无论被世行附条件解除除名或者与世行达成和解，都要按世行诚信合规办公室（Integrity Compliance Office，ICO）的要求努力制定合规方案。通过这样的方式，一方面促进企业投入资源（预算、人力）来对不当行为进行预防，另一方面促使企业去主动发现、监督和对不当行为进行补救。

为指导企业制定合规方案，世行发布了《诚信合规指南》。该文件指出，有效的合规方案要对腐败、共谋、胁迫和欺诈行为进行预防、监测、调查和补救，企业要把诚信与合规努力和职责纳入日常运营中。文件涉及11个方面内容：（1）对不当行为明确禁止；（2）对管理层、员工、合规部门分配合规责任；（3）从风险评估与审查着手启动合规方案；（4）制定针对雇员尽职调查、限制公职人员安排、礼品与款待和娱乐与差旅报销、政治捐赠、慈善捐助和赞助、便利费、记录、欺诈、共谋和胁迫行为的内部政策；（5）开展商业伙伴合规管理，包括对尽职情况调查，正式与非正式告知己方的诚信合规承诺，让对方做出诚信合规承诺，恰当的文本记录，适当薪酬费用，开展监督；（6）完善内部控制系统，在财务、合同责任和决策过程加强控制；（7）持续培训与沟通；（8）开发激励系统，方法包括正向的鼓励与纪律处分；（9）建立报告渠道，明确报告的责任，提供咨询与建议，设置内部举报与热线，通过审查定期认证；（10）对不当行为进行补救，建立调查流程，采取回应行动；（11）开展联合行动，推广诚信合规方案。

世行关注企业制定的诚信合规方案的有效性。虽然有效的合规方案也不能保证不当行为不会发生，但是至少应该包括合适的措施：（1）努力预防不当行为发生；（2）能够发现可能发生的不当行为；（3）允许对涉嫌不当行为进行调查；（4）对证据充分的不当行为进行补救。因此，企业有效的合规方案要以解决自身面临的风险状况和环境量身设计。诚信合规办公室与各方合作共同监督公司实施以《世行诚信合规指南》为基准的诚信合规方案。诚信合规办公室会根据《诚信合作指南》对企业开展合规管理工作进行审查。他们会根据企业规模、行业特征、地理位置、特定的风险，审查企业是否根据这些风险配置资源和量身定制合规政策和管控措施。

为提高诚信合规方案的有效性，企业可以考虑采取以下的步骤和流程：（1）就企业的合规部门设置，在总部层面和工作现场都设置合规职能。有些做得较好的企业，不仅在区域设置了合规官员，还在各组织之间设置当地诚信协调中心，该中心作为地方一级诚信合规举措的资源提供者和支持者。（2）企业在做诚信合规背景尽职调查时，对那些有诚信合规问题但可带来商业机会的潜在员工或潜在业务合作伙伴拒绝雇用与合作。（3）对决策和流程进行记录并存档。（4）使用报告机制接受诚信建议和报告诚信疑虑，这些机制在企业内部发挥作用，可以增加员工对报告机制的信任，员工可以秘密地报告并且不用担心遭到报复，以及企业会对不当行为采取适当的行动。（5）企业采取相关行动，不仅在调查和纪律处分方面，还包括其他补救措施，在特定程序中提出问题并将实践中的经验教训纳入培训课堂，不断修订优化诚信合规方案。（6）企业要积极传播诚信合规信息，可以在内部举办道德日活动，开展竞赛，在内部网络中讨论合规问题，在外部如让业务合作伙伴做出诚信承诺和参与合规培训，采取合规集体行动等举措。（7）当世行诚信合规办公室确定受制裁的企业符合其解除制裁条件时，他们希望看到该企业已根据其风险配置资源，并符合诚信准则原则，还有实施合规方案的可靠记录。诚信合规办公室还将寻求企业在解除制裁后继续推进诚信合规方案的保证，例如，通过管理层的承诺和制定前瞻性行动计划。

三　企业管控世行制裁风险的建议

从全球强化企业合规的趋势来看，世行及各国共同预防和打击腐败的合规方案正在变成一种全球通行的标准，甚至不排除世行所推动的诚信合规方案在未来成为一定规模以上企业参与其项目的前置门槛①。在这一趋势下，那些承接世行与多边开发银行所资助项目的企业，要主动建立合规管理体系，一方面化解经营中的合规风险，另一方面提升企业的合规竞争力。

（一）对合规风险有针对性预防

世行廉政局通过详细执行情况审查制度评估世行资助项目中欺诈和腐败

---

① 在2017年世行主持的第四次暂停和取消学术讨论会上，世行代理暂停主管 Jamieson Smith 就提道，美国要求参与公共项目合同的企业在竞标前有一个合规方案。世行大多数制裁案件中，企业缺乏合规方案，因此怀疑这在多边开发银行业务中可行。毫无疑问的是，世行及其他多边开发银行把合规作为重要业务加以推广，时机成熟极有可能在未来项目合同中要求一定规模以上的企业在竞标前就须制定一个合规方案。

的信号，检查世行集团反腐控制机制在预防、侦测、回应欺诈和腐败方面的效果。廉政局根据十多年的经验，对世行资助项目采购中常见的欺诈与腐败行为的危险信号进行揭示①。在投标中出现以下情况就可能被世行认为存在不当行为的危险信号，值得企业注意。

提示廉政局相关企业存在不当行为的危险信号包括：（1）来自投标人和其他方面（包括世行工作人员、竞争对手、承包商或其他投标人、政府官员、非政府组织的雇员和其他多边开发银行）的投诉；（2）通过合同分拆方式避免竞争或者减少内部审查；（3）存在串标、报价异常等异常投标模式；（4）给中间人或者供应商看似虚高的代理费或商品价格；（5）投标人实体可疑；（6）报价最低的投标人未入选；（7）不合常理和（或）重复将合同授予同一个投标人；（8）对合同条款和价值进行不合常理的变更；（9）在合同签署后及执行期间，承包商往往会提交变更订单；（10）商品、服务质量低劣或未交付。

另外，对于正在参与或者近几年内参与了世行项目且未来还将继续参与类似项目的企业而言，它们应该加强对相关项目存量合规风险②情况进行排查。如果当前项目存在合规风险，企业应该做好识别、整改及应对预案，甚至可以参加世行的自愿信息披露计划。对于过去（10年内）参与的项目存在较高合规风险，企业也应该采取相应措施进行风险管控，特别是制定有效的合规方案来预防当前或者未来项目中存在的合规风险。

（二）增进对世行制裁制度的了解

对于参与世行项目的企业来说，应该加深对世行制裁制度的了解。从一些参与世行项目的企业反馈的信息来看，大量的企业对世行的制裁制度

---

① 世界银行廉政局：《世行资助项目采购中常见的欺诈与腐败行为的危险信号》，http：//pubdocs. worldbank. org/en/821721449169324535/Red-Flags-Chinese. pdf，最后访问日期：2019年6月22日。

② 存量合规风险由全国企业合规委员会副主席王志乐教授在全国企业合规委员会会员单位会议上演讲提出。存量合规风险是指企业过去参与国际项目时因不清楚或者没有重视合规或者存在不合规行为而积累的合规风险。

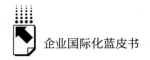
不了解，甚至有企业因不熟悉世行调查与制裁流程，接到世行的制裁审理通知还置之不理，最后被除名制裁。更有甚者，接到世行相关的通知时直接忽略了，导致该企业错失与世行前期沟通与和解的机会，最后也被除名制裁。

值得注意的是，虽然有效的应对可以帮助企业减轻针对特定事实的指控和争端，但是回应世行相关文件也给企业带来实际的挑战。一方面，世行给企业的指控文件可能没有完全披露相关指控的证据，被告企业与律师可能消极应对导致应对不当；另一方面，虽然有的指控缺乏事实根据，但被告详细的回应限制其在制裁进程后期辩护的灵活性。更有可能的是，制裁委员会可能把一份有理由辩护回应信件作为承认事实的依据。

同样需要重视的是，有的企业可能认为廉政局对企业没有强制调查权，这样的认识有可能让企业走向与世行调查对抗的方向。事实上，世行调查与制裁程序都是经过美国资深专家设计，调查手段和方法学习借鉴了美国司法部及欧盟执法机构的经验，可以说调查手段是多种多样的；加之与各国政府部门和金融机构长期合作而建立起其全球信息网络，可以让廉政局从多渠道收集相关信息。另外，调查团队的经验也是非常丰富，人员配置上不仅有前政府调查人员，还有律师和其他方面的情报专家。因此，只要廉政局启动了调查，企业收到了相应的通知文件，就一定要高度重视。在专业应对调查的同时，企业应该加快全面的自查，如果有不合规的行为，应该迅速与世行集团达成和解，争取对企业最有利的结果。

（三）强化合规风险意识谨慎决策

从更宽的视野来看，当前全球化时代正在变化，新的商业规则正在形成，合规将成为所有企业开展商业合作的前提。合规必须上升到企业的战略决策层面，企业在国内经营如此，"走出去"国际化经营也是这样。在国内市场与国际市场已经高度对接的情况下，企业在国内市场没有合规的行为习惯，在国际市场也不可能会有合规的行为。企业应该把合规意识排在竞争意识、全球化意识之前，作为商业决策的首要考量的因素。

所有企业在承接世行参与援助项目或其他多边开发银行援助项目时，必须详细评估项目所在地的合规风险，并做出谨慎的决策。如果不知道合规风险的存在，或者按照国内商业习惯或者惯用做法去参与投标，或者没有全面地评估项目所暴露的合规风险，那么企业就应该尽快加强合规培训，在相应的项目中聘请有经验的合规专家或者深谙合规条例的律师参与，从合规风险角度为企业提供建议和意见。只有这样，企业才能做出正确的决策，才能在复杂、变化、强监管的国际商业环境下保护好自己的商业成果。

（四）推进企业合规管理体系建设

企业强化合规意识要如何做呢？有没有可行的途径？国际企业通行的做法就是通过建立有效的合规管理体系，应用体系化与制度化的管理工具来应对合规风险的挑战。企业开展合规管理体系建设要做好两方面的工作。

一是建立合规管理体系[①]。包括建立合规管理组织机构，制定经营过程中响应外部法律法规及国际通行规则的各项合规管理政策，将合规培训、合规绩效考核、自我监督系统等制度化，企业领导层要以身作则来领导企业开展合规文化建设。如果企业与世行或者其他国际多边开发金融机构有业务，企业的合规管理制度要就对所有可制裁的行为有所涵盖。

二是确保合规管理体系有效。要确保合规管理制度设计良好，能够被执行，且在执行中起到良好的效果。要做到以下几个方面：采取基于合规风险的决策方法；企业提供足够与合适的资源；确保合规管理机构独立向董事会汇报；整合合规职能到其他部门；内部评价合规的独立性；监控第三方等高风险领域与招投标等高风险环节的合规风险，并对合规风险较高的商业伙伴进行培训；建立有效的举报监督渠道；全员进行有针对性的合规培训与沟通；等等。值得注意的是，上述方面的举措也是世行诚信合规办公室评估企业合规方案有效性的重要指标。

---

① 丁继华：《六步法创建有效的企业合规管理体系》，《中国外汇》2019 年第 7 期。

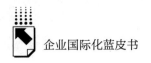

结　语

企业参与世行资助项目时，需要遵守世行制定的这套国际通行的规则。强化合规经营意识，能够帮助企业主动去预防、监督与应对合规风险。企业有能力管控世行项目的合规风险时，就有相应的能力合规地参与更多的来自其他多边开发银行与一些发达国家政府资助或采购的项目，从而为企业在国际市场上赢得更多商业机会。合规已是企业的竞争力，能为企业全球化发展带来竞争优势，因此，致力于全球化发展的企业，要加快建立合规管理体系，提升合规管理能力，为全球化稳健发展保驾护航。

B.8
投资便利化议题的演进和展望

屠新泉　赵怡方*

摘　要： 投资议题的谈判曾因 WTO 成员之间分歧较大而停滞。投资便利化属投资议题之中的一个领域，回避了以往投资议题中一些争议较多的内容。近年来，受《贸易便利化协定》达成的启示，国际社会对投资便利化的关注和研究逐渐增多。本文对投资议题的演进进行梳理，对投资便利化议题的内涵与必要性、面临的机遇与挑战进行分析，并对其未来的推进提出思考。通过分析，笔者认为国际社会成员应加强投资便利化的落实和讨论，对其内容进一步研究和阐释，努力达成诸边协定。

关键词： 投资便利化　世界贸易组织　诸边协定

　　投资是拉动经济增长的主要引擎之一，也是世界经济发展议程中较为敏感和复杂的一项议题，往往与国家主权和政策空间相联系。国际社会对投资多边规则的探索由来已久，但因为成员意见分歧过大而未能达成共识。当前，经济全球化的深入发展使制定投资多边规则的必要性日益凸显。

　　投资便利化是投资议题的一个分支，聚焦于投资环境的信息透明度、管

＊ 屠新泉，对外经济贸易大学中国 WTO 研究院院长，教授，博士，研究方向：世界贸易组织，中美经贸关系；赵怡方，对外经济贸易大学中国 WTO 研究院硕士研究生，研究方向：世界经济。

理有效性和政策可预期性。投资便利化与投资保护、投资争端解决等其他投资子议题相比争议性较小，具有达成约束性规则的潜力。近年来，尤其是2013年《贸易便利化协定》在WTO总理事会通过以来，投资便利化议题得到了国际社会越来越多的研究和讨论。通过回顾投资议题演进历程、分析投资便利化议题的内涵和必要性及其面临的机遇和挑战，本文试图对该议题进一步发展提出思考。

一 投资便利化议题的发展演进

要理解投资便利化议题，就要从回顾投资议题的发展演进开始。国际社会对投资议题的研究和讨论由来已久。在乌拉圭回合谈判中，美国等一些西方发达国家一度想就投资问题展开谈判、制定专门的投资协定。但由于发展中国家的反对，投资相关规则最终在WTO协定中分散而有限地体现出来，只有《与贸易有关的投资措施协定》《服务贸易总协定》等协定有所涉及。

不满足于乌拉圭回合结果的一些发达国家并未由此停止探索投资多边协定的努力。1995年5月，经济合作与发展组织发起"多边投资协定"谈判，试图建立涵盖投资自由化、投资保护和争端解决等方面的全面、高水平的多边投资规则。但由于该集团内部在劳工标准、环境标准等议题的承诺水平上分歧较大，谈判最终陷入停滞。1996年12月，在发达国家的主导下，WTO新加坡部长级会议将投资议题纳入议程，授权设立工作组来研究贸易与投资的关系和未来制定投资多边协定的可能性。加拿大、日本等发达国家在此后一直试图推动投资议题在WTO的谈判，但发展中国家始终持抵制态度。2001年11月，在多哈举办的WTO第四次部长级会议上，鉴于发达国家成员和发展中国家成员就是否要将投资纳入谈判产生争论，会议决定先由贸易和投资工作组继续澄清投资的范围和定义、透明度、非歧视等一系列问题，并拟于第五次部长级会议上在协商一致的前提下启动贸易和投资问题的谈判。然而，2003年9月，在坎昆举行的第五次部长级会议上，发达国家成员和发展中国家成员在农业补贴等一系列议题上分歧严重，在是否要启动包括投资在内的"新加坡议题"谈判这一问题上的对立尤为激烈，导致会议无果而终。在诸多尝试没有取得进展之后，2004 年 7 月的 WTO 总理事会上，发达国家做出退让，同意将投资议题排除于多哈回合谈判之外。

此后较长时间，投资议题在 WTO 框架内鲜有提及。直至 2013 年 11 月，《贸易便利化协定》的达成引发了国际社会对搁置已久的投资议题的再思考。2015 年，联合国先后通过了"亚的斯亚贝巴行动议程"和"2030 可持续发展议程"，呼吁对发展中国家增加投资以弥补其实现可持续发展所面临的融资缺口。投资议题再度引发全球关注。联合国贸发会议于 2016 年 6 月发布了《投资便利化全球行动清单》，该文件聚焦投资议题中的便利化问题，针对国际社会的投资政策对投资便利化涉及较少的状况，提出了相应的行动指南。2016 年 9 月，二十国集团领导人峰会成立了贸易与投资工作组，通过了包含投资便利化条款的《G20 全球投资政策指导原则》。2017 年 4 月，中国、巴西、阿根廷、尼日利亚等 11 个 WTO 成员组成"投资便利化之友"，旨在进一步推动该议题的讨论并探索 WTO 帮助成员实现投资便利化的路径。2017 年 12 月，在布宜诺斯艾利斯召开的 WTO 部长级会议上，70 个成员的贸易部长签署《关于投资便利化部长的联合声明》，呼吁在 WTO 内启动关于投资便利化框架的结构性讨论。2018 年 3 月，结构性讨论正式启动，当时有 71 个 WTO 成员参与其中①。

综上所述，投资议题的谈判曾因成员之间分歧较大而陷入停滞。然而，近年来，受《贸易便利化协定》通过和生效的启示，国际社会对投资便利化也开始给予关注和讨论。值得一提的是，中国在投资便利化议题的倡导方面扮演着关键角色。2016 年 9 月，作为东道主的中国推动达成的《G20 全球投资政策指导原则》填补了国际投资规则框架的空白；2016 年 10 月，中国率先在 WTO 提出投资便利化议题，创造性地将贸易、投资

---

① Khalil Hamdani, Investment Facilitation at the WTO is not Investment Redux, 4 June 2018, https：//www. ictsd. org/opinion/investment-facilitation-at-the-wto-is-not-investment-redux，最后检索时间：2020 年 3 月 26 日。

和发展相融合[①]；2017 年 4 月成立的"投资便利化之友"集团、8 月金砖峰会上达成的《金砖国家投资便利化合作纲要》和 12 月 WTO 部长级会议期间签署的《投资便利化部长联合声明》，也都是在中国的牵头下产生的。中国在关于 WTO 改革的立场文件中也提到，WTO 规则需要涵盖投资便利化等21 世纪新议题。由此可见，中国是投资便利化议题的积极倡议者，这与我国作为 WTO 中第二大境外投资贡献者的地位是相称的[②]（见表 1）。

表 1　投资便利化议题的发展演进

时间	事件	备注
1986～1994 年	乌拉圭回合谈判	投资规则在 WTO 协定中分散而有限地体现出来
1995 年 5 月	经合组织发起"多边投资协定"谈判	因成员内部分歧较大而陷入停滞
1996 年 12 月	新加坡部长级会议	设立贸易与投资工作组研究贸易与投资的关系
2001 年 11 月	多哈部长级会议	拟于坎昆部长级会议经协商一致启动贸易和投资问题的谈判
2003 年 9 月	坎昆部长级会议	成员分歧严重，未达成实质性成果
2004 年 7 月	WTO 总理事会通过"七月套案"	投资议题被排除于多哈回合谈判之外
2013 年 11 月	《贸易便利化协定》获得通过	是多哈回合启动以来第一个多边贸易协定，启发了国际社会对投资议题的再思考
2015 年	联合国先后通过了"亚的斯亚贝巴行动议程"和"2030 可持续发展议程"	呼吁对发展中国家增加投资以弥补其实现可持续发展所面临的融资缺口
2016 年 6 月	联合国贸发会议发布《投资便利化全球行动清单》	聚焦投资便利化议题，提出了相应行动指南
2016 年 9 月	G20 杭州峰会	通过了包含投资便利化条款的《G20 全球投资政策指导原则》
2016 年 10 月	中国率先在 WTO 提出投资便利化议题	创造性地将贸易、投资和发展相融合

---

① 洪俊杰：《中国推动投资便利化议题在世贸组织收获广泛支持》，人民网，http：//finance. people. com. cn/n1/2017/1220/c1004 - 29718958. html，2017 年 12 月 20 日，最后检索时间：2020 年 3 月 26 日。

② UNCTAD, *World Investment Report 2019*，最后检索时间：2020 年 3 月 26 日。

时间	事件	备注
2017 年 4 月	中国等 11 个 WTO 成员组成"投资便利化之友"	推动该议题进一步讨论
2017 年 8 月	金砖峰会	达成《金砖国家投资便利化合作纲要》
2017 年 12 月	WTO 第 12 届部长级会议	70 个 WTO 成员签署《投资便利化部长联合声明》
2018 年 3 月	71 个 WTO 成员联合启动结构性讨论	讨论旨在辨识潜在投资便利化多边框架的可能要素,为 2020 年部长级会议的讨论奠定基础

二 投资便利化的内涵和必要性

投资便利化与贸易便利化都是强调"便利",两者的定义和范畴具有相通之处。贸易便利化旨在通过提升贸易法规的透明度、促进过境自由、精简进出口规费和手续来降低贸易成本、便利贸易运行。这些在《贸易便利化协定》中有所体现。比如,在增强透明度方面,《贸易便利化协定》规定,成员必须及时发布与进出口程序有关的所有信息,设立专门的咨询点,并向贸易商提供评论和磋商机会;在精简进出口规费和手续方面,《贸易便利化协定》规定成员应定期审查各项收费,减少费用的种类和数量,还鼓励成员设置允许贸易企业一次性提交信息和单证的"单一窗口"。为了确保各个成员均能实现并受益于贸易便利化,《贸易便利化协定》还规定发展中国家特别是最不发达国家在实施过程中可以享受特殊和差别待遇、接受能力建设方面的援助和支持,并鼓励成员之间和成员内部的边境机构加强合作。

由此可见,确保运营环境的透明度、效率和可预期性,是贸易便利化的核心要义。为此,各国需要减少行政程序中不必要的繁文缛节,及时有效地发布相关信息;此外,国际社会还需要对发展中国家提供相关能力建设支持,并鼓励各成员以及成员内部各主体之间的交流合作,确保各成员均能受益于贸易便利化。这些对投资便利化同样适用。

尽管尚无统一定义，但一些国际组织、论坛对投资便利化的表述均体现了上述原则。较早提出该议题的亚太经合组织认为，投资便利化是东道国政府采取的旨在吸引外商投资，并在投资周期的各阶段实现对投资的高效管理的行动①；而经合组织②和联合国贸发会议③则将其定义为旨在使得投资者能够便利地建立、维持和扩大其投资的政策行动。国际社会也对实施投资便利化的行动方案进行了讨论。贸发会议在《投资便利化全球行动清单》中提出了实施投资便利化的10条行动指南（见表2）。

表2　UNCATD 提出的投资便利化行动指南

序号	行动指南	具体行动示例	体现的原则
1	提升投资政策和法规的透明度和可获得性	提供关于投资体制的清晰、及时的信息	透明度
2	增强投资政策在执行中的连贯性和可预期性	建立有关投资审查、评价和审批机制的明确标准和管理程序	可预期性
3	提高投资管理程序的效率	缩短审批时间，简化投资审批和经营许可申请的流程	效率
4	建立良好的利益相关者关系	定期和利益相关者进行对话，讨论和解决投资有关的问题	透明度和可预期性
5	设立专门的咨询和协调机构	设立关于投资政策的专门咨询点，收集建议和意见	透明度和可预期性
6	建立监管和审议机制	采用诊断性的工具和指标来测量相关机构管理效率	可预期性
7	加强国际合作	建立成员间主管部门的对话机制和伙伴关系，共同设计、执行和监管投资便利化工作的进程	交流合作

---

① APEC Investment Facilitation Action Plan (2008).
② OECD, Policy Framework for Investment (2015).
③ UNCTAD, Global Action Menu for Investment Facilitation (2016).

序号	行动指南	具体行动示例	体现的原则
8	加强对发展中国家的技术援助	帮助发展中国家实施投资管理的信息化	发展中国家能力建设
9	加强对发展中国家的能力建设,提升其政策对投资的吸引力	提升成员投资促进机构在促进聚焦可持续发展的投资(如环保领域投资)方面的专业性	发展中国家能力建设
10	通过签订国际投资协定等途径,提升投资便利化国际合作水平	鼓励母国提供对外投资支持(如投资担保),鼓励投资者实施高标准的投资治理和负责任商业行为,鼓励成员对外投资管理机构和投资促进机构等政府部门之间建立磋商和合作机制	交流合作

资料来源:UNCATD。

作为投资便利化的积极倡导者,近年来,我国也在积极促进国内投资环境的便利化。2018 年 6 月,国务院出台《关于积极有效利用外资推动经济高质量发展若干措施的通知》,要求大幅下放审批权限、推行负面清单以外的外资企业商务备案和工商登记"一口办理"、提升外企使用资金的便利度、提高外国人才来华工作和出入境便利度;2019 年 8 月,国务院办公厅印发《全国深化"放管服"改革优化营商环境电视电话会议重点任务分工方案的通知》,在压减中央和地方层面设定的行政许可事项、压减工业产品生产许可证、压减企业开办时间、治理各种不合理收费、制订全国统一且简明易行的监管规则和标准、提升政务服务效率等方面提出了进一步具体要求。积极打造便利的营商环境,既是我国深化市场化改革、扩大对外开放的必然要求,也与我国提升自身经济体活力和竞争力、保持经济平稳运行的目标和任务是一致的。

综合当前国际社会对该议题的探讨来看,投资便利化措施的目标在于"对投资者提供便利",核心在于促进投资环境的透明、高效、可预期,即通过精简行政程序、提升信息透明度、完善基础设施、维护良好的利益相关者关系、加强国际合作等途径,减少投资者在东道国的"地面障碍",预防投资争端，使投资者能够便利地建立、管理和扩大其投资，进而促进东道国的经济增长和可持续发展。

国际社会为什么持续研究和讨论投资便利化？这是由投资便利化议题本身的特点和国际社会对投资重要性认识的深化所决定的。首先，投资便利化本身具有实施的紧迫性。APEC 投资专家组（IEG）2007 年发布的报告①指出，国际投资面临的主要障碍有八个，其中三个障碍存在于便利化领域，分别是：监管过度、政策的不确定性和履行契约的约束性安排不到位。这表明，投资环境不便利的问题已经成为国际投资增长亟待解决的制约性因素。另据我国出口信用保险公司资信评估中心发布的《国别投资经营便利化状况报告（2018）》，许多国家尤其是发展中国家的投资环境存在行政审批手续复杂、耗时、效率低下的问题，与发达国家差距较大。

如表 3 所示，与代表发达国家的经合组织相比，一些地区投资环境的行政效率较低，产生的成本较高。低效的投资环境既不利于东道国吸引外资、充分利用外资实现发展，也不利于外商正常运营和国际投资的稳定增长。因而，提升行政效率、解决投资环境"不便利"的问题对各方面而言都是必要而紧迫的。

表3　部分地区与经合组织投资审批效率和成本比较

	经合组织	中东和北非	撒哈拉以南非洲	东亚及太平洋地区
开办企业手续(天)	4.9	7.6	7.4	6.8
时间(天)	9.3	20.7	23.3	25.9
成本(占人均国民收入百分比)(%)	3.1	22.6	44.4	17.8

资料来源：中国出口信用保险公司资信评估中心：《国别投资经营便利化状况报告（2018）》。

投资对贸易和可持续发展的重要性已经被国际社会普遍认知，而投资便利化是促进投资增长的有效途径。作为贸易的源泉和促进因素，投资既

---

① Investment Expert Group（2007）．"Enhancing Investment Liberalisation and Facilitation in the Asia-Pacific Region（Stage 2）：Reducing Behind-the-Border Barriers to Investment"，2017.

是经济增长的重要引擎，又是可持续发展的重要保障。优质、充足的投资能够为东道国产生需求、带来技术、增加就业，是支撑一国经济增长的强劲动力。当前，许多国家面临人口膨胀、贫困加剧、就业岗位紧缺等挑战，却没有足够的内部资源来应对。据 UNCTAD 估计，为了实现可持续发展目标（SDGs），发展中国家面临着每年 2.5 万亿美元[①]的融资缺口。公共投资和外商直接投资是弥补融资缺口的两种主要渠道。与公共投资相比，外商直接投资（FDI）不会造成公共债务负担，因而成为一些国家赖以发展的重要融资来源。然而，2019 年《世界投资报告》显示，流向不发达国家的投资占全球投资总量的比例持续保持在 3% 以下，流向转型经济体的投资占比较上年下降 28 个百分点。这些情况表明，一些国家缺乏吸引外资的竞争力，即缺乏实现可持续发展所需要的条件。因此，实施投资便利化举措，是这些国家吸引投资、弥补可持续发展所需资金缺口的关键路径。

另外，投资便利化是投资议题下一个争议较少的子议题，存在达成国际共识的可能。投资议题涵盖投资保护、投资者－国家争端解决、市场准入等诸多子议题。国际社会关于投资议题的谈判历史表明，投资议题相当复杂，其子议题也大多具有较大的分歧和争议，因而很难在这些领域取得共识。相比之下，便利化议题以促进投资环境的透明、高效和可预期为目标，鼓励开展国际合作，不涉及对东道国既有投资法律的更改，只关注政策的透明度及在执行时的效率，因而不那么复杂和敏感。倡导和讨论投资便利化，是国际社会在借鉴《贸易便利化协定》（TFA）谈判成功的经验，总结先前投资议题谈判失败经验的基础上做出的考虑。在实践中，投资便利化议题确实争取到了一部分发展中国家尤其是拥有较多对外投资或依赖外来投资的发展中国家的支持，避免了以往投资议题上大规模分歧和对立的出现，为促进国际投资增长、形成投资领域国际共识开辟了新的视角和可行的路径。70 个 WTO 成员联合签署《投资便利化部长声明》，以及近 80 个成员参与"投资便利

---

① UNCTAD, Global Action Menu for Investment Facilitation, 2016.

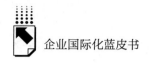

化之友"的讨论进程①的事实就足以印证。

综上所述，之所以对投资便利化展开研究和讨论，是由于投资便利化本身具有实施的紧迫性，也是因为国际社会已经充分意识到投资对贸易和可持续发展的重要性，而投资便利化避开了以往争议较多的敏感议题，为投资的增长和投资领域共识的形成开辟了可行和有效的新路径。此外，投资便利化的实施空间和潜力也是巨大的。据统计，2010～2016 年，各国出台的投资政策中，80%涉及设立特殊经济区、投资激励等投资促进政策，只有 20%属于投资便利化政策②。而且，在众多国际投资协定中，投资便利化条款基本处于缺失或力度薄弱的状态。这意味着，投资便利化政策之前一直没有得到充分的重视，其实施具有广阔的空间和潜力，能够使投资对经济发展的促进作用进一步释放出来。

三 推进投资便利化所面临的机遇与挑战

当前，投资便利化议题面临的机遇与挑战并举。其机遇在于，在投资便利化和自由化成为全球投资政策主流的国际背景下，越来越多的经济体（包括许多发展中经济体）对投资便利化议题产生兴趣，且投资便利化改革在一些国家内部得以持续落实。③ 这些良好的态势有利于国际社会对该议题持续讨论和研究，也有助于国际社会形成关于该议题的共识。2017 年 4 月，中等强国合作体（MIKTA）④、投资便利化之友⑤、俄罗斯、中国、阿根廷和巴西等国家和集团向 WTO 总理事会提交了关于促进投资便利化的提案。2017 年 11 月，"投资便利化之友"、西非国家经济共同体和尼日利亚政府联

① 《贸易和投资便利化与发展高层论坛在哈萨克斯坦举行》，商务部网站，http：//www.mofcom. gov. cn/article/ae/ai/201809/20180902792059. shtml，2018 年 9 月 30 日，最后检索时间：2020 年 3 月 26 日。
② UNCTAD, Global Action Menu for Investment Facilitation, 2016.
③ UNCTAD, *World Investment Report 2019*.
④ 包含墨西哥、印尼、韩国、土耳其和澳大利亚。
⑤ 当时包含中国、巴西、阿根廷、智利、哥伦比亚、哈萨克斯坦、墨西哥等 11 个 WTO 成员。

合举办的阿布贾"贸易和投资便利化与发展高层论坛"吸引了30多个非洲国家参与，许多非洲国家随后表达了加入"投资便利化之友"的意向①；2017年12月召开的WTO部长级会议上，70个WTO成员的贸易部长签署《关于投资便利化的联合部长声明》，呼吁就此议题开展结构性讨论。这些成员涵盖了最不发达国家、非洲联盟、发达国家、金砖国家、非洲、加勒比和太平洋地区国家集团、美洲玻利瓦尔联盟等WTO内绝大多数的非正式组织②；2018年9月，哈萨克斯坦政府和"投资便利化之友"联合举办"贸易和投资便利化与发展高层论坛"，吸引了土耳其、塔吉克斯坦、亚美尼亚、阿联酋等欧亚和中东地区的30个国家的代表出席；2019年3月，二十国集团智库会议（T20）发布《迈向G20——关于旨在实现可持续发展的投资便利化的指导原则》③，呼吁G20峰会通过关于投资便利化的非约束性指导原则。这些讨论旨在加深各国对投资便利化的了解，为投资便利化多边框架的制定探索方向、奠定基础，也将在未来继续深入。

需要指出的是，之前在WTO主张就投资议题展开谈判的，主要是拥有较多对外投资的发达国家。发展中国家作为投资的流入地，担心投资议题（尤其是其中的投资保护、投资自由化和投资争端解决等议题）的谈判会损害其主权，因而持消极和保守态度。如今，参与投资便利化研究和讨论的国家中，有很多是发展中经济体和新兴市场国家。这一方面是因为一些发展中国家（如中国、墨西哥、巴西等）已经成为全球对外投资（OFDI）的重要贡献者；另一方面也是因为，通过实施投资便利化来吸引外资进而加快经济发展的理念得到了一些发展中国家的理解。一些发展中国家的积极态度，使关于投资便利化议题的讨论存在取得进展的希望。

然而，投资便利化的推进仍面临严峻的挑战。首先，关于就该议题制定有约束力的多边规则的共识并未形成。一些国家对其持抵触态度，反对在

---

① Nigerian Office for Trade Negotiations, Abuja Statement, November 4 2017, http://www.notn.gov.ng/post_action/48，最后检索时间：2020年3月26日。

② Felipe Hees, Investment Facilitation: Leaving the Past behind, December 3, 2018.

③ Towards G20 Guiding Principles on Investment Facilitation for Sustainable Development.

WTO 框架内对其进行谈判。2017 年 5 月召开的 WTO 总理事会曾试图讨论贸易和投资便利化问题，遭到了印度、南非、乌干达、喀麦隆、厄瓜多尔、玻利维亚、古巴和委内瑞拉等国的反对。这些国家基本是发展中国家，属于国际投资的净流入地。其反对的原因主要有二：第一，他们质疑投资便利化议题讨论的合法性。这些国家认为，根据"七月套案"和《内罗毕部长宣言》，投资议题不在多哈回合谈判的范围之内；第二，也是更重要的一点，这些国家对投资便利化议题本身抱有疑虑，认为投资便利化规则将给东道国增加行政负担，且妨碍东道国对外资的管理，甚至损害东道国的政策空间和主权，因为投资便利化要求东道国行使主动公开信息、简化审批流程、吸纳外资参与政策法规制定、维护好利益相关者关系等一系列义务。在一些对外资持警惕态度、投资管理体制不完善、担心外资干涉行政决策以及对国内经济社会造成损害的相对保守的发展中国家看来，投资便利化措施是具有风险的。何况，在多哈回合许多既有议题，尤其是这些发展中国家极为关切的议题都没有取得进展的情况下，引入投资便利化议题的谈判，无疑将转移成员注意力、分散谈判资源。这些国家因此认为，WTO 应该专注于在既有议题的谈判上取得成果，而不是引入新的议题。这些国家的反对，使投资便利化的谈判和规则制定遭遇一定挫折。

其次，当前国际投资领域出现不符合投资便利化趋势的保护主义逆流。《2019 年世界投资报告》所统计的 55 个经济体在 2018 年新出台的 112 项外资政策措施中，有 34% 是关于对外资加强管制的，达到了近 20 年来的最高值。此外，各国还普遍加强了对外资审查，在各国 2011 年至 2019 年 3 月新实施的 FDI 限制性政策中，扩大审查范围的政策占到 54%，延长审查时限的政策达到 14%。UNCTAD 于 2019 年 4 月发布的《世界投资政策监测报告》也显示，一些发达国家和发展中国家都在不同程度上加强或扩大了对一些领域外国投资的国家安全审查和限制程序及措施。例如，美国通过的《外国投资风险审查现代化法案》就赋予美国外国投资委员会在审查外国投资时更大的权限，包括实施强制性申报、延长审查时限等。这明显与投资便利化的方向不符，为全球范围内投资便利化的推进增加了难度和挑战。

可见，尽管投资便利化的落实和讨论在持续，但其在实际推进过程中仍然面临挑战。

四　关于投资便利化议题进一步发展的思考

针对投资便利化议题面临的现状，笔者为其进一步发展提出以下思考。

首先，各经济体自身应当继续推动投资便利化政策的落实。当前，投资环境便利化已经成为国际潮流和趋势，世界投资便利化总体水平在持续提高，各国投资便利化改革措施在不断落实。根据世界银行发布的《2019年营商环境报告》，2017/18年度全球128个经济体在优化营商环境方面进行了314项改革，数目达到2003年以来的最高值；注册企业的全球平均所需时间已由2006年的47天缩减至20天，注册成本占人均收入的比重也由2006年的76%下降至23%；且撒哈拉以南的非洲地区已连续7年成为出台改革措施最多的地区。尽管世界范围内优化营商环境的趋势不断持续，但一些国家尤其是发展中国家的投资便利化水平仍然较低，使投资者面临较高成本。为此，各经济体应该设立专门机构，结合本国实际情况，参考一些国际组织的建议，探索进一步优化国内投资环境的方法和政策。各国也可在国际投资协定、自由贸易协定中纳入投资便利化条款。这些协定对缔约国具有约束力，能为相关国家提高投资便利化水平提供制度安排。当前，巴西已经和一些经济体签署了名为《合作和投资便利化协定》①的新型投资协定，与以往聚焦于投资保护和投资促进的协定不同，该类协定聚焦于投资便利化和国际合作，促进了投资便利化规则在国际的构建和扩展。各经济体实施投资便利化措施，以及签订涵盖投资便利化条款的协定，都将为在该议题上扩大共识进而制定国际规则奠定基础。

其次，各经济体也应该依托"投资便利化之友"集团及相关国际组织

---

① Cooperation and Investment Facilitation Agreement.

平台，积极参与投资便利化的国际性讨论。和"服务业真正之友"① 类似，"投资便利化之友"也是部分 WTO 成员组成的次级团体。由于种种原因，一些 WTO 成员对投资便利化的疑虑和反对难以在短期内消除，这意味着在协商一致原则之下，关于投资便利化的多边谈判很难启动，多边规则很难达成。这需要国际社会采取更加灵活、开放、包容的讨论路径。各经济体可以参与"投资便利化之友"组织的讨论，讨论需要继续保持透明、开放，考虑到相关成员的关切，最大程度澄清误解、扩大共识，并不断吸纳新成员加入讨论进程。在集团内部成员意见基本一致的情况下，可以寻求通过谈判制定诸边协定。事实上，《国际服务贸易协定》（TISA）所采用的正是这样的谈判路径。以部分成员内部讨论寻求诸边协定的达成，并向协定外成员保持开放、不断扩围，是在多边共识无法取得时制定国际规则的一个可行方案。中国、巴西、阿根廷、俄罗斯等主要倡导者应该组织、牵头和引导该领域的国际讨论，世贸组织、联合国贸发会议、世界银行等相关国际组织也应支持相关讨论，并在各自平台上加强研究，不断出台新的评估报告和政策建议，引领国际社会深化对投资便利化内容和重要性的理解。

另外，在具体讨论内容上，国际社会应继续澄清投资便利化的范围和定义，阐明对发展中国家的技术支持，并使此议题下责任的分配更加均衡。针对一些发展中国家关于投资便利化可能被延伸至具有争议性议题的担忧，国际社会应当在研究和讨论中对投资便利化的范围予以明确界定，严格区分投资便利化与投资保护、投资争端解决等议题的界限，消除一些国家的顾虑；讨论还应借鉴《贸易便利化协定》的经验，支持对发展中国家提供能力建设援助，吸引更多发展中国家加入讨论进程；此外，讨论还应增强责任分配的平衡性。当前关于投资便利化的讨论，主要是从便利外资的角度出发，对东道国政府提升投资管理透明度和效率的义务进行了规定，一些国家因而担忧自身的政策空间和主权受到限制。事实上，在国际投资中，投资者、母国政府和东道国政府都是重要角色，因而在促进投资便利化方面都应承担责

---

① Real Good Friends of Services.

任。例如，母国政府需要使其对跨国投资者的管理和支持措施更加透明，有效履行对跨国投资者的管制职能；投资者也要建立和执行合规的行为标准。将母国政府和投资者的义务纳入投资便利化议题，探索责任共担、互助互信、合力促进可持续发展的机制安排，是消除一些投资监管体系不完善的发展中国家的疑虑，进而争取他们的理解和支持的必由路径，也是确保外资对东道国可持续发展发挥积极作用的必然要求。

五　结语

投资便利化议题聚焦于投资环境的透明度、效率和可预期性，解决的是投资者遇到的一系列"地面障碍"。近年来该议题受到较多的研究和关注，是因为其本身具有实施的紧迫性，也是因为国际社会对投资重要性的认识持续深入，而投资便利化则回避了以往争议较多的投资议题，为投资领域共识的达成开辟了新路径。《贸易便利化协定》的达成也为之提供了启示和借鉴。

当前，投资便利化国际规则处于研究和讨论阶段，但其作为一种政策导向在一些经济体内部持续得到落实，也吸引着越来越多国际社会成员的兴趣。这反映了投资便利化议题推进具有宝贵机遇和广阔前景。但同时，该议题的推进也面临着挑战，比如一些国家的反对和投资保护主义逆流的涌动。

为此，相关成员和国际组织应当继续加强落实和执行投资便利化政策，积极参与相关研究和讨论，吸引更多成员加入。国际社会应合力推动投资便利化讨论达成共识，早日填补约束性投资规则的缺失。相信一个投资便利化框架的达成，必将为发展中国家经济增长提供强大动力，也将为全球可持续发展目标的实现做出重要贡献。

B.9
着眼长远，克服困难，投资美国

何伟文*

摘　要： 特朗普政府发起的中美贸易战及其对中国的技术和投资限制
导致中国对美直接投资急速下降。然而，绿地投资仍然是一
个亮点。虽然美国对中国的战略和技术争论将经历一个漫长
的过程，但两个大国的经济互补将继续将两国贸易和投资关
系锚定在合作的轨道上。中国企业需要坚持不懈，善于在美
国投资。两国政府应该保持对话和协商，中国企业应该根据
当地需要，在绿地基层投资方面做好准备。从长远来看，"投
资美国"将继续提供巨大的机会。

关键词： 投资美国　绿地投资　合作

特朗普政府发起的对华贸易战和在冷战思维下对中国技术和技术投资的
全面封锁，造成 2017 年和 2018 年中国企业对美投资断崖式下跌。中美经贸科
技摩擦带有根本性和长期性。因此中国企业赴美投资将经历一个困难时期。

一　中国对美投资两年下降九成

据美国荣鼎集团统计，2018 年中国在美实际投资额为 50 亿美元，比
2017 年的 290 亿美元下降 82.8%。而 2107 年数据已经比 2016 年的 460 亿

---

* 何伟文，前驻旧金山、纽约总领馆经济商务参赞，全球化智库特邀高级研究员。

美元下降了37%。两年累计下降89.1%[①]。2018年，中国在美企业剥离资产80亿美元。因此截至2018年底，中国在美投资的总存量净减少30亿美元，为1450亿美元。2017年的下降很多是因为中国政府对海航、安邦、万达等高杠杆跨界收购和娱乐业并购的叫停。2018年下降则主要是特朗普政府限制急剧趋严的缘故。

2018年11月10日，《外国投资风险评估现代化法案（FIRRMA）》试点计划正式实施，美国外商投资委员会全面加紧了对涉及信息通信技术领域投资的监测。特朗普政府对华为的全面封杀表明，美国不允许中国在高科技领域对美国构成威胁。白宫若干鹰派人物甚至鼓吹中美科技脱钩。因此，对中国企业在美涉及高科技领域的并购、科技人员交流乃至中国留学生签证限制也全面加强。6月29日习近平主席和特朗普总统在G20大阪峰会期间的会晤，确定了中美重回谈判桌、寻求合作共赢的总路径。特朗普放了若干善意，如不再对中国产品加征关税、华为可以继续购买美国设备、欢迎中国留学生，等等。但中美经贸磋商能否达成协议，尚有很多不确定因素。

二 中国在美企业经营状况失常，中美关系紧张投下阴影

据美国中国总商会的会员调查，2018年20%的会员企业营收比上年增长20%以上，另有20%的会员企业增长20%以下，47%的会员企业与上年持平。只有13%的企业负增长。2019年，83%的企业回答将发展现有业务，54%的企业将开拓新领域，46%的企业将致力于创品牌。只有3%的企业表示致力于学习先进技术，表明特朗普政府对中国企业的技术封堵日益加紧[②]。

---

① Thilo Hanemann, Daniel H Rosen, Cassie Gao and Adam Lysenko: Two-Way Street, 2019 Update, US-China Direct Investment Trends, May 8, 2019. https://rhg.com, 最后检索时间：2020年3月26日。

② 美国中国总商会：《2019年在美中资企业商业调查报告》，http://www.cgccusa.org, 2019年6月10日，最后检索时间：2020年3月26日。

中美经贸摩擦的加剧，给在美中资企业带来很大不确定前景。2019年认为在美商业环境变差的企业达到52%，比2018年的23%提高一倍多（见表1）。

表1　在美中资企业商业环境和近期前景调查结果

单位：%

	年份	大大恶化	不变	大大改善	略差	略好
商业环境的变化	2018	0	59	2	23	16
	2019	6	42	1	46	5
前景变化	2014	0	19	27	5	49
	2015	0	28	26	1	45
	2016	0	32	10	6	52
	2017	0	35	2	5	58
	2018	0	40	6	12	42
	2019	3	43	1	30	23

资料来源：《2019年美国中国总商会会员调查》。

2017年以前认为在美商业环境变差的企业占比在7%以下。2019年该占比激增，75%的企业表示这是受到中美关系紧张的影响，77%的企业表示受到加征关税的影响。特朗普政府对中国企业赴美投资并购审查趋严，尤其对高科技领域并购限制和封堵日益明显。但中国在美企业大部分是从绿地投资起步，部分地避开了这种影响。该调查显示，54%的在美中资企业是以绿地投资进入美国的，另有21%以设立代表处起步，合计75%。另有13%是建立合资企业。只有9%的企业是以并购资产的方式进入美国的。生产投资型企业多以绿地投资进入美国，如福耀玻璃、金龙铜业。这些企业在美投资未遇到重大障碍。但资本投资型企业，90%以上是以并购方式进入美国。这种投资方式面临重大困难。

三　制造业绿地投资仍是亮点

中美经贸关系的紧张和美国对中国高科技领域投资的严加限制，并不影响普通制造业在美绿地投资。相反，只要能够帮助当地增加就业和税收，而且不涉及敏感行业，反而受到美国政府欢迎。

总部设在河南新乡的金龙集团，继 2008 年在墨西哥投资建设年产 6 万吨制冷设备用铜管厂后，又投资 1 亿美元，在美国亚拉巴马州偏僻的林业县威尔科科斯县松山镇（Pine Hill）新建年产 6 万吨铜管厂（空调机用），解决了 2000 人就业，为当地创造税收 4500 万美元。因此得到当地政府大力支持。除了补贴 1500 万美元外，当地政府还特地修了专用道路和专用铁路桥。从该州选出的国会议员还帮助解决中方人员赴美工作签证。

金龙在美建设铜管厂，不仅符合当地需要，而且符合企业自身的需要。2004 年遭遇反倾销后，金龙为了避开反倾销税，直接在美设厂。原料铜多从南美如智利进口，大大降低了成本。因此，通过这种投资模式，金龙公园既接近原料产地，又接近销售市场，还避开了关税壁垒。

福耀玻璃在美国制造业重地俄亥俄州代顿投资 6 亿美元建设的车用玻璃厂，2018 年实现了盈利。营业收入折合 34.17 亿元人民币，比上年增长 58.7%；占福耀集团国外收入 41.85%；实现利润 2.46 亿元。福耀去美国设厂曾引起国内众多争议和非议。不少舆论认为"老曹福耀老总要跑"。实际上这是一个在销售市场就地生产的通行做法。福耀车用玻璃很多供应通用汽车美国本土工厂。2011 年，通用汽车和福耀达成销售协议，一个前提是福耀必须在美国建厂，以保证供应。这同通用汽车供应中国的汽车也在中国生产道理一样。通用汽车公司的全球政策是："在哪里销售，就在哪里生产。"由于福耀美国工厂解决了 2000 人就业，受到当地欢迎和支持。全厂职工曾投票决定是否成立工会。结果以 444 票赞成、868 票反对否决，说明多数职工对福耀管理层的信任。

海尔集团 2017 年收购通用电气（GE）家电部门。2018 年 10 月 11 日，特朗普政府已经开始对我国 2000 亿美元产品加征 10% 的关税，美国《外国投资风险评估现代化法》也已生效，海尔宣布投资 2 亿美元，扩建通用电气肯塔基工厂，扩大洗衣机、干衣机产能，并新增洗碗机生产线。美国市场洗衣机年需求量为 1500 万台、干衣机 710 万台、洗碗机 790 万台。美国在该年 3 月份宣布对洗衣机加征关税，给美国本土生产带来了机会。

2018 年 6 月 18 日，美国空军提出购买 17 架深圳大疆无人机。大疆公司则表示考虑在美投资生产。这是一个很好的兆头，表明任何事情都不是铁板一块，应当具体情况具体分析。美国在对我国加紧技术限制的同时，并不排斥我国若干性价比占优的实用产品。在有市场前景的条件下，前往美国设厂，就近销售，仍然是可行途径。

四 美国对我国战略和技术压制将是长期的

中国企业在美并购大幅下降，美国政府对我国敏感领域并购限制大幅加紧，这两个趋势在近期内很可能还将持续。其根本原因是特朗普政府已将中国定位为战略对手（rival），过去双方强调的增进战略互信前提已经被颠覆。

2017 年 12 月 18 日美国国家安全委员会提交国会的《美国国家安全报告》明确将中国定位为战略对手。2018 年 2 月 27 日美国贸易代表署提交国会的《2018 年总统贸易政策议程》① 提出了美国贸易政策的五大支柱，其中第一个支柱是美国战略安全，明确指出中国是美国战略对手。在这个大前提下，美国对华贸易和投资政策，必然是遏制和打压。

一年多来中美贸易摩擦的过程表明，美国政府不能容忍中国作为共产党领导的走社会主义道路的大国在经济规模上取代美国老大地位，不能容忍中国高科技和高端制造业对美国的主导地位构成挑战，不能容忍"一带一路"倡议重构美国主导的国际秩序。在这个大战略下，美国贸易代表署对华 301 调查报告集中责难中国"强制技术转让"和"盗窃知识产权"。因此，美国严格防范中国企业在美国高技术领域（首先是信息通信技术，其次是新能源、生物技术等）和涉及安全的领域（如电子支付、金融）的并购。这个政策短期内不会改变。华为退出美国市场表明，与其无望争取，不如及时调整布局。

鉴于这种趋势，我们应从两方面应对。第一，政府层面。坚决反对美国

---

① Office of the United States Trade Repre seutative "2018 Trade Policy Agenda and 2017 Annual Report", 2018 www.ustr.gov，最后检索时间：2020 年 3 月 26 日。

政府的无理打压，坚决保护我国企业的合法权益；同时通过经贸磋商，努力就双向投资达成某种协议，迫使美国放松这种限制。第二，企业层面。具体项目具体分析，努力寻找规避机会。

五　赴美投资仍然可以有所作为

特朗普政府对中国的战略定位和投资、技术限制虽然造成中国企业赴美投资并购大幅下滑，并将持续一个时期，但这仅仅是事情的一方面。另一方面，中美客观上经济的互补性是任何政治家也无法改变的。中美合作包括投资合作，仍然是中美经贸关系的基本面。

根据商务部公布的统计，截至 2017 年底，中国企业累计在美投资 670 亿美元，遍及美国 46 个州，创造就业 14 万人。这完全符合美国经济利益和民众利益，从而将继续获得坚实的支持。

中国市场已成为美国高技术公司全球销售、赢利和发展的重要组成部分。因此美国高技术公司与中国的合作也无法被特朗普政府的贸易政策所隔断。这种合作一般是双向的。一方面，美国高技术公司扩大在华销售，必须在中国成立研发中心；另一方面，它们往往也需要在美国国内成立面向中国的支持中心（研发、调研、推广等），这种支持中心往往也需要中国企业的参与。

特朗普政府让制造业回流美国的努力虽然屡屡受挫，却为中国企业投资美国制造业创造了良好机遇。面对特朗普政府单边关税带来的市场前景不确定性，对于原来以贸易方式直接出口到美国的一部分产品，可以探讨把部分生产环节（如组装、完成）放到美国，或者直接在美投资，把整个生产过程放在美国。

六　具体途径和方式探讨

第一，政府需要坚持不懈地与美方磋商、谈判，坚决维护中国企业的合法权益。同时，在大幅度放宽外资准入的同时，争取早日恢复中美投资协定

（BIT）谈判。为企业赴美投资提供基本法律和体制保障。

第二，企业赴美投资，目前宜暂时避开敏感行业，更多关注于非敏感行业，如普通机械、电器、汽车零部件、家用消费品、物流、商贸等。在这些领域，中国企业宜主要采取绿地投资或开设代表处方式进入美国市场。

第三，绿地投资以制造业为主。投资计划的确定要基于三个基本因素：其一，既符合美国当地市场需要，又符合企业海外拓展的自身需要；其二，具有可行性；其三，风险可控。应当清楚，投资是企业行为，是市场驱动；不是政治行为，不是理论驱动。

第四，可以尝试对美国生锈地带的钢铁、汽车零部件、普通机械等进行绿地投资。中国有丰富的企业转型经验，可以尝试帮助美国这些传统产业转型升级，创造就业和带动经济增长。如果这方面做出有效成果，不仅有利于企业自身发展，也将为中美经贸关系的缓和起到积极作用。

第五，立足于相关的州县市政府，充分获取他们的合作和提供的各种优惠政策。与美国主流银行、会计师行、律师行、专业咨询公司、商协会等建立密切的工作关系，充分实现本土化投资和经营。美国地方政府和工商界没有华盛顿那种阴暗的心理和政策，他们关心的主要是本地经济的发展、就业和税收。前述金龙、福耀、海尔等都是明显的例子。只要合作得好，不管华盛顿如何设置一个又一个障碍，在美国社会，中国企业仍然可以大有作为。

目前及今后一个时期，是中美经贸关系包括对美投资的困难时期。我们应当充分估计困难和矛盾的复杂性和严重性，做好各种备案。同时又应深刻分析中美两国经济互补的具体方面、机会和前景，有针对性地拓展投资机会，脚踏实地，精心运作，继续推动赴美投资。从长远看，当前困难再大，弯路再多，也终究是暂时的，中美经济互补性和合作双赢的客观规律，谁也改变不了。只要我们坚持投资美国，又善于投资，未来一定会有光明的前景，造就中国的企业，也造福中美两国人民。

B.10
中国企业如何应对全球越发严格的
合规挑战以及政府调查

——以反垄断和数据保护为视角

邓志松　戴健民 *

摘　要： 近年来，全球监管局势波诡云谲。在反垄断和数据保护领域，监管机构对相关企业频频施以重罚，执法力度空前加大；反垄断执法技术不断得到突破和创新，数据保护相关新法层出不穷；反垄断与数据保护还呈现相互融合的趋势。在此背景下，中国企业"走出去"所面临的合规挑战和法律风险日趋严峻，轻则交易延迟、阻滞甚至搁浅，重则承担巨额赔偿甚至被迫调整经营模式；企业高管还可能面临个人的刑事责任。为有效应对这些风险，中国企业可以密切关注全球各主要司法领域相关的立法和执法动向，加强事先的风险识别和多元管控，做好事中的有效应对和多辖区协调，采取有针对性的事后补救和完善措施，以实现可持续的海外扩张。

关键词： 中国企业　反垄断　数据保护　法律风险　合规

2018 年以激烈的"中美贸易战"开年，战火已持续一年有余；"中兴禁令"余悸未消，"孟晚舟事件"不免更令人耿耿于怀。"贸易保护主义"成

---

* 邓志松、戴健民，北京大成律师事务所合伙人。

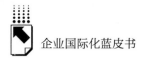

为 2018 年热词，除了频频出怪招的美国特朗普政府之外，欧盟也开始推动专门审查中国投资的立法①，印度以及巴西、阿根廷、智利等南美发展中国家针对"中国制造"发起的各类"双反"调查案②，凡此种种，均显示了地缘政治的风云变幻和监管环境的无常。

纵然面临动荡不安的国际经济政治大环境，但我国企业在"走出去"中逐渐发展壮大，已无法背离全球化的轨道。对于中国企业而言，全球化的布局不仅是自身实力增强的体现，而且为我国经济结构调整、产业转型升级所必需。因此对中国企业而言，与其望洋兴叹，不如选择积极拥抱机遇和挑战。

合规挑战虽然愈加严峻，但只要谨慎应对，中国企业在海外的发展就会平稳顺利。以近期全球热门的法律领域反垄断和数据保护为例，欧美国家监管机构频频对相关企业施以重罚。因此对海外监管趋势和执法重点的了解、对交易充分全面的尽职调查以及事前的各类风险识别，均是企业需关注和了解的。中国企业可以随时关注全球各主要法域的最新动向，梳理监管和合规要求，做好应对预案，从而做到防患于未然。合规风险已然成为中国企业经营中的主要风险，而合规竞争也成为企业全球化过程中须及早适应的新的竞争规则。

一　波诡云谲的全球监管局势

在贸易保护主义抬头的大背景下，中国企业的海外投资仍然呈现上扬趋势。在历经 2017 年的暂时下滑之后，2018 年中国的外贸形势总体复苏，稳中有升③。虽然存在贸易摩擦，但美欧亚仍然备受投资者的青睐④。除此之

---

① 中国国际贸易促进委员会：《欧洲 15 国将立法审查中国投资》，http：//www. ccpit. org/Contents/Channel_ 3673/2018/0522/1006130/content_ 1006130. htm，最后检索时间：2020 年 3 月 26 日。

② 商务部：《应对贸易摩擦动态案件统计》，http：//trb. mofcom. gov. cn/article/cx/，最后检索时间：2020 年 3 月 26 日。

③ 商务部：《中国对外贸易形势报告（2018 年秋季）》。

④ 全球化智库（CCG）：《中国企业全球化报告（2018）》，转引自中国社会科学网，http：//news. cssn. cn/zx/bwyc/201812/t20181203_ 4787501. shtml，最后检索时间：2020 年 3 月 26 日。

外，自 2013 年我国提出"一带一路"倡议以来，沿线国家和地区也将继续给我国企业海外投资提供机遇。从总体趋势上而言，我国的对外投资一方面呈现国企民企齐头并进的新时期特征，另一方面还面临着从基础设施、制造业等传统项目向高新技术、智能制造等领域的重大转变①。

但在高端制造、服务、技术等领域的中国企业"走出去"即将迎来小高潮的同时，全球各个国家或地区的监管环境也在相应地发生变化。一方面是传统的反垄断法在执法技术上的突破和创新，另一方面数据保护相关新法律在各地层出不穷；且两者之间还产生了相辅相成、互相融合的趋势。尤其是随着中国企业向产业链上游的移动，力求获得海外先进技术并抢占中高端消费市场，TMT 行业在海外的并购交易日益活跃，这也意味着对新兴行业的监管不断引领着法律领域的变革。

（一）反垄断和竞争法监管

虽然反垄断法并非新兴的法律领域，但是各国或地区的竞争执法机构近年来频频出招，使得反垄断合规仍然是一个存在于新时期、新产业的老问题。最知名的案例即是谷歌，因其在欧盟连续收到反垄断罚单，罚款总额累计逾 80 亿欧元。谷歌在欧洲作为一家外资互联网巨头，在在线搜索、移动设备 Android 操作系统和在线广告市场均具备较高市场份额，分外惹眼。而欧盟委员会的竞争专员玛格丽特·维斯塔格（Margrethe Vestager）向来以作风强硬著称，除谷歌外，其还曾对诸多非欧洲企业展开调查或处以罚款，其中包括亚马逊、迪士尼、华纳等好莱坞影业公司，华硕、先锋等亚洲电子产品制造公司，以及其他电容器生产商、海运运输商等日韩企业；近期更是剑指苹果公司②。

---

① 全球化智库（CCG）：《中国企业全球化报告（2018）》，转引自中国社会科学网，http：//news. cssn. cn/zx/bwyc/201812/t20181203_ 4787501. shtml，最后检索时间：2020 年 3 月 26 日。

② 环球网：《欧盟将就 Spotify 指控对苹果展开反垄断调查》，https：//www. msn. cn/zh-cn/news/technology/% E6% AC% A7% E7% 9B% 9F% E5% B0% 86% E5% B0% B1spotify% E6% 8C% 87% E6% 8E% A7% E5% AF% B9% E8% 8B% B9% E6% 9E% 9C% E5% B1% 95% E5% BC% 80% E5% 8F% 8D% E5% 9E% 84% E6% 96% AD% E8% B0% 83% E6% 9F% A5/ar-AAAXjLt，最后检索时间：2020 年 3 月 26 日。

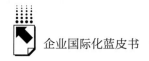
执法机构之间的合作加强也给跨国公司的全球合规带来了全新的难题。例如 2018 年，我国新的反垄断执法机构——国家市场监管总局——成立以后，局长张茅率团访问了欧盟，并与维斯塔格签署竞争领域的合作协议[①]。这意味着反垄断执法领域的合作协调在不同国家之间会继续推进加强，而对企业来说则呈现了风险的多面性。

除传统的反垄断执法活跃地区欧美以外，"一带一路"沿线各国也纷纷加快各自的反垄断立法进程，《俄联邦商品市场竞争与限制垄断活动法》《印度竞争法》《越南竞争法》《土耳其保护竞争法》等一批反垄断法律相继出台。与此同时，"一带一路"沿线国家的反垄断执法力度也不断加大，俄罗斯、新加坡、印度、巴基斯坦等国频频开出高额反垄断罚单，而目标则普遍指向外国投资企业。

（二）个人信息和数据保护监管

近年来，数据安全与隐私保护逐渐成为人们关注的话题。金雅拓公布的《数据泄露水平指数调查报告》显示，在全球范围内，2016 年上半年已曝光的数据泄露事件高达 974 起，数据泄露记录总数超过了 5.54 亿条。对此，世界各主要法域均加快了对该领域法律体系的完善。在欧洲，2016 年 4 月，欧洲议会正式通过了史上最严的《一般数据保护条例》（GDPR），以取代1995 年发布的《欧盟数据保护指令》。GDPR 于 2018 年 5 月刚刚生效，即已在美国的互联网巨头身上小试牛刀[②]。在美国，2017 年 5 月，美国总统特朗普签署名为"增强联邦政府网络与关键性基础设施网络安全"的行政令，并由美国国土安全部负责具体落实。在这些国家，中国企业面临着巨大的数据与隐私保护法律风险。

---

① 市场监管总局：《张茅率团访问欧盟在中欧领导人见证下签署竞争领域合作协议成功举办中欧竞争对话活动》，http://home.saic.gov.cn/xw/zj/201904/t20190410_292706.html，最后检索时间：2020 年 3 月 26 日。

② 《法国对谷歌开出 5000 万欧元罚单》，新华网，http://www.xinhuanet.com/world/2019-01/22/c_1124025321.htm，最后检索时间：2020 年 3 月 26 日。

2019 年 2 月，美国联邦贸易委员会（FTC）宣布，字节跳动旗下 TikTok——抖音国际版——同意支付 570 万美元的和解金，以解决因违反美国《儿童在线隐私保护法案》而被提起的控诉。据悉该调查始于 2016 年，当时调查的对象是音乐短视频 Musical. ly，因其在未经过 13 岁以下用户父母同意的情况下，非法收集其姓名、电子邮件以及其他个人信息。Musical. ly 在 2017 年 11 月被抖音母公司字节跳动收购，并于 2018 年 8 月与抖音国际版 TikTok 合并，继续沿用 TikTok 的名字，因此这一后果不得不由抖音买单①。

2017 年 2 月，乐视旗下子公司、智能电视品牌 Vizio 也遭美国联邦贸易委员会和新泽西州的联合指控，称其智能电视在用户不知情的情况下收集电视用户观看数据，甚至与第三方共享。最终，作为该案和解协议的一部分，Vizio 同意删除 2016 年 3 月 1 日前收集的所有数据，并按照规定执行数据隐私计划，且此后每两年接受一次评估审核，并赔偿 220 万美元②。

再比如，早在 2014 年 7 ~ 8 月，新加坡和台湾地区的消费者分别向当地监管部门投诉小米品牌手机擅自将用户个人资料上传至位于中国大陆的服务器。这一情况引起了新加坡个人资料保护委员会和台湾地区相关监管机构的关注，并对此展开调查。2014 年 8 月 10 日，小米公司发布声明，承认小米手机会在未经用户同意的情况下，自动将用户的电话号码、IMSI（国际移动用户识别码）及 IMEI（国际移动装置识别码）回传到小米位于北京的服务器。小米就此事进行了道歉，并声明将改进产品以保护用户的个人隐私。

（三）反垄断与数据保护的交叉监管

反垄断监管执法越来越多地指向拥有海量数据的互联网巨头，这也意味着古老的反垄断法律不得不接受新型领域的挑战，共享经济模式、对数据的

---

① 《抖音国际版埋单违规收集儿童隐私案，在美付 570 万美元和解》，澎湃新闻，http：//www. sohu. com/a/298367918_ 260616，最后检索时间：2020 年 3 月 26 日。
② 《Vizio 被控违规收集用户数据，罚款 220 万美元》，雷锋网，http：//www. sohu. com/a/125687359_ 114877，最后检索时间：2020 年 3 月 26 日。

处理行为等前沿问题已非传统的反垄断经济分析所能涵盖的，从而导致了反垄断法律和数据保护相关法律的交叉。而部分法域的执法机构已经在此方面做出了率先的尝试。

例如 Facebook 在 2019 年 2 月 7 日被德国联邦卡特尔局处罚，依据为 Facebook 在社交网络市场占据支配地位，进而实施了滥用市场支配地位的行为。该行为包括 Facebook 可以在用户登录其旗下第三方平台的账户后任意获取数据，包括 WhatsApp 和 Instagram 等产品数据，追踪用户访问的网站，并可以将这些数据融合到 Facebook 账户①。该案为典型的反垄断与数据保护之间的竞合或曰交叉监管，所违反的法律为反垄断法，但具体的滥用行为吸纳了欧盟关于数据保护的行为准则。

无独有偶，2019 年 2 月 13 日，外媒报道日本政府计划成立一家新的反垄断监管机构，对 Facebook 和谷歌等大型科技公司进行审查，审查的范围包括竞争行为、保护个人数据。据悉新机构还将起草新的指导方针，以评估合并和收购是否会导致通信数据或个人数据的垄断②。

二 挑战与机遇并存——形影相随的法律风险

严峻的监管形势还体现在日趋上升的法律风险中。对企业而言，轻则交易受搁置，重则承担巨额罚款，甚至因被迫撤资而无法进入特定的海外市场。企业的高管也承受了重大的风险，以"孟晚舟事件"为例，个人承担了企业扩张甚至国家间交锋的沉重后果。尚未"走出去"的企业跃跃欲试，已经"走出去"的企业则如履薄冰。固然不能因噎废食，但在"走出去"之前对海外政府监管的法律风险有充分的认识和了解是所有企业和高管所必须掌握的。

---

① 《德国监管大锤砸向 Facebook　裁定其滥用市场地位搜集信息》，华尔街见闻，https：//wallstreetcn.com/articles/3479106，最后检索时间：2020 年 3 月 26 日。
② 《日本政府计划设新反垄断机构　重点审查谷歌和 FB 等大型科技公司》，腾讯科技，http：//tech.qq.com/a/20190213/009489.htm，最后检索时间：2020 年 3 月 26 日。

（一）高管个人的刑事风险

对于"走出去"的企业而言，高管个人可能面临的刑事责任或许是其最为担忧的后果。如果刑事风险已经触发，那么还可能波及与涉事国家有引渡条约的其他国家。从反垄断法的角度而言，与中国不同的是，许多国家对部分最为严重的垄断违法行为设置了刑事责任，第一个便是美国。比如日本汽车零部件案，我国发改委在 2014 年对涉案的 12 家日本零部件及轴承生产商处以天价罚单，但不为人知的是，该案在此前已在美国发酵，并导致日本高管在美国锒铛入狱。2013 年，因参与美国的汽车零部件价格垄断，日本电装集团的两名日籍高管被判处 15～16 个月的监禁，并交纳两万美元罚金①。

（二）投资受挫

反垄断审查历来是海外并购遇阻甚至搁浅的重要原因，审查往往以竞争性分析为名，实质却可能触及了东道国的经济命脉。比如早年的中集集团收购荷兰博格工业公司案，在欧盟委员会对该交易开展实质审查后，收购方案不得不进行调整，最终以剥离罐箱业务作为条件获得了审查批准②。虽然交易完成，但与最初的收购目标存在差距，只能算是"抱憾"通过。而针对2019 年初欧洲铁路巨头西门子和阿尔斯通的合并计划，法德等国纷纷发声称该交易可以帮助欧洲抵挡来自中国中车的竞争威胁，最终欧盟委员会以阻碍市场竞争为由予以否决③。虽然交易并不直接涉及中国投资方，但以反垄断审查之名行经济力量博弈之实，由此可见一斑。

除反垄断的经营者集中审查风险之外，数据安全也逐渐成为交易被否决的原因。2019 年 3 月，美国外国投资委员会（CFIUS）要求中国手游公司昆

---

① 《日本电装 2 名高管因在美参与垄断被判入狱》，《环球日报》，http：//news. sina. com. cn/ w/2013－05－22/110427194009. shtml，最后检索时间：2020 年 3 月 26 日。

② 《中集集团 4800 万欧元间接控股荷兰博格》，《证券日报》，http：//finance. sina. com. cn/ stock/s/20061208/11423147767. shtml，最后检索时间：2020 年 3 月 26 日。

③ 《欧洲铁路巨头合并计划落空　中国中车暂避劲敌》，每日经济新闻，http：//www. nbd. com. cn/articles/2019－02－07/1298111. html，最后检索时间：2020 年 3 月 26 日。

仑万维出售其全资所有的社交软件 Grindr 的股权。Grindr 是全球最大的性少数群体社交软件，在 2009 年创设于美国，昆仑万维分别于 2016 年和 2018 年购入其股份。CFIUS 对交易的审查向来关注的是国家安全风险，敏感领域早期仅限于基础设施、技术限制等，而现在扩大至敏感的个人数据交易，此次交易被否定也源于数据安全方面的担忧。[①] CFIUS 以个人信息安全为由要求撤资这并非个案，中国企业在医药健康领域的对美投资也因此受挫。[②]

（三）交易被迫延迟

即使交易最终未被阻挠，时间上无谓的延迟也可能对交易方产生很大的影响。这就要求企业在交易的最初阶段即将各国政府的审查时间和范围予以考量，将交易合规的准备纳入预期。比如中国化工集团收购瑞士农化种业巨头先正达公司交易，原本预计在 2016 年底前完成，但由于各国审批的原因数次延后收购要约期限，涉及的司法管辖区将近 20 个，最终得以于 2017 年中完成了交割[③]。

（四）冗长的民事诉讼和巨额赔偿

合规不力的代价还包括漫长的民事诉讼，而结果往往是巨额的经济赔偿。以美国反垄断领域知名的维生素 C 案为例，2005 年 1 月，我国河北维尔康制药有限公司（"维尔康"）、华北制药集团有限责任公司（"华北制药"）、江苏江山制药有限公司、东北制药集团有限责任公司和石家庄制药集团维生药业有限公司等五家中国维素 C 生产企业因共同协商减少对美出口维生素 C 产品而被美国企业诉至当地法院。2013 年，美国纽约东区布鲁

---

① 《社交软件危及国家安全？消息称美国政府要求昆仑万维出售 Grindr》，《21 世纪经济报道》，https://m.21jingji.com/article/20190327/herald/691a0df26316002918ef81d8e5c2a929.html，最后检索时间：2020 年 3 月 26 日。

② 中国国际贸易促进委员会：《CFIUS 施压一中企退出在美投资引发担忧》，http://www.ccpit.org/Contents/Channel_3673/2019/0415/1153460/content_1153460.htm，最后检索时间：2020 年 3 月 26 日。

③ 《反垄断审查获美欧通过 中国化工收购先正达取得关键进展》，《经济日报》，http://www.ce.cn/cysc/ny/gdxw/201704/07/t20170407_21779540.shtml，最后检索时间：2020 年 3 月 26 日。

克林联邦地方法院判决维尔康和华北制药败诉，并由其承担约 1.62 亿美元的赔偿。而另外三家涉案中企则与原告达成庭外和解，并支付了共计 3300 万美元的和解费用。维尔康在坚持上诉后，该案历经美国第二巡回上诉法院、美国最高院审判，最终于 2018 年 6 月尘埃落定，仍然以失败告终，历时逾十年。抛开法院判决的赔偿金或和解金不论，单单该十余年间所耗费的法律诉讼费用和精力，教训不可谓不惨痛。

随着个人隐私方面的法律完善和意识提高，因数据保护不力而遭起诉的事件也频频发生。2018 年 11 月，万豪国际酒店旗下的喜达屋酒店（Starwood Hotel）顾客预订数据库被黑客入侵，可能有约 5 亿名顾客的个人信息遭泄露。12 月初，随即有律师在美国对万豪国际酒店提起集体诉讼，索赔金额高达 125 亿美元①。

（五）经营模式的适应

对于一些新兴的共享经济互联网产品而言，除了经济上的罚款或赔偿责任之外，对其运营模式所产生的挑战才是最为艰巨的。比如 2018 年底，德国的数据保护监管机构表示将调查摩拜单车的数据和隐私保护政策，理由是其行为违反欧盟的数据保护法。作为一个共享单车平台，摩拜通过用户使用这些服务所需的手机应用收集了大量数据，其中包括用户准确的位置数据②。对于类似摩拜的非欧洲服务提供商来说，GDPR 带来了额外的挑战，因为其限制将数据传输至欧盟之外地区，这方面的合规将可能改变摩拜对其用户数据的管理方法，从而影响其经营模式。

三　企业如何从容驾驭合规挑战

这些层出不穷的案例证明，在全球愈加严格的监管执法环境下，我国企

---

① 《万豪酒店因数据库泄露遭集体诉讼　被索赔 125 亿美元》，新浪科技，https：//tech. sina. com. cn/i/2018 - 12 -03/doc-ihprknvs8439051. shtml，最后检索时间：2020 年 3 月 26 日。
② 中国国际贸易促进委员会：《德国数据监管机构将调查摩拜是否违反欧盟数据保护法》，http：//www. ccpit. org/Contents/Channel_ 3673/2018/1220/1103590/content_ 1103590. htm，最后检索时间：2020 年 3 月 26 日。

业的"走出去"之路注定不会是一条坦途。但是面对风险并非无计可施，企业可以通过各种预防手段迎接挑战，从而抓住海外的投资机遇。一方面，对于可能引发境外调查的合规风险，企业可以进行源头管控；另一方面，如因各种原因而陷入境外政府调查的企业，仍然可以通过专业的律师团队和系统性的应对方案来减少"创面"。

（一）事前防范：风险识别和多元管控

对海外监管趋势和执法重点的了解是进行有效合规的前提基础。企业在进行海外投资前，须做好充分全面有针对性的尽职调查，尽力在事前识别各类风险，厘清监管和合规的具体要求，做出应对预案。与此同时，企业还需要随时对全球各主要法域的最新立法进展和相关监管执法动向保持关注，并将其作为商业决策的重要参考依据。

在做好风险识别的基础上，中国企业还需要建立全球性的合规体系。当前，随着对合规工作重要性的认识不断提高，许多中国企业已经初步建立以国内法律规定为基础的合规体系。但显然，针对"走出去"过程中将要面对的新问题、新挑战，现有的合规内容是远远不够的。为了适应所在国的执法环境，减少遭到当地政府调查的风险，相关的合规体系必须符合当地的实际情况。但如果企业每到一处都制定一套独立的合规计划，显然既不经济也无必要。因此，那些国际性大律师事务所以及与境外律师事务所有密切合作关系的律师，可以为"走出去"的中国企业建立一套同时满足国内和国外主要司法辖区执法环境的合规体系。这将使企业能够在控制合规成本的基础上，自上而下对海外的分支机构进行统一的合规管理。

（二）事中应对：如何配合调查和进行多辖区协调

完善的合规体制不仅有助于防范风险，还能够在企业"百密一疏"而陷入调查时帮助其进行有效应对，既获取执法机构的信任，也做出有效的抗辩，争取最为理想的结果。典型的配合政府调查包括应对小组的设立、文件如何处理、内部自查、员工访谈、律师特权等主要方面，首要的应对决策包括是否自首、和解或提交承诺等制度，还需要针对不同法域的程序特点、执法权限进行专门的调整。

除了积极有效地应对个别外国政府的调查，企业还需要考虑如何应对全球多个司法管辖区同时或先后展开的调查。此类调查案件屡见不鲜，以反垄断法域为例，陆续有液晶面板案、汽车零部件案、滚装航运案受到各国反垄断执法机构的调查。协调多个司法管辖区并非易事，除实体和程序法律制度各异外，不同的语言文化和思维方式使得各地区之间的沟通交流存在隔阂。因此，在不同国家的陌生环境中，如何及时寻找到专业能力匹配、服务质量上乘，以及更为准确地理解中国企业的诉求的律师，是需要考虑的重要因素。

（三）事后总结：合规体系的调整和完善

如果在具体事件应对过程中发现问题，及时总结经验教训，并相应地进行调整，可以更好地完善合规体系。以农业银行反洗钱案为例，早在2014年9月，农行纽约分行时任首席合规官就发现了一系列可疑的美元交易，且首席合规官与监管部门进行了联系，并获得其建议。但在合规部门将风险汇报给农行纽约分行的管理层后，后者并未对此加以足够的重视，且没有遵守监管机构的相关建议。最终，农行于2016年受纽约州金融服务局处罚，导致了2.15亿美元的高额和解金[①]。这是一个没有及时吸收经验的典型反面教材。

随着越来越多的中国企业"走出去"，活跃于全球的商业舞台，政府调查风险也必将日益陡增。特别是随着中国企业在欧盟和美国投资的增加，相关监管部门对中国企业的关注度也急剧提高。而境外的政府调查往往启动突然，程序繁冗，耗时耗力，罚款金额也异常巨大，这会对企业运营造成极大的负面影响。因此，中国企业必须充分学习和深刻理解全球政府调查的发展趋势和实际操作，加强事先的合规和内控，做好事中的有效应对措施，以及采取有针对性的事后补救和完善措施，从而达到可持续的海外扩张。

---

① 尹云霞、赵何璇、周梦媛：《从北京的天际线看中国企业海外违规原因》，http：//www.360doc.com/content/17/1214/19/22551567_713108568.shtml，最后检索时间：2020年3月26日。

B.11
中国境内国际产业合作园建设的
经验与启示[*]

——以浙江省为例

孙志娜[**]

摘　要： 国际产业合作园作为当前中国各省份促进当地经济发展的新增长极以及产业转型升级的重要载体，近年来呈现快速的发展趋势。本文以浙江省的实践为例，分析了该地区国际产业合作园建设的进展及呈现的特点，并以中荷（嘉善）产业合作园为例，研究其成功运作的影响因素，在此基础上提炼出浙江省国际产业合作园建设的四点经验，即明确园区的主攻方向、出台精准的政策措施、改变传统的招商模式以及培育高端转移人才。

关键词： 中国　国际产业合作园　浙江

国际产业合作园区是指以特定国家的产业转移趋势和投资意向为基础建设的专门园区，通过两国政府、园区、企业三层次的合作，在区内实现两国

---

　* 本文系浙江省软科学研究计划项目"浙江省制造业出口产品国内技术含量的升级路径研究"（批准号：2019C35081）的阶段性研究成果。

** 孙志娜，浙江师范大学中非国际商学院讲师，经济学博士，主要研究方向：国际贸易理论与政策。

间产能分工合作和高端项目集聚①。于 1994 年建立的苏州新加坡工业园，是改革开放后国内第一个规模化的国际产业合作园，经过 20 多年的发展，该园区的产业发展水平与 GDP 增长居国内前列，成为长三角地区的产业发展高地和经济增长极，被誉为"中国改革开放的重要窗口"和"国际合作的成功范例"。近年来，广东、江苏、浙江、安徽、山东、辽宁、陕西等地掀起了国际产业合作园区建设的高潮，并将其作为促进当地经济发展的新增长极以及产业转型升级的重要载体。本文以浙江的实践经验为例，分析国际合作产业园区建设的进展及呈现的特点，为其他正在或计划开展国际产业合作园区建设的省份提供借鉴。

一　浙江省国际产业合作园建设的现实背景

第一，传统开发区模式亟待改革和创新。开发区建设是中国改革开放的成功实践，对促进体制改革、改善投资环境、引导产业集聚、发展开放型经济发挥了不可替代的作用，已成为推动我国工业化、城镇化快速发展和对外开放的重要平台②。然而，现阶段包括浙江在内的各地开发区正面临着优惠政策作用弱化、土地空间制约发展、管理体制不统一、低水平重复建设、恶性竞争等发展瓶颈③。为了落实国务院办公厅印发的《关于促进开发区改革和创新发展的若干意见》，2018 年浙江省政府办公厅印发《全面优化开发区建设促进开发区深化改革扩大开放和创新发展的实施意见》，提出大力建设国际产业合作园，以"国际合作"和"产业发展"为主攻方向，在要素创新、模式创新、机制创新、资源优化、产业转型等方面进行一系列积极的探

---

① 《中共浙江省委党校年春季进修一班课题组，建设国际产业合作园　促进浙江经济转型升级》，《党政视野》2016 年第 8 期，第 13～17 页。

② 国务院办公厅印发《关于促进开发区改革和创新发展的若干意见》，中华人民共和国人民政府网站，http://www.gov.cn/zhengce/content/2017－02/06/content_5165788.htm，最后检索时间：2020 年 3 月 26 日。

③ 陈家莹：《全国开发区迎来"二次创业"浙江这支团队有点牛》，浙江在线，8 月 30 日，https://fin.zjol.com.cn/201808/t20180830_8147957.shtml，最后检索时间：2020 年 3 月 26 日。

索，有效破解传统开发区模式遭遇的瓶颈①。

第二，传统产业发展模式亟待转型和升级。改革开放以来，浙江一直重视以地方民营经济为主的内源式发展，形成了具有浙江特色、以民营企业为主体、以劳动密集型制造业为基础的地方产业集群②。然而，这种产业结构的特点之一是升级困难。为了加快产业升级，浙江近年来致力于将以劳动密集型制造业为主体的地方产业集群提升为技术密集型为主体的现代产业集群。国际经验表明，产业升级需要大量高端的产业、人力、技术、产品、品牌和市场等资源，这需要加快对外开放步伐，吸引发达国家更多的高端资源，实现内源发展与外源发展相结合的双轮驱动战略。当前，发达国家掀起的新一轮国际产业转移趋势明显，将国际产业合作园作为平台精准吸纳和集聚这些国家相关优势产业，可以为浙江乃至中国在国际产业链、价值链分工中取得有利地位打下坚实的基础，促进传统产业快速实现转型和升级。

二 浙江省国际产业合作园建设的发展现状

为贯彻落实国务院、省政府关于开放创新、扩大对外开放的一系列要求，浙江省从 2014 年开始致力于培育一批国际产业合作园，并在 2016～2019 年将打造国际产业合作园明确列入政府工作目标。自 2015 年启动建设以来，浙江省国际产业合作园 "以开放为旗帜、以产业为基础、以创新为核心、以质量为根本"，根据自身发展基础，找准目标国家和合作产业，实施精准招商、精准合作，队伍迅速壮大③。截至 2019 年未，全省共创建了 19 家国际产业合作园，初步形成了以中意宁波生态园和中澳（舟山）产业合作园 2 个国家级国际产业园为引领、17 个省级国际产业园为支撑、若干

---

① 张钱江：《加强创新能力开放合作 加快建设国际产业合作园》，《政策瞭望》2018 年第 2 期，第 18～20 页。

② 傅允生：《以中外合作产业园建设推动浙江产业升级》，《浙江经济》2014 年第 4 期，第 34～35 页。

③ 张钱江：《加强创新能力开放合作 加快建设国际产业合作园》，《政策瞭望》2018 年第 2 期，第 18～20 页。

个在创建的国际产业园为补充的"2 + 17 + N"发展格局（见表1）。整体来看，浙江省主要围绕五个方面的工作开展国际合作产业园的建设。

一是寻求合作对象。自2014年以来，浙江省多个市区积极启动了国际合作产业园的创建工作。在省商务厅和当地政府的支持下，各开发区积极开拓与特定国家的合作渠道，通过政府、商会、领馆、协会及中介等建立了全方位的合作网络，明确合作国家，开展合作。

二是认定省级园区。2015年，浙江省商务厅和财政厅正式发布了《关于创建国际产业合作园的通知》，标志着浙江国际产业合作园的建设进入新阶段。该通知要求将评审出一批建设基础扎实、发展势头强劲的园区，并完成国际产业合作园的创建。自2005年到2017年，浙江省政府先后认定了三批省级国际产业合作园，共计19家。

三是举办推介活动。自2014年以来，各省市级相关政府部门在国内外对国际产业合作园举办了一系列的推介活动，为园区的国际项目合作创造平台和渠道。比如，温州先后举办了"2015年中韩产业合作（温州）峰会""2015年温州韩国产业园上海推介会""2018年中意（温州）国际产业合作园都灵推介会"等；同时，充分发挥媒体宣传作用，在各类媒体陆续推出国际产业合作园的专题报道。

四是出台指导意见。2018年底，浙江省商务厅印发了《关于加快国际产业合作园发展的指导意见》，从总体要求、平台建设、合作模式、产业项目、保障措施等5个方面对国际产业合作园建设发展提出了具体要求，旨在进一步提升国际产业合作园对促进浙江开放型经济高质量发展的引领作用。根据该意见，经过3~5年的努力，全省要建设20~30家开放程度高、产业结构层次高、研发创新功能强、国际交流渠道畅、综合服务效率好的国际产业合作园[①]。

五是评价建设成效。2019年初，浙江省商务厅制定《浙江省国际产业合作园考核评价暂行办法》，构建一个国际产业合作园考核评价指标体系，

---

① 《我省出台指导意见加快推进国际产业合作园建设发展》，浙江省商务厅网站，http：//www. zcom. gov. cn/art/2019/1/3/art_ 1391134_ 29138084. html，最后检索时间：2020年3月26日。

从国际合作、利用外资、经济规模、运营管理、加分因素等五个方面共 19 项指标对认定的国际产业合作园进行考核评价,科学地反映各国际产业合作园发展状况和态势,考核评价结果将作为对国际产业合作园实施资源要素差别化配置的重要依据。

表1　浙江省认定的三批国际产业合作园

	园区名称	所属开发区	核心产业	合作国家
第一批 (2015年)	新加坡杭州科技园(杭州)	杭州经济技术开发区	软件研发、生物制药、工业设计	新加坡
	浙江中瑞(萧山)产业合作园	萧山经济技术开发区	—	瑞士
	宁波北欧工业园(宁波)	镇海经济开发区		北欧
	中意宁波生态园(宁波)	余姚经济开发区	新材料及新能源汽车、节能环保、生命健康、通用航空	意大利
	温州韩国产业园(温州)	温州经济技术开发区	汽车、电子信息和高端装备产业	韩国
	浙江中德(长兴)产业合作园	长兴经济技术开发区	新能源汽车及关键零部件、智能装备制造、大健康产业和生产性服务业	德国
	浙江中德(嘉兴)产业合作园	嘉兴经济技术开发区	高端(精密)机械设备、汽车关键零部件、电子信息产品等制造业;科技研发、工业设计、科技检测等科技服务业	德国
	浙江中荷(嘉善)产业合作园	嘉善经济技术开发区	—	荷兰
	浙江中日(平湖)产业合作园	平湖经济技术开发区	光机电和生物技术产业	日本
	浙江中法(海盐)产业合作园	海盐经济开发区	高端装备制造、汽车零配件、电子信息	法国
	浙江中韩(衢州)产业合作园	衢州经济技术开发区	化工化纤、膜材料、电子信息、新能源汽车、现代服务业、食品饮料等产业	韩国

续表

	园区名称	所属开发区	核心产业	合作国家
2016 年 第二批	浙江中丹（上虞）产业合作园	上虞经济技术开发区	绿色产业	丹麦
	浙江中澳（舟山）产业合作园	—	农业	澳大利亚
	浙江中德（台州）产业合作园	台州湾循环经济产业集聚区	汽车关键零部件、高端精密机械设备、航空航天及工业服务	德国
	浙江中捷（浦江）产业合作园	浦江经济开发区	水晶产业	捷克
2017 年 第三批	浙江中以（余杭）产业合作园	余杭经济技术开发区	生物医药产业	以色列
	浙江中捷（宁波）产业合作园	慈溪滨海经济开发区	先进制造业、生产性服务业和生活商贸业	捷克
	浙江中韩（吴兴）产业合作园	—	化妆品产业	韩国
	浙江中美（湖州）产业合作园	湖州经济技术开发区	生物医药产业、新能源汽车产业	美国

注："—"代表没有找到相应的信息。
资料来源：浙江省商务厅及笔者整理。

三 浙江省国际产业合作园建设呈现的特征

第一，合作国家精准化。在 19 家国际产业合作园中，合作伙伴偏向欧亚国家，其中 12 家来自欧洲，5 家来自亚洲，1 家来自美国，1 家来自澳大利亚。而欧洲又以德国为主，3 家产业园开展了与德国的合作。这种格局反映了国际产业合作园根据自身发展基础，找准目标国家和合作产业，实施精准招商和精准合作的特点。比如，浦江和捷克均以水晶产业著称、余杭和以色列在健康医疗产业均具有优势，吴兴与韩国在美妆行业均具特色，这种中外合作模式能够实现强强联合、优势互补、资源共享、合作共赢。

第二，管理模式市场化。国际产业合作园的管理模式以企业投资开发型为主，政府主导型为辅。前者多以"园中园"的形式存在，能有效利用开发区现有资源，节省建设成本、缩短建设周期、加快建设进程；后者由专门成立的园区管委会来管理，发挥政府职能。中澳现代产业园（舟山）正在探索一种全新的管理模式，它是浙江省首个政府参股、企业为主、市场化运作的国际产业合作园。

第三，合作业态多样化。国际产业合作园的业态正从以第二产业为主向第二、第三产业联动发展，同时也兼顾了第一产业的高端发展。比如平湖的日本产业园，在重点打造光机电和生物技术两大新型产业群的同时，还通过建立樱花小镇全面营造国际合作氛围；嘉兴的中德产业园，不仅大力打造高端制造业，还培育和发展科技服务业；舟山的中澳产业园是浙江首个以农产品为切入点的国际产业合作园，规划打造高端动物蛋白、粮油、水产品进境加工园区。

第四，合作效果深度化。截至2018年底，19家国际产业合作园已成功引进合作国家项目880多个、投资总额超过90.8亿美元①，促使高质量外资项目在省内加快集聚。比如，杭州、宁波和嘉兴等区位优势明显的地区通过国际产业合作园引进了德国蒂森克虏伯、日本电产、荷兰锂能沃克斯等重大外资项目，衢州和长兴等地理优势欠佳的地区也通过国际产业合作园吸引了韩国晓星、LG、普锐特、AIM等外资项目入驻。在引进产业项目的同时，各国际产业合作园与合作国家创新能力合作也取得了积极进展。比如，新加坡杭州科技园成功引进了奥克兰大学中国创新研究院、帝国理工先进技术研究院等高新技术研发类项目。

四　浙江省国际产业合作园典型案例——浙江中荷（嘉善）产业合作园

浙江中荷（嘉善）产业合作园位于浙江省嘉兴市嘉善县，该地区地处

---

① 《高水平建设国际产业合作园》，浙江在线，http://zjnews.zjol.com.cn/zjnews/201901/t20190104_9151921.shtml，最后检索时间：2020年3月26日。

长三角城市群核心区域，是浙江省接轨上海第一站，也是全国首个且唯一的县域科学发展示范点。中荷（嘉善）产业合作园是 2015 年经浙江政府批准的首批省级国际产业合作园之一，也是目前浙江省内唯一与荷兰进行国际合作的园区。自 2016 年中荷（嘉善）产业合作园正式运作三年来，园区共引进 21 个项目，总投资达到 250 亿元，其中 7 个项目来自荷兰，来自欧洲的产业投资达到总投资的 1/3 左右①，吸引了阿克苏诺贝尔、喜力酿酒、锂能沃克斯、韦斯特兰绿港等荷兰重量级企业的入驻。2018 年，该园区在浙江省开放大会上被授予"2017 年度对外合作十佳单位"称号。中荷（嘉善）产业合作园的成功运作得益于以下几个因素。

一是始终注重荷兰元素的理念。"荷兰元素、荷兰理念、荷兰技术、荷资比重"是中荷产业园一致倡导的理念，并充分体现在园区的建设模式和风格上。园区以荷兰喜力啤酒为龙头、以荷兰中小企业入驻为带动，引进荷兰的先进技术及管理方法。同时，利用当地原有的湿地风貌，打造荷兰文化风情区，结合荷兰特色建设中国首个星堡湿地公园，引进中荷国家馆、啤酒文化体验馆、中荷艺术馆等项目，建立具有荷兰风情的艺术酒店、会议中心、"郁金香—风车公园"和荷兰特色农业展示基地，提供良好的配套设施。

二是初步形成"3 + 1"的总体规划。园区分三期开发，一期共 1300 亩，由工业智造区、创新设计研发区、工业旅游贸易区、荷兰文化风情区等四个板块组成，吸引以荷兰为主的欧美中小企业和高端人才入驻；二期约 3000 亩，由工业智造和国际贸易等模块组成，为更多的荷兰优势产业项目提供发展用地；三期约 6000 亩，为现代农业科技园，重点引进荷兰及世界先进科技农业项目和技术；此外，园区还建设包括总面积约 4100 亩毗邻上海的"上海之窗·枫南小镇"配套项目。未来，中荷园区将建设成工业、"三产"、文化和谐发展的综合性园区。

三是构建全方位的对外合作网络。园区已经与荷兰的政府、商会、领馆

---

① 《浙江中荷（嘉善）产业合作园签下重量级荷兰项目》，浙江一带一路网，http：//www.zjydyl. gov. cn/text/ywzx/gngj/201810/301437. html，最后检索时间：2020 年 3 月 26 日。

及协会开展全面的合作。在 2016 年中欧城镇化伙伴关系论坛上，在中荷两国领导人见证下，嘉善经济技术开发区与荷兰国家环保和清洁科技委员会签订了合作备忘录，共同推进中荷国际产业园的建设。2017 年，中荷园驻荷兰办事处正式挂牌运营，将项目招商直接安排在荷兰进行。同年，嘉善县与荷兰坎贝拉市缔结为友好城市，嘉善经济技术开发区和荷兰坎贝拉里维埃姆工业园签约成为友好园区，坎贝拉驻中国办事处落户中荷园。此外，中荷园还与国内外荷兰机构保持着良好的关系，这些机构包括荷兰驻上海总领事馆、荷比卢工商协会、鹿特丹驻上海办事处等，双方保持信息互通有无，为园区提供便利化服务①。

五 浙江省国际产业合作园建设的启示

第一，明确园区的主攻方向。国际产业合作园承担着促进传统开发区开放和创新发展以及当地产业转型升级的职能。因此，在产业项目选择上，要支持各地立足本土产业基础，聚焦国际前沿技术、新兴业态、高端装备和先进制造，积极引入行业隐形冠军企业和优质跨国公司，充分发挥这些龙头企业在园区的主体作用和带动效应，争取引入一批能带动产业结构升级、引发产业发展裂变的高质量产业项目。坚决杜绝引入低附加值、高耗能、高污染的产业项目；在合作国家选择上，要重点选择先进发达国家和"一带一路"沿线国家，突出合作国家特色，汇聚合作国家元素，努力达到"一园一风格"的要求，推进园区软硬件设施的建设，形成园区各自的特色文化，避免重复建设和恶性竞争。

第二，出台精准的政策措施。为了使国际产业合作园成为国际化和深化开放的高地，需要发挥政策和资源的叠加效应。首先，促进园区各项政策与国际规则接轨，积极推进贸易便利化和投资便利化改革，使园区争取成为落

---

① 《2017 年国家级经济技术开发区发展案例集之十八：浙江中荷（嘉善）产业合作园》，商务部，http://ezone.mofcom.gov.cn/article/zt_cxfz/column02/201810/20181002795330.shtml，最后检索时间：2020 年 3 月 26 日。

实两国自贸协定或经贸合作机制的重要平台；其次，在园区复制和推广自贸试验区试点经验以及浙江省"最多跑一次"的改革实践，努力营造法治化和便利化的国际营商环境；再次，推动外资外贸、跨境电商和服务贸易等政策资源向园区集聚；最后，采取有效的土地供给方式和财政奖励措施，助力国际产业合作园建设和发展。

第三，改变传统的招商模式。国际产业合作园应摒弃过去在国内等待外商产业转移的做法，将招商主战场从国内前移至对方国家，主动与意向国的政府、商会、领馆及协会接洽和商谈，及时获得有转移和投资意向企业的信息和资料，并根据企业需求商定有效的合作模式，尽快形成深度信息网络、探索产业创新合作的机会。也可以在意向国设立园区办事处或经贸综合服务站，委托其围绕园区重点发展产业需求，提供境外相关产业发展和优势企业等方面信息，为园区和意向国重点招商目标企业牵线搭桥。同时，园区可成立招商专项组，在国内外负责召开与合作国有关的招商活动和推介会。

第四，培育高端专业人才队伍。高端产业的发展需要高端人力资源的支撑，这也是限制国际产业合作园发展的主要因素之一。为了突破人才瓶颈，园区可以针对不同的人才需求采取相应的措施。针对国内外紧缺的高端管理和技术人才，加快研究和制定本地区的高层次人才引进计划，积极营造支持和爱护高层次人才的工作生活环境；针对高端产业工人，可依托地方学院、职业技术学院、科技职业学院等，结合集聚区职业教育大学城的建设，引进海外教育投资合作机构，培育一批高素质的本土产业工人，为企业提供产业人才支撑。

B.12
日本投资与合作机会

金京浩*

摘　要： 本文从企业数量、直接投资流量、直接投资存量、部分投资
企业名单等方面梳理了中国企业赴日投资概况，并着重介绍
了日本作为投资目的地的魅力以及日本的地方蕴藏着的商机。
本文末尾提醒读者关注创新领域的中日合作机会。本文建议
中国企业应该更多地关注日本的地方，因为成立时间超过
100年的企业，多数分布在日本各地方；全球细分领域100家
领军企业当中的多数企业也分布在日本的地方，而且日本各
个地方近年来都在积极吸引外资，为外资企业提供多项补助
金和细致的服务，以便解决各地面临的劳动力减少、效率不
高等社会问题，这对于具有一定技术和先进商业模式、雄厚的
资金和销售渠道的中国企业来说，无疑是难得的商机。

关键词： 赴日投资　 "走出去"　 日本贸易振兴机构　 日本地方
创新领域

在中国经济总量超过10万亿美元大关，4万多家中国企业在海外拓展
业务，错综复杂的国际、国内形势下中国企业转型升级方面需求迫切等综

---

* 金京浩：日本贸易振兴机构（JETRO）北京代表处投资总监，目前主要负责中国创新型企业
赴日投资相关咨询、中日商务对接等，曾在中国国内的日系合资企业（食品制造、咨询）以
及日本的商贸公司等工作。

合因素的作用之下，越来越多的中国企业把目光转向日本这个既熟悉又陌生的邻国。最明显的表现是各种考察团、游学团访问日本的次数超出以往任何时代。

在以往有关日本的研究资料当中，涉及中国企业赴日投资的并不多。中国商务部《对外投资合作国别（地区）指南》（日本）、《中国对外投资发展报告》、《对外直接投资统计公报》，和中日两国律师事务所、会计师事务所相继出版的赴日投资有关图书，以及中国驻日使馆经济商务处网站、日本驻华使馆和日本贸易振兴机构（JETRO）等日本官方网站，可以说是有意向赴日投资的中国企业获得信息的重要渠道。然而，相比于中国国内大量的日本投资合作需求，这些资料和信息明显不足以消除中日之间的"信息不对称"。

笔者根据中日文公开资料和过去几年来协助中国企业赴日投资的经验，尝试对中国企业赴日投资有关情况做一次粗略的梳理。由于篇幅和笔者的能力有限，本文仅抛砖引玉，希望以此来推动更多人关注和研究中国企业在日本的投资合作机会。

一　中国企业在日本注册了多少家公司

根据中国商务部《中国对外投资发展报告》（2018），2017 年末，中国企业共在全球 189 个国家（地区）设立对外直接投资企业 3.92 万家，遍布全球 80%以上的国家（地区）。其中，中国在亚洲设立的境外企业数量最多，超过 2.2 万家，占投资境外企业总数的 56%（见图 1）。

其中，有多少是在日本设立的企业呢？目前，由于商务部对外投资备案系统公开的数据不完整，无法准确获知赴日投资备案数量。笔者查询到1354 家备案数据（以在日本的机构名称为准），但实际备案数和在日本的中国企业数量肯定超过这个数字。

从直接投资流量看，2017 年，中国流向亚洲地区约 1100.4 亿美元（见图 2），占当年对外直接投资流量的 69.5%。

这些直接投资主要流向中国香港、新加坡、哈萨克斯坦、马来西亚、印

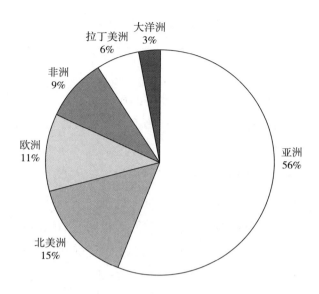

图1　中国企业在全球设立的境外企业地区分布

资料来源：商务部、国家统计局、国家外汇管理局《2017年度中国对外直接投资统计公报》。

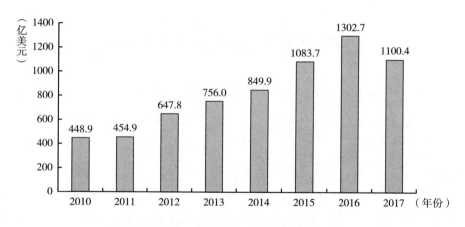

图2　2010～2017年中国对亚洲直接投资流量

资料来源：商务部、国家统计局、国家外汇管理局《2017年度中国对外直接投资统计公报》。

度尼西亚、老挝、泰国、越南、柬埔寨、巴基斯坦、阿拉伯联合酋长国、韩国、塞浦路斯、日本、缅甸、印度等（见图3）。

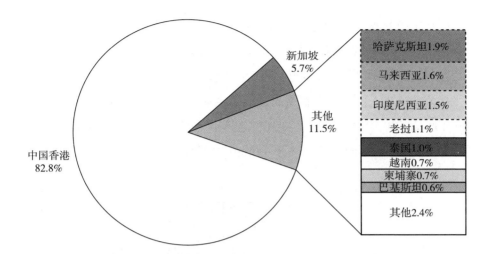

图3　2017年中国对亚洲直接投资流量国别和地区分布

资料来源：商务部、国家统计局、国家外汇管理局《2017年度中国对外直接投资统计公报》。

而根据日本财务省统计，2017年流向日本的直接投资流量为2.1179万亿日元（1美元按112.19日元换算，下同），其中，中国1080亿日元，居第8位（新加坡3847亿日元、韩国1094亿日元）。

从投资存量看，截至2017年末，中国在亚洲地区的投资存量为11393.2亿美元，占中国对外直接投资存量的63%，亚洲地区是迄今中国对外直接投资存量最多的目标市场。其中，在日本的直接投资存量为31.97亿美元，占中国在发达国家（地区）对外直接投资存量的1.4%（见表1）。

表1　2017年末中国在发达国家（地区）直接投资存量情况

单位：亿美元,%

国家、经济体名称	存量	比重	国家、经济体名称	存量	比重
欧　　盟	860.15	37.5	以色列	41.49	1.8
美　　国	673.81	29.4	日　　本	31.97	1.4
澳大利亚	361.75	15.8	新西兰	24.92	1.1
加拿大	109.37	4.8	挪　　威	20.83	0.9
百　　慕大	85.88	3.8	合　　计	2291.29	100.0
瑞　　士	81.12	3.5			

而日本贸易振兴机构（JETRO）官网的公开材料显示，截至2017年底，来自中国的对日直接投资存量达到2866亿日元（2016年底还低于2000亿日元），仅占外国企业在日本直接投资存量28.5545万亿日元的约1%。

从该机构的公开资料也看得出，中国企业的赴日投资存量（余额）尽管2016年底是2010年的5倍以上，但在日本整体外商投资当中的比重还很小（不到1%）（见图4），与日本对华投资存量相比仅仅是其1/30的规模（见图5）。

中国内地的对日投资存量

对日直接投资存量排名（2016年底）

排名	国/地区	余额（亿日元）	占比（%）
1	美国	70101	25.18
2	荷兰	38002	13.65
3	法国	33511	12.04
4	英国	22623	8.13
5	新加坡	22104	7.94
6	瑞士	12944	4.65
7	开曼群岛	11993	4.31
8	中国香港	10992	3.95
9	卢森堡	8679	3.12
10	德国	8499	3.05
⋮	⋮	⋮	⋮
16	中国大陆	1938	0.70

图4　中国内地企业对日投资存量（余额）的变化

由于中国企业通过第三国、地区（英属维尔京群岛、开曼群岛、中国香港等）的投资较多，此外，考虑到未在中国商务部门备案，或者以个人名义在日本投资的情形，以上统计数字仅供参考。要了解中国企业对日投资的全貌，还需要同步观察具体的投资案例。

二　哪些中国企业在日本成立了公司

笔者平时被中国企业问得比较多的就是这个问题：哪些中国企业已经在日本落地了？它们投资的是哪些领域？

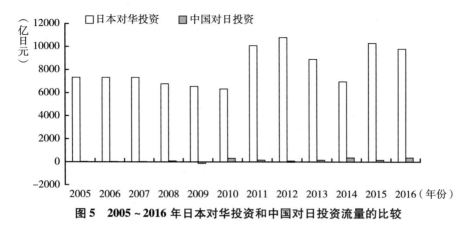

图5 2005～2016年日本对华投资和中国对日投资流量的比较

资料来源：日本经济产业省网站。

日本贸易振兴机构（JETRO）作为日本（经济产业省）促进双向贸易和投资的政府机构，至今为止协助过几千家中国企业赴日投资，该机构的公开资料（包括官网）显示，它协助赴日投资的中国企业包括携程、京东、唯品会、网易环球购（考拉海购）、阿里巴巴、春秋航空、吉祥航空、海南航空、四川航空、同程国旅、长城汽车、恒瑞制药、隆力奇、新浪动漫、蜗牛游戏、盛大网络、喜马拉雅FM、顺丰快递、银联商务、宁波方太厨具、众趣科技、创客工场科技、推想科技、图森未来、苏州穿山甲机器人、大连华信、常州浩达科技、合肥国轩高科动力能源、养生堂、大连路飞光电科技、凯中精密技术、京仪自动化装备、杭州大热贸易、长春长光辰芯光电、苏州畅途网络、无锡凯思轩达、海信融汇金融信息服务、行乐杂志、大连恒立国际贸易、江苏爱康科技、新纶科技、宿迁百宝信息科技、宁波金铜铜业、MJStyle、南海海星电子、上海旭和环境设备、新疆众和、苏州天脉导热科技、宁德时代新能源、爸爸的选择、浙江海华药业、天合光能、义乌小商品城，等等。

这些企业在日本的业务领域涵盖旅游、航空、电商、汽车、制药、动漫、游戏、内容分享、快递、支付、厨具、3D－VR、AI、无人驾驶、机器人、软件、能源、精密仪器、光电、通信、金融服务、旅游刊物、电子、环境设备、纸尿布、商品城等。

这些中国企业成立日本公司的目的大致包括以下几个方面：获取稳定的

采购渠道；加强客户关系以扩大在日本的销量；加强售后服务和物流服务；扩大高端产品的研发；在日本生产或 OEM 生产，以"Made in Japan"增加产品的附加价值；与日本公司联合创新；等等（见图6）。

唯品会日本有限公司（中国）	电子商务
"日本品牌"产品采购基地 该公司是中国第三大电子商务平台Vip.com的日本子公司。它在东京设立基地，负责日本产品的整个采购流程，然后自行营销。同时也在千叶县设立了分销中心。"确保日本品牌产品对中国消费者的稳定供货，需要同日本供应商建立良好的关系，这一点变得非常重要。"（法人代表Takenori Kobayashi） ·目的地：东京（2016），其他地区 ·在日功能：采购	

图6　由日本贸易振兴机构支持的全球公司在日投资成功案例

资料来源：日本贸易振兴机构官网。

笔者注意到，在日中国企业协会这个由中国代表性企业派驻机构等组成的团体，会员包括宝钢、五矿、中石油、中国银行、农业银行、建设银行、工商银行、交通银行、中远、国航、华为、上海电力、银联国际、国航、中化、太保、中信等中国大企业在日本的派驻机构，其会员的业务涵盖贸易、制造业、金融、保险、物流、运输、旅游、劳务、文化交流等多个领域（截至2018年5月会员企业总数为130余家）。

此外，笔者在中国商务部对外投资备案网站查询到1354家已经做了对外投资（赴日投资）的备案，其中的一部分企业见表2。

表2　已做对外投资备案的部分企业

安徽江淮汽车股份有限公司	北京悠唐商业企业管理有限责任公司	大连路飞光电科技有限公司
鞍钢集团国际经济贸易有限公司	北京章光101科技股份有限公司	东风汽车集团有限公司
奥克斯空调股份有限公司	北汽福田汽车股份有限公司	东软集团股份有限公司
宝山钢铁股份有限公司	比亚迪股份有限公司	苏州方正璞华信息技术有限公司
北京城建集团有限责任公司	锤子科技（北京）股份有限公司	福耀玻璃工业集团股份有限公司
北京首都航空有限公司	大连华信计算机技术股份有限公司	广东格兰仕集团有限公司
国家电网有限公司	软通动力技术服务有限公司	浙江省茶叶集团股份有限公司
青岛海尔股份有限公司	锐捷网络股份有限公司	浙江中国小商品城集团股份有限公司
海澜之家股份有限公司	桑德（天津）再生资源投资控股有限公司	中国出版集团公司

续表

上海海隆软件有限公司	厦门航空有限公司	中国国际旅行社总社有限公司
海信集团有限公司	山东如意科技集团有限公司	中国海外工程有限责任公司
河南省 863 软件孵化器有限公司	上海电力股份有限公司	中国海运集团有限公司
厚朴方舟健康管理（北京）有限公司	上海汽车工业（集团）	中国化学工程股份有限公司
皇明洁能控股有限公司	上海蕊想智能科技有限公司	中国机械对外经济技术合作有限公司
江苏隆力奇生物科技股份有限公司	上海丝绸集团股份有限公司	
晶澳太阳能有限公司	深圳华大基因股份有限公司	中国机械设备工程股份有限公司
宁波均胜电子股份有限公司	深圳友宝科斯科技有限公司	中国检验认证（集团）
科沃斯机器人股份有限公司	北京盛诺一家医院管理咨询有限公司	中国建材国际工程集团
上海快仓智能科技有限公司	北京首都航空有限公司	中国石化国际事业有限公司
利亚德光电股份有限公司	北京四维图新科技股份有限公司	中国石油国际事业有限公司
隆基绿能科技股份有限公司	天津航空有限责任公司	中国丝绸进出口总公司
绿地控股集团海外投资有限公司	天津市外国企业专家服务有限公司	中国通用技术（集团）控股
中国南方航空集团有限公司	无锡尚德太阳能电力有限公司	中国外运股份有限公司
内蒙古鄂尔多斯资源股份有限公司	新华锦集团有限公司	中国移动通信集团有限公司
内蒙古小肥羊餐饮连锁有限公司	信永中和会计师事务所有限责任公司	中国中煤能源集团
宁波方太厨具有限公司	养生堂有限公司	中粮集团
广东品骏快递有限公司		中丝集团
青岛海尔股份有限公司	远大空调有限公司	中土畜资产经营管理公司
趣游科技集团有限公司	云南祥鹏航空有限责任公司	中信出版集团
人民网股份有限公司	浙江出版传媒股份有限公司	中兴通讯股份有限公司

资料来源：中国商务部网站。

由此可见，中国国内有一定实力的公司已经或正在陆续登陆日本，开展各项业务。笔者还接触到不少有实力的初创企业、孵化器等也在陆续进军日本，或探讨赴日投资的可能性，由于涉及企业敏感信息，在此不再细述。①

---

① 更多外国企业投资日本的案例，参见以下网站的日文资料：

https：//www. meti. go. jp/policy/investment/pdf/tokuteibunya. pdf，

https：//www. meti. go. jp/policy/investment/pdf/H29FYtoushimiryokudohoukokusho. pdf，

https：//www. meti. go. jp/policy/investment/pdf/retoshiteikei. pdf，

https：//www. meti. go. jp/policy/investment/pdf/2017kanshindochosa. pdf，

https：//www. meti. go. jp/statistics/tyo/gaisikei/index. html，

https：//www. meti. go. jp/statistics/tyo/gaisikei/result/result_ 52/pdf/2018gaikyo-k. pdf。

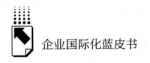

三 日本作为投资目的地，有哪些优势

日本作为投资目的地，有哪些优势？这是很多企业和投资人比较关心的问题。

日本贸易振兴机构（JETRO）实施的"日本投资环境问卷调查2018"数据显示，促使受访外资企业在日本投资的三大理由是看好日本市场、存在优秀的日本企业及大学等合作伙伴、国家和社会稳定（见表3、图7、图8）。

表3 吸引外资的因素

在日开展业务过程中的吸引力（最多选3项）

排名	选项	票数			得分
		第1位	第2位	第3位	
1	看好日本市场	158	20	20	534
2	存在优秀的日本企业及大学等合作伙伴	25	50	29	204
3	国家与社会稳定	16	43	60	194
4	研发质量高	19	38	15	148
4	聚集了代表世界的全球化企业	24	26	24	148
6	基础设施完善(交通、物流、信息通信、能源等)	4	39	30	120
7	可以招到优秀的日本人才	4	14	19	59
8	安全便利的生活环境	4	7	23	49
9	最适合作为通往亚洲的入口及区域性总部基地	3	12	14	47
9	面向2020年东京奥运会/残奥会,预计需求、销售都将增加	3	9	20	47
11	知识产权法完备	2	6	5	23
12	其他	4	2	7	23

注：每一名回答者选择的前3项回答中，第1位得3分，第2位得2分，第3位得1分，而后按照合计得分的多少对选项进行排序。

资料来源：日本贸易振兴机构网站。

当然，日本的市场规模不可能与中国相提并论。毕竟日本的人口大约只有中国的1/10，人口老龄化日趋严重。那么，不少外国企业依然决定在日本设立公司的理由可能是什么呢？

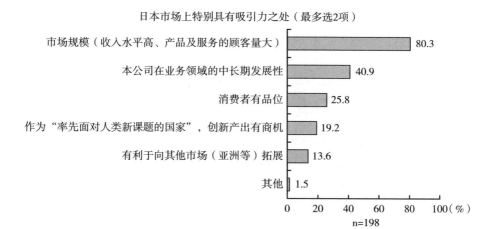

日本市场上特别具有吸引力之处（最多选2项）

市场规模（收入水平高、产品及服务的顾客量大） 80.3

本公司在业务领域的中长期发展性 40.9

消费者有品位 25.8

作为"率先面对人类新课题的国家"，创新产出有商机 19.2

有利于向其他市场（亚洲等）拓展 13.6

其他 1.5

0 20 40 60 80 100（%）

n=198

图7 日本市场特别具有吸引力的是其市场规模

资料来源：日本贸易振兴机构。

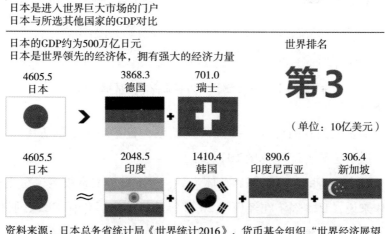

日本市场

日本是进入世界巨大市场的门户
日本与所选其他国家的GDP对比

日本的GDP约为500万亿日元
日本是世界领先的经济体，拥有强大的经济力量

世界排名

第3

（单位：10亿美元）

| 4605.5 日本 | > | 3868.3 德国 | + | 701.0 瑞士 |

| 4605.5 日本 | ≈ | 2048.5 印度 | + | 1410.4 韩国 | + | 890.6 印度尼西亚 | + | 306.4 新加坡 |

资料来源：日本总务省统计局《世界统计2016》，货币基金组织"世界经济展望
数据库"；日本内阁办公室经济社会综合研究所《县域经济年鉴2014》。

图8 日本与部分国家 GDP 的比较

其中一个重要的理由是，可以把日本作为进入国际市场的通道（跳板）。
这是因为日本与新加坡、墨西哥、马来西亚、智利、泰国、印度尼西亚、文
莱、菲律宾、瑞士、越南、印度、秘鲁、澳大利亚、蒙古国、欧盟、TPP11 国

等签署了 EPA（经济合作协议），并正在与美国、中国、韩国、土耳其、哥伦比亚等推进 EPA 或 FTA（自由贸易协定）相关谈判。因此，在日本设立公司的话，比较有利于进入与日本签订协议的这些市场。

此外，JETRO 对"外资企业动向调查"各年度调查结果的分析表明，将日本作为研发机构的理想落脚点是赴日投资的亚洲企业比较明显的发展趋势。事实上，在日本的外资企业中，具备"研发功能"的公司与 2005 年相比增加了近一倍。

另据日本贸易振兴机构的公开材料，截至 2017 年，日本的全球竞争力在 138 个国家当中排在第 8 位，企业发展环境完备性排在第 2 位，这无疑也是吸引外国企业赴日投资的因素（见图 9）。

全球竞争力指标

138个国家中排名

第8

资料来源：世界经济论坛
《全球竞争力报告2016~2017》
注：根据经济增长、政府效率、商业
效率、基础设计情况而得出的评估结果

企业发展环境完备性

138个国家中排名

第2

资料来源：世界经济论坛
《全球竞争力报告2016~2017》
注：根据商业网络与公司运行/
战略质量情况而得出的评估结果

图 9　日本的全球竞争力和企业发展环境排名

至于很多人关心的对内直接投资收益率，日本超过中国香港地区以及英、德、法、美等各国（见图 10）。

关于日本经济的复苏情况和总体走势，专业分析文章很多，在此不再赘述。总体来说，日本经济在经历了 20 多年的低迷之后包括 GDP、股价、景气预判、失业率、消费者物价指数在内的各项经济指标都得到大幅度改善，可以说是"重新进入了成长轨道"。

那么，在日本运营一个企业的成本，是否很高呢？事实上，在日本的营商成本比多数外国企业想象的要低。在办公室租金、中高端人才的工资等方面，中国部分城市的办公室租金和工资总体水平，已经超过了日本（见图11、图 12、表 4）。

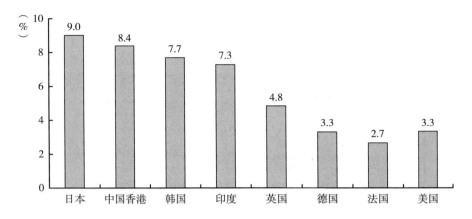

图 10　对内直接投资收益率的国际比较（2008～2017 年平均）

注：对内直接投资收益率 = 当期的直接投资收益/上年末的投资存量 ×100% 。

资料来源：根据"IMF Data Warehouse"（截至 2018 年 6 月 22 日）、《我国对外资产负债存量》（日本财务省、日本银行）编制。

注：数字四舍五入至整数。当出现范围值时，取最大值。

资料来源：日本贸易振兴机构根据其"投资相关成本调查（2016年度调查）"整理。

图 11　商务成本比较（1）

世界主要城市房地产成本对比

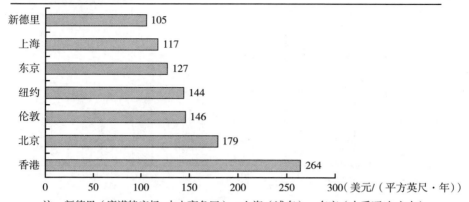

注：新德里（康诺特广场–中央商务区），上海（浦东），东京（大手町/丸之内），
　　纽约（曼哈顿中城区），伦敦（西区），北京（金融街），香港（中环）。
资料来源：世邦魏理仕公司"全球优质办公室租金，2017年3月"，截至2016年第4季度。

图 12　商务成本比较（2）

表 4　商务成本比较（3）

	世界各地办公室租金比较 单位:美元/（平方米·年）		各地 IT 人才平均年薪（2017 年） 单位:万美元	
	地域	月平均租金	地域	平均年薪
1	香港（中环）	3229.9	旧金山	14.2
2	伦敦（西区）	2529.6	西雅图	13.2
3	北京（金融街）	2162.6	纽约	12.9
4	香港（九龙）	2040.4	洛杉矶	12.9
5	北京（中央商务区）	2039.1	奥斯丁	11.8
6	纽约（曼哈顿中城区）	1978.2	伦敦	7.8
7	纽约（南部）	1846.7	多伦多	7.3
8	东京（丸之内/大手町）	1845.9	日本	4.9
9	新德里（康诺特广场）	1649.7		
10	伦敦（市中心）	1560.2		

注:租金为 2018 年第一季度的数据。

资料来源:2018 年 6 月全球写字楼租金排名（CBRE 世邦魏理仕）

注:日本的数据为 2015 年的数据。日元汇率参照日本银行中间价的年平均数据换算。

资料来源:日本"IT 人才各国比较调查"（经济产业省），其他城市的数据来自 State of Salaries Report 2018（Hired）。

此外，日本政府还在法人税税率降低（2018 年实际降到 29.74%）、能源和电力自由化、医疗和医药品领域加快审批速度、制定观光领域的"民宿法"、修订翻译导游法、推行特区制度等方面持续不断地采取积极的措施以吸引外国游客和外国资本。

日本政府还计划到 2020 年为止，将该国在世界银行"Doing Business"（营商环境）排名中的位次从 2019 年的第 39 名提高到 OECD 国家中的前三名（见图 13），为此将陆续实现 24 小时以内处理网上公司设立申请、法院手续的 IT 化、贸易和港湾物流手续的改进、一站式服务外资企业等各项措施。

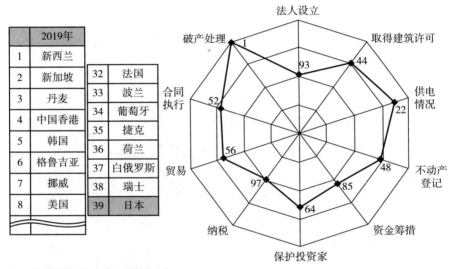

注：外缘是第 1 位，中心是第 190 位。
资料来源：世界银行"Doing Business 2019"。

图 13　2019 年日本在世界银行"Doing Business"排名中的综合排名和分项排名

同时，在政府相关部门（内阁府、经济产业省、外务省等）、各大银行、日本贸易振兴机构等参与的"对日直接投资推进会议"联席机制之下，日本政府计划到 2020 年 3 月为止实现包括各项业务的 IT 化、同一种材料只提供一次、文件格式的统一等在内的公司登记、社保、国税、地税、补助金、调研和统计、员工劳务管理、商业登记、各种证明材料的签发等九大重点领域的改革，力争将行政手续所需的成本（所需操作时间）降低 22.3%。

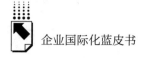

为了吸引更多的外国高层次人才（高层次人才 2018 年底为 15386 人，2022 年底计划增加到 2 万人）和企业间的并购，日本政府修改税收方法和税率；同时对符合一定条件的企业导入信息收集设备（传感器等）、基于数据分析自动操作的机器人或机械、数据分析所需的系统（服务器、AI、软件等）、网络安全用品等，给予税收上的优惠措施。

除此之外，为了促进外国创业者到日本创业，特设最长 1 年的 "Startup Visa"（创业签证），允许日本贸易振兴机构认可并协助的外国企业在共享空间注册公司后，可以以此为注册地址申请经营管理签证。日本政府还将扩大 "Sandbox"（先行先试）制度的实施范围，此举将有助于金融、医疗、科技等领域的企业在日本尽快验证商业模式或创意、研发成果。

在上述因素综合驱动之下，日本的外资直接投资存量 2018 年达到 30.7 万亿日元，连续 5 年刷新了以往的记录（见图 14）。

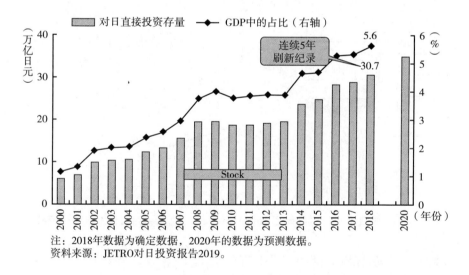

注：2018年数据为确定数据，2020年的数据为预测数据。
资料来源：JETRO对日投资报告2019。

图 14　对日直接投资存量连续 5 年刷新纪录

成功吸引外商投资的企业数量近几年保持增长态势，截至 2018 年底，仅日本贸易振兴机构就累计为 19447 个外国企业赴日投资的项目提供了协助，其中 2013 个项目在日本各地成功落地。

四 日本地方的商机

东京作为日本的首都，具有大量的产业集群，日本大公司总部、约75%的外国企业集中于此，特别是IOT、AI等相关的外国企业以及资产管理、金融科技等金融相关外国企业。东京除了是新的流行文化的发源地以外，还是传统企业和尖端科技融为一体的城市，而占据企业总数99%的中小企业当中，有很多企业具备了高端技术和很高的生产效率。① 此外，东京的产学研网络极为发达，各种研发资源非常丰富，各领域的大型专业展会也接连不断。

因此，东京是外国企业投资日本的首选地。根据日本贸易振兴机构的数据，目前该机构协助过的外国企业中，60%以上的在投资日本时将东京作为第一站。②

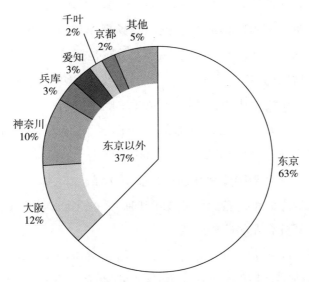

图15　日本贸易振兴机构协助的外国企业中，60%以上选择注册在东京

---

① 参见 http：//www. smrj. go. jp/recruit/environment. html。

② 有关东京的投资环境、政策等信息，可以参考 http：//www. senryaku. metro. tokyo. jp/tokku/chinese/index. html。

但是，本文将重点介绍日本的地方（东京除外）。因为日本的地方蕴藏着大量具有独特技术的企业（潜在合作伙伴）、有特色的产业集群、包括农林水产品和旅游资源在内的地方特色资源，以及价格相对低廉而优秀的劳动力、有利于企业专注于业务发展和研发的营商环境，而且和东京相比，各种商务成本也比较低。

随着人口老龄化、人口向大城市转移，日本各个地方急需通过机器人、AI 等提高生产效率，而提供高附加值的旅游，以及为体验第二人生、第二居住地到农村从事农业生产的需求，日本地方特色产品和旅游资源的海外推广和销售等，都为中国企业提供了大量的商机。

如果能将这些与中国企业的销售渠道、技术、人才、行业经验高效融合，将会创造新的需求和带来创新，这不仅能够促进日本当地的经济可持续发展和更加活跃，还有助于中国企业转型升级、获得更大的发展。

在此，笔者建议读者特别关注日本地方的以下几个优势。

第一，日本很多地方的经济规模、市场规模超过世界上多个国家。例如，北海道 + 东北地区的 GDP 超过瑞典，关东地区的 GDP 超过意大利，中部地区 + 近畿地区的 GDP 超过瑞士，中国地区的 GDP 超过芬兰，九州地区的 GDP 超过比利时，四国地区的 GDP 超过匈牙利。

第二，日本的地方有很多优秀的"隐形冠军企业"，值得中国企业关注。日本经济产业省 2014 年曾经精选 100 家企业作为标杆，称其为"Global Niche Top 企业"（全球细分领域领军企业 100 强）。这些企业当中，有很多企业坐落在各地方城市，它们以其技术和独创性在全球市场占据优势。

以下列举部分企业的简要介绍①。

BBS 金明：成立于 1956 年，总部位于石川县白山市。该公司主要生产半导体、太阳能和机床机械领域的材料研磨加工机械，其主力产品是 300mm 硅片的边缘抛光机械，该公司在这一领域占据了全球 80% 以上的市场份额。2007 年和 2014 年，该公司分别入选日本经济产业省"中小制造业

———————————
① 资料来源于"日中创投"公众号，笔者略有编辑。

300 强”和“全球细分领域领军企业 100 强”。该公司以东南亚为主，在全球多个国家设立了服务点，根据客户实际需求准确迅速地提供服务。

堀场制作所（HORIBA）：成立于 1953 年，总部位于京都市南区。HORIBA 的主营业务为生产和销售汽车检测仪、环境监测仪、科学/医学检测仪器和半导体检测仪器。其明星产品是能够测量环保法规限制排放的引擎废气检测装置“MEXA”，该产品占据约 80% 的全球市场份额。HORIBA 较早便开始布局全球网络，目前在巴西、加拿大、美国、中国大陆、韩国、新加坡、中国台湾地区等设有公司或办事处。

SIGMA 株式会社：创立于 1937 年，总部位于广岛县吴市。该公司是日本精密零部件的生产厂商，主要从事汽车精密零部件、安全防范产品、激光探伤装置的生产和销售。SIGMA 公司研发的激光探伤技术在全球拥有独家专利，占有全球市场 100% 的份额。该技术精度极高，可以利用激光检测直径只有 4mm 的精密零部件。同时，半导体激光能够有效避免外界光照的干扰，通过装置自身的算法进行画面处理，进而判断产品的质量。因此，该装置能够提高汽车、机械等制造业最后阶段检查的效率和准确度，从而吸引了大量顾客。该公司在中国江苏省设有希格玛精密机械（江苏）有限公司。

株式会社西村铁工所：成立于 1920 年，总部位于佐贺县。创立以来，作为研发型企业的西村铁工所以持续不断地研发新产品而著称。其主力产品为 IB 传送带、CD 干燥机（磁盘用液体干燥机）以及其他各式干燥机。

坂东机工：成立于 1968 年，总部位于德岛县德岛市。该公司 40 多年前就开始研发自动连续磨削玻璃加工设备，经过多年努力，目前其王牌产品集切割、折断、磨削功能于一身，兼具压倒性的高速生产能力。

KTX 株式会社：成立于 1965 年 1 月，总部位于爱知县江南市。KTX 的主营业务为汽车、飞机、医疗以及住宅设备生产专用的各种金属模具和各种机器的生产销售等。KTX 在美国、韩国以及泰国等设有分公司，在中国上海设有代表处。

PORITE（保来得）：成立于 1952 年，总部位于埼玉县埼玉市。保来得的核心技术为粉末冶金，主营业务集中于含油轴承和机械零部件等领域。自

成立之初，保来得便因其在粉末冶金领域做出的种种贡献获奖无数。随着规模的扩大，保来得继续在含油轴承的耐久性、小型化、省力化等方面潜心研究，最终成为含油轴承领域的"隐形冠军"。

在成立后不久的1962年，保来得便在我国台湾设立了销售代理店，随后保来得又将研发中心部分转移到台湾，并在我国香港也设立了子公司。1990年以来，先后在马来西亚、中国（扬州）、法国、泰国等地设立子公司或合资公司。2000年以后，保来得进入美国，并在中国的广东省和湖南省设立了两个子公司。2015年，在新兴市场印度设立了分支机构。

在技术研发方面，保来得采取开放的态度，根据不同市场需求，会在不同国家的子公司进行不同程度的技术研发和制造以获得最大效益。

Frontier Lab：成立于1991年，总部位于福岛县郡山市。该公司是一家专门从事研究、制造、生产大分子热分解仪器及周边产品的中小企业。渡边忠一作为企业的创始人本身就是工学博士，而员工也以工学类博士和研究生为主。该公司是以学术研究为中心的企业，在维持并发展本身研究活动的基础上，通过学术会议、研讨会、研究奖项等扩大业界影响力。虽然该公司本身没有营销部门，但多年在业界积累的声誉和资源使其代理商、合作伙伴遍及世界各地，并成功地占据了热分解仪器产业40%的全球市场份额。可以说，Frontier Lab是一家非常成功地将研究成果转化为市场效益的中小企业。

DYNAX：成立于1973年，总部位于北海道千岁市。该公司的主要业务是汽车、摩托车及建筑机械、产业车辆、农业机械用的湿式摩擦材料和摩擦片、钢片、离合器总成及锁止离合器、同步环及其他部件的研发、设计、制造、销售。

第三，日本地方的商务成本比东京低，部分城市的商务成本比中国某些城市还低（见图16）。

为了帮助地方政府更好地吸引外商投资，日本经济产业省和日本贸易振兴机构从2018年开始举办RBC（Regional Business Conference，地区招商论坛），第一批组织城市为福岛县、茨城县、福冈市、大阪市。

比如，2018年10月召开的RBC福岛专场邀请了德国、泰国等国家的11个医疗器械厂家，除了安排聆听福岛当地政府领导的投资环境推介以外，

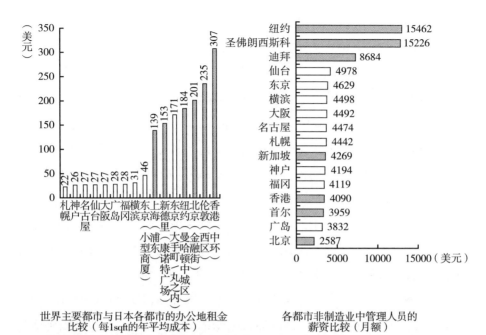

世界主要都市与日本各都市的办公地租金　　　各都市非制造业中管理人员的
比较（每1sqft的年平均成本）　　　　　　　薪资比较（月额）

注：东京以外日本国内各都市的成本由JETRO根据商业地区的平均租金（截至2018年7月）计算。
资料来源：2018年7月全球写字楼租金排名（CBRE世邦魏理仕）以及三幸不动产主页市场行情数
据（截至2018年6月）；JETRO"投资成本比较"（2018年7月）。

图16　日本各地商务成本比较

当地政府还安排了对当地研发机构、外资服务机构的考察和交流，以及与当
地企业的对接洽谈，结果泰国企业与当地企业就合作研发冷阴极 X 线管
（用于小型诊断设备）新产品达成了合资协议。

2019 年 4 月，日本政府公布了第二批 RBC 组织城市，由日本经济产业
省、日本贸易振兴机构和有关地方政府合力制定招商策略并加以落实。具体
包括协助召开 RBC，协助邀请有意向投资的外国企业前来参会并到当地考
察、聆听当地高层演讲、与当地企业进行商务对接洽谈等。RBC 的主要目
的是让更多的外国企业了解日本地方的投资环境和魅力。外国企业通过每一
次 RBC 的议题，能够了解到相关地方的需求。比如：

福岛县：希望与医疗器械相关企业、研发企业合作。

茨城县：日本全国约 1/3 的研发机构聚集于该县筑波市等，具备了有利

于创新的研发环境，该县欢迎研发类企业。

福冈县：希望与 IOT 等方面技术高超的企业合作，力图吸引亚洲和欧美的尖端成长性企业。

大阪市：大阪市拥有初创企业所需的创业生态和便利的创业环境，也有国际性创新论坛 Hack Osaka 2019，希望与国外加速器、VC 等方面的企业合作。

北海道：希望能够充分利用北海道东部地区丰富的自然资源、阿伊努文化等特色旅游资源吸引亚洲投资者或欧美旅游界人士，共同开发"冒险之旅"等旅游商品。

仙台市：希望借助东日本大地震后的经验教训，通过与诺基亚公司联合搭建的防灾、减灾平台等，吸引防灾、减灾方面的创意企业、技术企业，寻找能够配合研发防灾 ICT 技术（无人机等）的合作伙伴。

横滨市：希望与大公司的开放创新平台、国外加速器企业等合作，寻找在生命科学方面的创新企业。该市拥有港未来 21 区（有大量的跨国企业研发机构）、资生堂全球创新中心 S/Park 等，还拥有物联网平台 I Top、生命科学领域的平台 LIP（230 多家企业、相关团体加入），将通过与 we work 等孵化器合作，力图集聚更多的研发公司、创新公司，形成创业生态。

GNI（名古屋经济圈：爱知县、三重县、岐阜县、名古屋市）：依托拥有世界领先技术的汽车相关制造企业在内的日本国内最大规模制造业集群的优势，希望与欧美和亚洲等地的 AI、IOT 等企业合作，帮助当地制造业转型升级、提高效率。

京都市：依托京都大学等研究机构较多、尖端临床研究和高端制造业集中的优势，通过与制药、医疗器械、生物医药初创企业合作，力图建设生命科学领域的创新枢纽城市。

除此之外，日本经济产业省和日本贸易振兴机构 2018 年开始通过"支持地方扩大对日直接投资项目（Sapo-pro）"，向那些积极吸引外商投资的地方政府（含公共团体等）提供一系列帮助，包括结合各地特色协助制定招商策略、协助邀请外国企业落户到当地及之后的跟进、汇总有关改进行政手续的需求等。

在此，简单介绍一下积极吸引外商投资的这 25 个地方，从中或许能够了解到一些商机。

【县级】北海道、宫城县、福岛县、茨城县、千叶县、爱知县、三重县、和歌山县、福冈县、熊本县等共计 10 个。

【市町村级】北海道旭川地域产业活性化协议会、宫城县仙台市、茨城县筑波市、神奈川县横滨市、长野县小诸市、爱知县名古屋市、三重县松阪市、三重县伊贺市、京都府京都市、大阪府大阪市、兵库县神户市、福冈县福冈市、福冈县北九州市、福冈县久留米市、佐贺县唐津市等共计 15 个。

• 北海道

北海道是"企业分散风险的适宜之地""产业活动后援基地",目前,众多企业基于生产基地分散化、供应链重组的加工组装型工业,到北海道从事食品制造业,成立利用寒冷户外空气实现大幅节能化的环保型数据中心,部分企业还把总部转移到北海道。

• 北海道旭川地域产业活性化协议会(旭川市、鹰栖町、东神乐町、东川町)

该地区农林资源丰富,食品相关产业、装修相关产业比较密集于此,同时,该地区注重吸引物流相关产业、机械和金属相关产业、IT 相关产业等。

• 宫城县

该县基于汽车相关产业、半导体产业集群以及东北大学为主的丰富的研发资源,希望引进有助于增加就业机会,或具有崭新的经营管理方法或技术,促进当地企业国际化和激发其活力的外国企业。

• 宫城县仙台市

该市基于东北大学等众多的优秀人才资源、周边地区丰富的产业集群,致力于 IT 企业、研发型企业的招商,特别是自 2005 年与芬兰的友好城市签订合作协议以来,积极促进双方企业的相互投资。根据该市制定的"仙台市经济成长战略 2023",该市将为培育国际型初创企业、初创企业辅导、课题解决型 ICT 产品的测试、本地企业与 IT 企业、大公司资源的融合、东北大学官民学联合研发中心、CareTech(护理一线和技术的融合)、HealthTech(医疗和 IT 融合的健康科技)等领域的发展投入约 1. 57 亿日元。

● 福岛县

该县是日本国内少有的医疗器械相关产业集群所在地，拥有很多为日本内外医疗器械知名企业、大公司提供零部件的优秀制造企业。2016 年 11 月成立福岛医疗器械开发支援中心以来，构筑了从医疗器械研发到生产的一条龙支援体系。该县的优势在于医疗器械相关的供应链技术、研发支撑体系。

● 茨城县

日本全国约 1/3 的国家级研发机构聚集于该县筑波科技园等，包括外籍科学家在内的研究人员超过 2 万人。2019 年 G20 贸易和数字经济部长会议就是在茨城召开的。该县希望吸引海外优秀人才、技术，促进当地就业和创新。

● 茨城县筑波市

该市拥有筑波大学、产业技术综合研究所筑波中心等国家和民营的大量研发机构，有超过 9000 个来自 136 个国家和地区的外籍居民，是名副其实的国际化都市。该市基于各家研发机构拥有的研究实力和各国人才等资源，希望吸引拥有新型商业模式的初创企业和海外企业家。

● 千叶县

该县拥有成田机场、千叶港等丰富的基础设施，还有 Kazusa Akademia Park 等多个研发机构聚集地。而位于东京中心区和成田机场中间位置的幕张新都心也具备了便利的商务环境，该市在这里设置了千叶投资服务中心以及为外资企业提供低价 Office 的外资系企业创业中心。

● 神奈川县横滨市

横滨市基于该市在交通方面的优势、拥有多所国际学校、可应对多语种患者的医疗设施等，通过 Incentive Program、为外国企业提供孵化器、海外事务所的招商活动等多种方式积极吸引生命科学、创新领域的外国企业。

● 长野县小诸市

该市基于接近首都圈、轻井泽等旅游景点的地理优势，吸引了很多 IT 公司的事务所及电子零部件制造业、生产设备制造业等企业。此外，该市基于日照、土壤适合葡萄栽培的优势，致力于“千曲川葡萄谷构想”（特朗普总统访日时，晚餐招待用红酒出自该市）。该市希望吸引国外的 IT、酿造等企业。

- 爱知县

爱知县拥有包括丰田汽车在内的日本国内最大规模的汽车产业、航空宇宙相关产业，产品发货金额连续 40 年蝉联日本第一，是日本有名的工业地区。今后希望吸引 AI、IOT 等有助于当地产业集群的升级、促进创新的高新技术企业，特别欢迎能够提高附加价值的创新或崭新的商业模式。

- 爱知县名古屋市

该市位于日本的中心位置，是汽车、机床等的生产基地，也是航空宇宙、环保能源等下一代技术的集群所在地，商业、服务业也非常发达，便捷的交通也吸引了众多外资企业。今后随着 IOT、大数据、AI 等技术的发展，电动汽车将取代内燃机驱动的汽车，因此，希望吸引有助于将该地区积累的制造业有关技术和最先进的 IOT 技术相融合的知识型创新企业。

- 三重县

该县是经济增长率较高的日本工业大县之一，除了电子设备、电机相关产品的发货金额领先于日本全国以外，伊势、志摩等观光资源也非常丰富，外国游客近年也不断增加。依托拥有 ICETT（国际环境技术转移中心）、RASC（三重大学地域战略中心）、AMIC（高端材料创新中心）、汽车和电子零部件厂家较多等优势，该县希望吸引环保节能、生命科学、IOT、制造（飞机、汽车）、服务、酒店等方面的研发机构、创新型公司。已有汽车零部件进口销售商——天津柯文实业股份有限公司于 2018 年 4 月落户，2017年瑞典汽车锻造零部件厂家落户该县。

- 三重县松阪市

该市以松阪牛的产地而闻名。基于交通区位优势和丰富的地方资源，该市吸引了众多食品制造、一般机械制造等多领域的企业。除了大公司的零部件供应以外，航空宇宙、大健康等产业也得到发展。

- 三重县伊贺市

该市除了大健康产业、机械产业以外，伊贺烧（据说始于公元 8 世纪，是日本六大古窑之一）、"组纽"（起源自束紧和服的细条带，目前在全球配饰领域人气较高）等具有悠久历史的传统产业较集中。目前，外资企业并不多，今后

希望吸引具有技术、人才、经验、销售网络的外资企业与传统企业进行协同发展。

● 和歌山县

该县欢迎高档酒店进军该地区（提供奖励金），欢迎 ICT 企业到纪南地区形成更大的产业集群，欢迎有成长前景的制造企业。近年来该县成功吸引外资大型 IT 企业进军白浜町。

● 京都府京都市

京都除了是知名的国际观光城市外，还是一座制造业城市，由于各类大学和研究机构集中，吸引了很多跨国企业。该市与京都府、京都商工会议所等组成"外国企业招商联络会"，与日本贸易振兴机构等合作，经常在海外开展招商活动。

● 大阪府大阪市

大阪市通过促进当地企业创新的"大阪创新枢纽（OIH）"向创业者提供了各种支持，并一直致力于大阪、关西地区创新生态的搭建。为了搭建更大、更广泛的全球创新系统，该市将积极向海外投资人、加速器等介绍大阪的各种举措，创造更多机会让他们与大阪的创业者交流。该市通过 RBC 论坛、国际创新会议"Hack Osaka 2019"（大阪市、经济产业省、JETRO 等主办）等机会，邀请海外的加速器、VC 访问日本，举办商务对接活动等（众趣科技、点猫科技等多家中国企业曾参加该活动）。

2018 年大阪商工会议所和大阪工业大学开设了都市型开放创新设施"Xport"（Cross Port），开创了新型的产学联合模式。这些举措陆续吸引了来自中国香港、英国等的初创企业咨询公司落户大阪。

特别值得一提的是，由大阪府、大阪市、大阪商工会议所组成的大阪外国企业招商中心（O‒BIC）2018 年度成功协助了 42 个外国企业落户大阪，其中，中国（含香港）21 个，累计吸引外国企业有关项目达 548 个，其中来自中国内地的有 201 个。

O‒BIC 的公开资料显示，旅游业、采购网点、房产中介等 Inbound 相关投资似乎过了"热潮"，相反，以日本企业或日本消费者为服务对象的海外企业大幅增加，比如，向日本企业提供海外技术或海外服务的 Eco Sea

Tech、SEAPA，以及向"世界上最苛刻的日本消费者"提供化妆品或介护用品以及开设美容院、料理店的案例越来越多。此外，精明的中国企业看好大阪的商机，陆续在大阪设立了为中日双方提供介护人才的派遣公司，采购和进出口母婴产品、食品、化妆品、日用品等的贸易公司，以及吸引日本企业到中国工业园区的咨询公司、日语学校、行业团体（一般社团法人）、支付结算公司，手机以及相关产品的销售公司（OPPO JAPAN）等。

● 兵库县神户市

神户具有陆海空交通优势，为外国人提供了包括国际学校等在内的宜居环境。特别是在阪神淡路大地震之后，该市推进了医疗产业城市构想，使得人工岛 Port Island 聚集了 305 个医疗相关企业或团体，形成了日本国内最大的医疗产业集群。为了增加城市活力、扩大就业机会，该市将引领日本的 IT、航空宇宙、新能源等产业成为未来的战略产业，积极促进相关产业的培育。

● 福冈县

该县为了形成尖端成长性产业集群（半导体、IT、汽车、生物、氢能源、机器人等），以"Invest Fukuoka"（福冈县海外企业招商中心）为首积极吸引海外企业。除了为设立企业、新建工厂或办公楼提供补助金以外，也积极支持 FIBA（福冈国际商务协会——外国政府机构、研究机构有关人士参与的组织）的各项活动。该县希望吸引快速成长的亚洲各国企业，力争成为不断推出 IOT 等新技术或新产品的亚洲创新引领者。

● 福冈县福冈市

该市基于城市功能集群、与亚洲各国较近的地理位置、宜居的环境、自然灾害比较少、人才储备丰富等优势，重点吸引企业总部或创意产业等成长性比较高的企业。该市作为"全球创业、扩大就业特区"适用比较宽松的签证申请规定，为初创企业提供创业签证、减税等多项便利措施。

● 福冈县北九州市

该市是日本第一个以国营八幡制铁所为起点的钢铁制造、汽车相关产业集群所在地，也是早稻田大学研究生院、九州工业大学以及北九州高等专科学校等积极参与产学联动的工业领域教育机构、研究机构较多的城市，人才

辈出。该市位于本州岛和九州岛的连接处，是陆海空物流的重要节点，具有多种运输手段，自然灾害比较少。提供无人驾驶卡车解决方案的北京图森未来科技有限公司在日本贸易振兴机构协助下在该市注册。

● 福冈县久留米市

该市自古以来是制造业盛行的城市，汽车相关产业、食品制造业、生产用机械器具制造业等比较集中。该市一直以来通过工业区的升级、商务对接、支持研发、培训人才等方式，吸引国内企业进军该市，今后将致力于吸引更多外国企业，特别是亚洲企业。

● 佐贺县唐津市

该市根据涵盖化妆品产业上下游的国际化妆品产业集群构想（唐津化妆品构想），促进国内外化妆品相关企业、机构之间的交流与合作、商务对接等。尤其将锁定亚洲、欧洲化妆品相关企业，开展各项宣传和招商活动。该市通过促成当地企业与外国企业在当地建立合资公司，以当地的椿油等地方特色产品为原料开发新产品并开拓国外市场等方式积极促进招商引资。

● 熊本县

该县集聚了半导体产业、汽车相关产业、BPO（业务外包）等服务产业，为了吸引国外优秀的企业，特别欢迎距离较近的东亚各国 IOT、半导体、Mobility 相关企业。

除了上述地方以外，其他地方也在积极开展招商活动。

比如，岩手县安比高原滑雪场 2016 年引进外国资本，通过吸引中国大陆、台湾等的高收入消费者，翻新度假酒店，增加中文服务人员（从 2016 年的 1 人到 2018 年的 18 人），与日本国家旅游局合作举办对外推介活动，大幅度增加了外国游客（从 2015 年的 2 万多人增加到 2018 年的 7 万多人），甚至带动了附近的岩手花卷机场增加国际航线（我国台北和上海浦东两条航线）。

再如，位于静冈县的牧之原市，在前任市长西原茂树理事长主导下推进"MIJBC 构想"（Made in Japan by China），力图结合中国的资本、市场和日本的技术、经验，共创"MIJBC"品牌的高附加值产品，销往日本、中国在内的全球市场，同时促进中日两国的双向投资和贸易、人文交流。几年来，他们通过不懈努力，逐渐带动了周边的静冈市等多个地方城市共同参与推进这个构想，也得到了中国各界人士的关注和积极参与。

日本各地为吸引外国企业前来投资，还准备了一系列优惠措施，尽管优惠力度没有中国当年招商引资时那么大，但彰显了各地对于外商投资的欢迎态度（见表5）。

表5 日本各地的优惠政策（2017 年 7 月更新）

自治体	补助金名称	概要
福岛县	支持外资企业进驻投资事业	补助一部分租赁费、顾问委托费、设立基地所需费用（登记、取得居留资格等） 补助率为3/4，上限1000万日元/家；补助对象是涉及医药品、医疗器械、可再生能源、机器人任一产业，首次在福岛县内设立制造、研发、销售等设施的企业
千叶县	千叶县外资企业办事处等租金补助金	租金补助（1/3×1年，上限金额为员工数1~5人以下的60万日元，5人以上的180万日元）
千叶县	外资企业启动中心（FASuC）租金补助	租金补助（1/3×3年，但本措施截至2019年3月）
千叶市	千叶市促进租赁型企业进驻事业补助金（外资企业租赁进驻事业）	租金补助（1/2×3年，上限为累计300万日元），减免法人市民税（1/2×3年）
东京都	外国金融企业设立基地补助金	针对外国金融企业，补助设立基地的部分费用（向律师等专家咨询等费用以及向有偿职业介绍公司支付的费用，补助1/2以内，上限750万日元）
东京都	促进引入外国企业人才事业	针对有志于在东京都创业的外国人，放宽"经营/管理"居留资格认定的必要条件（居留时间6个月）
神奈川县	促进"优选神奈川100"企业招商租金补助金	针对在县内再投资的外资企业，补助其工厂、研究所、事务所等的租金（1/3，上限600万日元）
静冈县	外资企业等事务所租赁费补助金	租金补助（1/2以内×1年，限额50万日元）
新潟县	促进外资企业等进驻事业补助金	租金补助（1/2×3年，上限300万日元，每年限额100万日元，3年累计）
新潟市	促进外资企业等进驻补助金	登记费用（上限为每个项目15万日元）以及租赁费（1/2×2年，上限为每月5万日元）
新潟市	新潟市国家战略特区"外国人创业活动促进事业"	针对有志于在新潟市内创业的外国人，放宽"经营/管理"居留资格认定的必要条件（居留时间6个月）

续表

自治体	补助金名称	概要
爱知县 岐阜县 三重县 名古屋市	GNIC 外资企业启动支持制度	支持外资企业进驻大名古屋地区 1. 公司登记、取得签证时所需的专家(律师、司法代书人、公认会计师、税理士、行政代理人、社会保险劳务士)费用(包括律师咨询费、社会保险相关费用、登记相关资料的翻译费等) 2. 人才招聘广告费或人才中介手续费 3. 不动产中介手续费 以上1、2、3 的合计计划投资额(资本金数额)在 1000 万日元以上的,上限 50 万日元;500 万日元以上 1000 万日元以下的,上限 30 万日元;500 万日元以下,登记分公司及开设销售点、试验研究机构的,上限为 20 万日元
三重县	外资企业设立亚洲基地补助金	针对外资企业设立制造基地,补助其 20% 投入折旧资产额(补助限额 5 亿日元)
	办公室租金补助	租金补助(1/2×3 年,每年上限 500 万日元)
京都府	支持外资企业设立基地补助金	登记费用(上限为每个项目 15 万日元)
大阪府	大阪府促进企业进驻补助金(促进外资企业等进驻补助金)	针对在大阪府内设立总部的外资企业(外资比例达 1/3 以上)等,补助一部分投资额等 (住房取得费的 5% 或住房租金等的 1/3,有上限额度)
兵库县	减少法人事业税	减少法人税(1/3×5 年)
	补助办公室租金	租金补助(1/2 以内×3 年,每月 1500 日元/平方米,每年上限 200 万日元)
	补助正式录用的新员工	正式录用的新员工 30 万日元/人在部分促进地区,正式录用的新员工 60 万日元/人,非正式录用的新员工 30 万日元/人;上限 3 亿日元
	补助市场调查、设立法人等	补助费用的 1/2(市场调查经费等的上限为 100 万日元,法人登记经费等的上限为 20 万日元)
神户市	面向外国、外资企业的办公室租金补助	[兵库县、神户市协调]租金补助(1/2 以内×3 年,每月 1500 日元/平方米,每年上限 200 万日元) [神户市另行补助]租金补助(1/4 以内×3 年,750 日元/平方米,每年上限 900 万日元)
德岛县	外资企业等招商事业补助制度	各种办公设备以及通信线路使用费(1/2,上限 1000 万日元/年)、事务所等不动产租赁费(1/2,上限 1000 万日元/年)、增加雇佣人员的补助金(50 万日元/人)

自治体	补助金名称	概要
福冈县	访问福冈补助金	补助部分交通费用(对象是汽车、IT/半导体、生物、环境、机器人等领域,正研究进驻福冈县的外企) 1. 从福冈县以外的日本国内地区来的,每家公司上限 10 万日元 2. 从欧美以外的海外地区来的,每家公司上限 15 万日元 3. 从欧美地区来的,每家公司上限 20 万日元
	支持设立日本法人等补助金	补助部分登记费用(对象:汽车、IT/半导体、生物、环境、机器人等领域的外资企业,承担其 1/2 的登记费用,上限 15 万日元)
福冈市	福冈市进驻补助金(面向外国、外资企业办事处的补助)	1. 租金补助[标准型](1/4×1 年,限额 1500 万日元),[大规模型](1/4×2 年,限额 2500 万日元) 2. 雇佣补助[正式员工]福冈市民 50 万日元/人,福冈市民且为研究员者 100 万日元/人,非福冈市民 10 万日元/人。[其他长期雇佣人员]福冈市民 15 万日元/人,非福冈市民 5 万日元/人(限额 5000 万日元)3. 补助 1/2 的设立费用(市场调查,口译,取得各种审批、登记等所需经费,设立基地时录用相关员工所需经费等)(限额 300 万日元)
	启动租金补助(形成外国人创业环境事业补助)	租金补助(1/2×1 年,住房的上限为每月 7 万日元,事务所的上限为每月 5 万日元)
	启动签证(促进外国人创业活动)	向有志于在福冈市创业的外国人,放宽"经营/管理"居留资格认定的必要条件(居留时间 6 个月)
熊本县	熊本县促进企业进驻补助金	补助投入的固定资产(投资额的 5%)以及新招员工(合计上限 1.5 亿日元。补助对象是在县内新设或增设事务所等,与熊本县签署了进驻协议或在熊本县的见证下与市町村签署了进驻协议的企业)

注:仅登载外国企业、外资企业专享的自治体优惠措施。

资料来源:根据各自治体网站编制。详情请参见 https://www.jetro.go.jp/invest/support.html。

此外,日本各地的综合特区,也为外商投资提供了很多便利条件。

日本的综合特区分为国际战略综合特区和地域活性化综合特区,前者更侧重于促进日本的环保、新能源、生物科技、生命科学、农业、研发、国际物流、国际港湾、展会、地区总部等能成为未来经济发展引擎的产业、功能集群的形成;而后者更倾向于最大限度地活用当地资源,促进当地经济更加

活跃，涉及的领域包括防灾减灾、环保和新能源、观光和文化、教育、农业和农工商融合、金融、生物质燃料、医疗和介护及健康产业、物流和交通等。

在特区内注册的企业，可以适用一些行业限制方面的特例措施，这有利于生命科学、绿色节能等领域的企业寻找突破口。此外，在满足一定条件的情况下，可享受法人税的减征、获得财政上的补贴以及金融方面的扶持（例如，可获得年利息 0.7% 的 5 年期贷款等）。

中国企业，可以更多地关注和参与日本各地方宣传当地文化、历史、艺术、健康、体育、创新以及饮食体验、投资环境等的活动。比如，日本贸易振兴机构和日本驻华使领馆在中国各地举办的日本产品展销活动、品尝活动，每次都会吸引各界人士。日本贸易振兴机构每年在中国各地举办的日本精品洽谈会、中日老龄产业交流会以及组织的中国国际进口博览会日本展团等展会渠道，也是中国企业寻找日本合作伙伴的绝佳机会。有条件的企业还可以到日本参加各类专业展会，展会信息可以参考日本贸易振兴机构的有关网页，这些网页涵盖日本几乎全部重要的展会。①

目前，日本各地方在推进当地农林水产品及其加工产品的出口、扩大外国游客到日本各地旅游和消费方面的合作需求非常旺盛，而且日本政府利用地方创生补助金等协助各地方农业提高 IT 化、开发新产品、到海外展会布展、开发旅游路线，这些方面的商机也不容忽视。就在 2019 年 8 月 29 日，JETRO 北京代表处和中国国际贸易促进委员会贸易投资促进部作为主办单位在北京长富宫饭店举办的创新领域对日投资论坛上，就有来自神奈川县和该县横滨市、大阪 O-BIC、兵库县神户市、佐贺县唐津市，以及 dip、DEEPCORE 等日本孵化器、加速器的代表登台介绍日本各地的投资环境和创业生态、日本面临的课题以及其中蕴藏着的商机，这类活动是中国企业捕捉日本最新情况和合作机会的难得机会。

总的来说，日本的地方有包括 3.3 万多家百年企业当中的大量优秀企业，

---

① 见网址：www. jetro. go. jp/j-messe。

它们可以提供优秀的产品和技术，值得中国企业关注。然而，不可否认的是地方的中小企业对外资具有先天的过敏反应。比如，茨城县对该县企业进行的问卷调查结果表明，从来没有与外国企业合作过的企业占全部受访企业的87.6%，不和外国企业合作的理由包括"从来没想过跟外国企业合作"（25.1%）、"没觉得有什么必要跟外国企业合作"（24.5%）、"没什么合作的领域（技术）、业务等"（13.2%）。对于将来与外国企业合作的可能性，43.9%的受访企业答复"不打算跟外国企业合作"，9.8%的企业答复"先听听政府或有关行业团体的说明再说"。[①]

而地方政府在对外招商时目标不明确、信息不充分（未掌握清楚当地企业的真实需求和优势所在以及招商对象的需求）、招商人才不足、采取的营销手段比较老套、本身的组织体系不够完善导致招商活动的效率比较低、缺乏及时跟进等等，都是亟须解决的问题。

此外，如何协助中国企业高效地发现日本各地方的优秀企业并成功牵手，也是重大课题。为了赶上中国企业的"节奏"，日本各地方政府和有关团体，应该对有意向了解当地投资机会的中国企业提供更多"干货"信息，例如，当地有哪些优秀的企业，它们的优势在哪里，哪些企业愿意和中国企业合作，并积极促进当地企业与中国企业的商务对接等。

由于篇幅有限，对日本的并购、创新等个别领域的投资合作机会，本文无法一一介绍。考虑到日本的创新领域也是有一技之长的中国企业的"大舞台"，合作潜力非常大，本文在末尾特别介绍日本贸易振兴机构每年编发并提供免费下载的《JETRO 对日投资报告》有关创新的部分内容。该报告从多个维度介绍了日本的创新现状和外国企业的商机：

美国联合办公空间巨头 we work 以"提供社群"为优势进驻日本，并自2018 年 2 月开始，半年内陆续在日本各地设立了 6 个共享空间；而美国云服务巨头亚马逊 10 月份在东京目黑区设立了扶持初创企业的 AWS Loft

---

① 《茨城县促进对日投资招商行动方案 2016》，茨城县政府官网，https：//www.pref.ibaraki.jp/bugai/kokusai/tabunka/actionplan.html，最后检索时间：2020 年 3 月 27 日。

Tokyo；外资咨询公司普华永道、埃森哲、毕马威纷纷在东京都中心区域设立了孵化设施；澳大利亚世福宏图（Servcorp）、英国雷格斯（Regus）等外资租赁办公室巨头也陆续在东京开设新的办公空间；汇聚初创企业的孵化器——美国剑桥创新中心（CIC）的姐妹组织 Venture Café 也开设了 Venture Café Tokyo；美国 Y Combinator 的"Y Combinator MEETUP in Tokyo"、新加坡媒体 Tech in Asia 组织的对接活动、芬兰初创企业活动 Slush 的日本版 Slush Tokyo、初创企业新闻平台 TechCrunch（美国）举办的活动等陆续在日本各地亮相，吸引了众多的创业者、投资人。而在这之前，美国风投机构 500 Startups、美国加速器 Plug and Play 已经分别于 2016 年和 2017 年进军东京。

JETRO 也从 2018 年 6 月起，启动了"全球加速器枢纽项目"，这是经济产业省主导下创设并由官方和有关企业合作推进的初创企业支援项目"J－Startup"的一部分，该项目曾在深圳、上海举办过路演等一系列活动，今后还将继续推动中日两国初创企业、大企业之间的合作与交流。

综上所述，随着中日关系恢复正常状态，同时在国际、国内多重因素影响下，近几年中日之间势必互动频繁，经贸合作从量到质都会有一个很大的提升。尽管新冠肺炎疫情仍然困扰着日本，但笔者建议中国有实力的大企业、初创企业和其他各类单位更多地关注日本、研究日本，有条件"出海"的企业不妨考虑在日本设立一个"站点"，以便更多、更快、更准确地捕捉日本的商机。

案 例 篇

Enterprise Case Studies

B.13

CST 中国起步十年

——抓住时代机遇，关注科学需求

董增军　茅幸　李天琪*

摘　要：　CST 中国隶属于美国 Cell Signaling Technology（CST），业务以
中国为中心，辐射覆盖亚太区。2008 年，CST 中国成立。十
余年来，中国生物医药研究飞速发展，这得益于国家的大力
扶持，从资金支持到人才引进。2018 年起，中国宏观经济进
入了关键的调整期，目的是向高质量增长期转型。生物医药
领域被看好，被视为最可能诞生下一个 BAT 的行业，自"十
一五"以来，中国大力投入科学研究和创新药物研发项目，

* 董增军：中国协和医科大学医学硕士/美国塔夫茨大学弗莱彻法律外交学院硕士/麻省理工学
院工商管理硕士，CCG 常务理事，CST 中国亚太创始总经理，中国生物工程学会精准医学专
业委员会秘书长；茅幸：复旦大学医学博士学位，CST 中国高级技术支持专员；李天琪：河
北医科大学医学学士学位，华东师范大学工商管理学硕士学位，CST 中国项目主管。

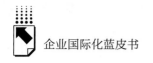

并用政策吸引了大批人才。本文讲述 CST 如何走入中国、深耕中国市场、设定本地化的战略目标和价值主张，如何服务科学家，与学术界、工业界等形成深度合作，为中国生物医药创新事业努力的发展历程。

关键词： Cell Signaling Technology　精准医学　科学研究　创新转化

2019 年 4 月，在中国细胞生物学学会（CSCB）举办的全国学术年会晚宴上，美国 Cell Signaling Technology（CST）公司全球副总裁、中国/亚太创始总经理董增军先生与中国细胞生物学学会的主要领导一起，切下了象征合作十周年的蛋糕。在晚宴上，谈起 CSCB 与 CST 十年的合作，中国细胞生物学学会理事长陈晔光院士（中国科学院院士、清华大学教授）感叹道："CST 是第一个与中国细胞生物学学会签订长久合作（合同）的公司，所以我们心里一定要记得这一点。过去的十年，我们与 CST 的这种合作一直非常愉快，我也希望这种愉快的合作可以 Carry on，所以希望我们可以有下一个十年，下下个十年，今后继续走下去，这也是双赢的事。我也希望 CST 可以越做越好，越做越强！"

CSCB 是一个有近 40 年历史的中国最大的以科研工作者为主体的组织，CST 中国与 CSCB 的成功合作，是 CST 中国"走进来"策略的重要一步。1999 年，Dr. Michael J. Comb 是哈佛大学附属麻省总医院研究神经胶质细胞的一位教授，他因为在研究中找不到合适的磷酸化抗体，于是决定自己开发可靠抗体，供自己和像他这样的研究人员使用，以加速对生命科学的理解。随着第一支磷酸化抗体 #9101 ［（Phospho-p44/42 MAPK（Erk1/2）（Thr202/Tyr204）Antibody）］ 的诞生，CST 公司在马萨诸塞州的丹佛（Danvers）成立。2008 年，CST 在中国设立全资子公司，紧跟本土科学家的研究需求，提供优质产品、全力支持和贴心服务。CST 中国的故事伴随着北京奥运会中中国实力的展现，也拉开了序幕。

一 本土化战略一：以合作树立品牌和信任

跨国企业的本地化往往是外企在中国面临的第一个问题，如何让中国客户知道（Awareness）是第一关。与当时其他知名外企不同，CST 靶向的科研市场是一个细分行业，瞄准的是在高校、研究院所从事生物医学相关科学研究的科研人员。CST 中国做的第一件事就是找到合适的途径发声、合作。

进入中国时，CST 中国就与细胞生物学学会建立密切联系，签订了 6 年的长期合作共赢合同，赞助中国细胞生物学学会各项学术会议、学术活动，增强与领域内权威学者的密切合作。CST 中国与学会合作开展了会员日活动。共同设立"中国细胞生物学学会 – CST 金牛奖"。该奖励项目包括四个分奖项："中国细胞生物学学会 – CST 杰出贡献奖"一名，"中国细胞生物学学会 – CST 杰出成就奖"两名，"中国细胞生物学学会 – CST 青年优秀论文奖""中国细胞生物学学会 – CST 优秀墙报奖"若干。该奖励项目已成功评选 7 届，曾经的获奖者不少成为院士，可见奖项含金量之高。

随着中国科研的蓬勃发展，各细分领域百花齐放，CST 中国对市场合作策略也进行了相应调整，深耕更多细分领域。CST 中国与中国神经科学学会合作，赞助并参加其年会，2019 年设立中国神经科学学会 – CST 杰出神经科学家奖（CNS – CST Outstanding Neuroscientist Award），旨在奖励中国神经科学领域的杰出科研人员，激励青年科研人员积极投身神经科学事业，该奖项为中国神经科学学会的最高学术荣誉。此外，也与中国免疫学会建立合作，不仅赞助其主办年会，2019 年 CST 中国为参与 ICI 2019（International Congress of Immunology）的亚太免疫学家提供了 15 个 CST – 亚太地区差旅奖名额，用于支持参会注册和/或差旅费用。明确市场定位并与知名科学社会团体合作，提升曝光度和曝光质量，是 CST 中国成立后树立品牌形象的第一步。这第一步延续了十年，合作仍在继续。

二　本土化战略二：规范渠道管理，客户需求先行

市场开拓后，本地化的第二个问题就是如何让产品触及使用者，提供优质的使用体验，服务科研人员，帮助他们达成研究目的。CST 进入中国之前，面临渠道、价格混乱的情况，客户服务更是无从谈起。CST 中国成立后，需要树立品牌的正面形象，加强渠道管理和客户服务，提供优质体验，并树立客户对 CST 的信心。在人员精简的情况下，CST 中国使用授权经销商体系，通过对地区经销商进行严格筛选和培训，把正规产品更快地推向全国各地。单个地区中，会存在多个授权经销商，为了让经销商间形成良性竞争，避免因"价格战"而造成市场价格混乱，CST 中国规范流通价格，树立一个科研试剂品牌规范严谨的形象。

CST 公司成立之初，仅提供 S（small）和 L（large）两个包装规格，以及 sampler kit 小包装组合。2010 年，CST 中国通过了解客户需求、经费、市场等实际情况，了解了客户迫切需要更加灵活、价格更低的小包装产品。在不浪费经费的情况下，小包装抗体可以帮助客户完成前期科学探索过程。在和总部多次沟通后，总部最终同意为中国的客户定制小包装，命名为"China Size"，但前提是一次性订购数量超过 10 支。试行一年多后，基于订单表现，总部终于意识到小包装的优势，正式推出单支小包装抗体，并以后缀 P 作为标志，寓意为替客户着想的贴心小包装（Pipette）。时至今日，单支小包装一抗产品已占全部单支一抗产品的 18.3%[1]，该数字正在持续继续增大。

科研客户另一大需求就是到货速度快。行业内外企的生产基地往往在国外，从订购到派送需经过漫长的运输、过关等手续，需时一般为 2 ~ 3 周，CST 中国也不例外。而科研用户对产品的需求往往源于"灵机一动"，或者

---

① 见 https：//www. cellsignal. com/browse/primary-antibodies？ N = 102236 + 4294956287，最后检索时间：2020 年 3 月 26 日。

一次迫切探索，时间对科学研究的宝贵程度可想而知。基于此种需求，CST中国在 2009 年初建设了中国现货仓，这是业内进口知名抗体品牌中的首个现货仓。自设立以来，库存以平均每年 43% 的速度增长，并且在过去的 8 年内相继增设了北京、广州、厦门、中科院等现货仓库及代销仓。经过不断对全国现货库的优化和调整，时至今日拥有库存过万支的现货库，客户可在 CST 中国官网中查询特定产品的库存情况①，目前，现货仓已能满足国内客户日常的订购和使用需求，订单现货满足率已逾九成。

CST 中国的成功得益于客户旅程（customer journey）的管理，从 Awareness、Consideration、Investigation，再到 Purchase、Use，CST 中国打通了相关环节（如 Purchase，需要打通国际物流－国内物流－经销商环节，对产品运输和价格进行管理和监控），通过全盘战略布局和市场活动，使客户获得良好的体验，提升了业内口碑，也发展了一大批忠实用户。值得一提的是，CST 中国可以提供几乎全部产品的售前/售后技术支持服务，与中国客户在同时区无缝沟通，这得益于两点：CST 中国技术支持团队均为领域内博士，定期赴总部实验室进行实操培训（wet lab training），服务能力和质量获得了总部的认可。

客户的需求有很多，随着时代变迁，客户需求也会发生相应变化。只有聆听客户心声、抓住机会、先人一步地满足需求，才能保持超人一等的优势。

三 价值主张一：不忘初心，直击痛点

2016 年国际顶级期刊 *Nature* 的一篇报道引起了科学界的重视：70% 的受访科学家表示，他们有曾经尝试重复其他文章的实验却无法重复的经历②。这个问题是困扰整个科学界的问题。可重复性问题的根源主要集中于

---

① CST 中国官网 p－AKT（Ser473）抗体产品页面及库存情况见：https://www.cst-c.com.cn/products/primary-antibodies/phospho-akt-ser473-d9e-xp-rabbit-mab/4060。最后检索时间：2020 年 3 月 26 日。

② Monga Baker：“1500 Scientists Lift the Lid on Reproducibility”，2016.

两点：实验试剂和实验方法。对此，CST 中国技术支持团队不仅每年赴数十个院校进行实验技术教育公益讲座，并举办理论与实操培训班，帮助研究生快速掌握实验要点和注意点，增加成功概率。此外，CST 中国对产品进行严格的内部质控，使用多方法、多模型确保抗体的特异性和表现，产品由于具有较高可靠性和稳定性而深受研究人员的肯定，也多次荣获 BSIA、CiteAb 奖项。

医药研发离不开生命科学的发展。基础科研是根本。《2017 年全国科技经费投入统计公报》显示，2017 年我国 R&D 经费投入总量为 17606.1 亿元，增长 12.3%，增速较上年增加 1.7 个百分点；R&D 经费投入强度（R&D/GDP）达到历史新高（2.13%）。虽然与主要发达国家比仍有差距，但我国已计划到 2020 年，R&D 经费投入强度将提高至 2.5%[1]。经费的增长反映了国家对研发的重视程度提高，"健康中国 2030" 的宏伟计划也寄希望于越来越多的科学成果化为造福人类的工具。于是，"成果转化" 这个词也成为研究人员的焦点，更多政策支持和鼓励研究人员转化科技成果。《中国科技成果转化 2018 年度报告（高等院校与科研院所篇）》显示，2017 年我国共有 2766 家公立研究机构和高等院校的科技成果转化，科技转化合同的总金额达到了 121 亿元，同比增长 66%[2]。

2017 年 9 月，为响应 "健康中国 2030" 国家重大战略，为了帮助更多研究人员找到转化或合作机会、搭建沟通平台，中国细胞生物学学会成立院校企业创新创业工作委员会，CST 中国总经理董增军先生当选为首任共同主席[3]。CST 中国作为工作委员会的工业界代表之一，积极参与各项活动，为

---

① 单秀巧：《到 2020 年中国研发投入 GDP 比重将提高至 2.5%》，搜狐财经，2007 年 3 月 19 日，http://business.sohu.com/20070319/n248827264.shtml。最后检索时间：2020 年 3 月 26 日。

② 马昌、袁渤：《科技创富效应进一步显现》，人民网，2019 年 4 月 10 日，http://scitech.people.com.cn/n1/2019/0301/c1007-30952836.html。最后检索时间：2020 年 3 月 26 日。

③ CST Media Room："General Manager of Cell Signaling Techonology China, Jay Dong is Elected Co-President of Chinese Society for Cell Biology's Academia-Industry Consortium for Innovation and Enterprenewship"，Nov. Ied, 2017，https://www.cellsignal.com/news/22999/general-manager-of-cell-signaling-technology-china-jay-dong-is-elected-co-president-of-chinese-society-for-cell-biology-s-academia-industry-consortium-for-innovation-and-entrepreneurship。最后检索时间：2020 年 3 月 26 日。

科学家提供全方位的支持。该工作委员会旨在将科学家和企业的资源和需求有机地结合起来，并为相互协作提供合作平台，最终目标是通过加强沟通合作，促进科研成果向临床应用转化。

同年，CST 中国与上海交大携手，成立了上海交通大学医学院上海市免疫学研究所——Cell Signaling Technology（CST）中国公司精准医学战略合作中心，旨在借助各自的资源和优势，在阐明疾病机制和开发生物标志物、PTMScan©技术推广、科研成果转化、科研管理人才项目建设、国内外学术交流等领域进行全方位深度合作[①]。

如何进行成果转化？CST 也有自己的成功经验。早在 2007 年，CST 的科学家在顶级学术期刊 Cell 上发表了一篇文章，利用 CST 专利的 PTMScan©技术首次在非小细胞肺癌与其他癌症中鉴定出 ALK 和 ROS1 融合蛋白[②]。随后，辉瑞与 CST 共同转化该科学发现，开发了首个 ALK 抑制剂 crizotinib，后与罗氏诊断一起，开发并使用 ALK（D5F3）XP©兔单抗对非小细胞肺癌病人样本进行自动化免疫组化筛选 ALK 融合蛋白的方法。于是，ALK 科学发现－诊断－治疗这一条路被打通。

有了这样的经验，CST 深知创新和合作的重要性。一方面，CST 会继续重视研发并提供研究工具，为科学家赋能，帮助他们解开更多生命科学的秘密，并推动向临床的转化研究。此外，面对中国巨大的医疗需求，行业内各机构、公司间需要相互合作。对于同行，不应只关注竞争，CST 中国认为，同行间的关系应该是 "coopetition"（合作竞争）的关系，即同行之间不要仅关注于份额的争夺，还要着眼于一起 "把蛋糕做大"（Grow the pie），厘清疾病的致病机制，找到更多的疾病靶点，造福更多的人。

所以，CST 中国也积极寻求与工业界的合作，作为创始成员加入了中国

---

① 左丽媛：《上海交大免疫学研究所－CST 中国精准医学战略合作中心成立》，美通社，2017 年 4 月 28 日，http://www.biotech.org.cn/information/146544，最后检索时间：2020 年 3 月 6 日。

② Rikova K., et al. "Global Survey of Phosphotyrosine Signaling Identifies Oncogenic Kinases in Lung Cancer", Cell, 2007 Dec；131（6）：1190 –203.

生物工程学会精准医疗与伴随诊断专业委员会，并先后与凯杰（苏州）、徕卡公司、中日友好医院等中国知名医院、伴随诊断研发公司形成战略联盟，同心协力，推动发展中国的精准医学事业。

以癌症为例，2015 年的中国肿瘤分析报告显示，中国每年有 400 万新增癌症病例①，中华医学会《中国肿瘤防治进展》报告显示，2017 年，中国新增肺癌超过全球新增病例的 30%，肝癌和食道癌超过全部病例的 50%，胃癌超过全球的 45%②。一方面，CST 将继续提供可靠的研究产品，助力更多类似PD-1/L1通路的诺奖级发现的诞生；另一方面，CST 中国坚信，在政府、高校、科学家、企业家、投资家、合伙人的共同推动下，可形成创新转化生态圈，而 CST 中国将不遗余力，支持生态圈的形成，为创新转化的各个环节创造条件，并提供优质服务。

四 价值主张二：以人为本，以人才为本，以人才培养为根本

人才对于公司、领域甚至国家的重要性不言而喻。如何让优秀的海内外华人科学家，特别是年轻一代，可以站在前辈的肩膀上走得更远？除了研究态度外，前辈科学家有哪些经验教训值得年轻人借鉴思考？如何将这些心得、体会传达给年轻一代，也一直是 CST 中国创始总经理董增军先生思考的焦点。他曾受邀前往武汉大学、北京大学等知名高校，以及多个论坛（如吴瑞青年论坛），分享他对中国的科学发展的独特且深刻的认识，并告诫未来科学家要在提高研究能力（硬实力）的同时，不忘提高软实力，只有如此才能让自己的成绩或成果得到国际上更多认可。

时至今日，越来越多高质量发现来自海内外华人科学家。2017 年，华

---

① Pressroom. "Cancer in China", Jan 26, 2016. http：//pressroom. cancer. org/China2015。最后检索时间：2020 年 3 月 26 日。

② 《我国每年新发恶性肿瘤病例约 309 万，死亡 196 万人》，2018 年 2 月 6 日，https：//new. qq. com/omn/20180206/20180206A0OMBH. html。最后检索时间：2020 年 3 月 26 日。

人科学家同日连发 6 篇文章在 *Cell* 上[1]。这一"中国日"仅是这个时代华人贡献的一个缩影。然而，很多情况下，华人科学家的贡献没有得到国际应有的尊重。为了表彰做出卓越贡献的华人科学家，也为了凝聚华人科学家的力量、探讨如何为华人科学家这个群体争取话语权，2016 年，CST 中国举办首届全球华人科学家创新转化 30 人高峰论坛，主题为"和衷共济"，意为华人科学家、企业家和投资家联合起来，共同推进生命健康领域的蓬勃发展，使华人影响力"崛起"，使华人对健康世界的贡献"崛起"。论坛邀请了来自科学界、工业界、投资界的杰出华人共同献策献力，该论坛网络直播的观看次数逾千次，且得到了多家媒体的报道和关注。

回看公司，公司的成长离不开员工的成长。CST 中国也非常注重内部的员工培养和关怀。公司举办英语角等活动，丰富员工的学习生活。在 2018 年，进入中国的第十个年头，CST 由一间办公室搬入了位于浦东张江的办公楼，从"单身公寓"到"独栋别墅"的转变鼓舞了员工士气，宽敞明亮的办公环境也深受员工好评，公司争取达成健康工作环境金标准。新办公楼配有健身房、浴室等配套设施。每周，CST 聘请网球教练指导员工训练，通过运动达到"8 - 1 > 8"的效果。鼓励员工成长，鼓励劳逸结合，对员工的关爱让 CST 中国保持低离职率，其离职率曾连续三年为零。

作为社会的一员，CST 中国在履行社会责任的同时也积极做一些力所能及的努力。据报道，中国的院外急救复苏成功率仅为 1%，远低于美国的 12%[2]。2018 年，CST 中国组织全员参加了 CPR training，通过考试，全员拿到了美国心脏协会 Heartsaver© First Aid CPR AED 执照；2019 年，参与"担当者行动"，通过骑行募捐的方式，为留守儿童图书角项目筹款[3]。

---

[1] 《牛！华人科学家同日连发 6 篇 *Cell*！》，2017 年 7 月 28 日，http：//news. bioon. com/article/6707498. html. 最后检索时间：2020 年 3 月 6 日。

[2] 《美国心脏协会：要使中国心肺复苏受训比例达到 10%》，http：//www. jksb. com. cn/html/news/hot/2016/1014/103577. html. 最后检索时间：2020 年 3 月 26 日。

[3] 《一起行，一起爱》（担当者行动报道）：2019 年 5 月 5 日，http：//www. dandang. org/content/13839。最后检索时间：2020 年 3 月 26 日。

五　小结：时代机遇，使命使然

CST 进入中国十余年来的成绩有目共睹。2016 年，CST 亚太的销售额超过欧洲，成为 CST 全球除美国以外的第一大销售区域。董增军先生获得 CST 的全球首个"CEO 奖"，该奖项是对 CST 中国所有员工努力和成绩的肯定。

总体而言，CST 中国的成功，归因于以下几个要素。

首先，始终以两个词作为核心驱动力，一是"专注"：专注于"领域"，CST 始终专注于自己所长，在细胞信号研究领域不断加强研发，是保持在业内的权威和口碑的基石；此外，专注于"客户"，不仅提供产品，更注重支持和售后服务，让 CST 的工具在科学家手上发挥最佳功能，帮助他们获得科学发现，这是赢得客户信任的法宝；同时，专注于"团队"，让员工获得成就感和满足感可以打造一支主动敬业的团队，具有主动性的团队才是让公司保持竞争力的"法宝"。二是"共享"，共享的内容不限，知识、技能、资源，等等；共享的方向不限，不论是对内还是对外。在"专注"和"共享"的驱动下，与行业内伙伴一起，达成提高全中国甚至人类健康水平的共同愿景。

其次，具有刚柔并济的管理方式。纪律，让 CST 员工明确工作目标，有序地完成工作任务；再结合人性化的管理，充分发掘员工的潜能，激发员工的主人翁意识。

最后，明确的核心价值观：团队，创新，成长，思危。以团队为基础，创新为导向，成长为目的，思危为警戒，在求发展的同时，保持危机意识。

CST 中国，从一支抗体开始，再到一个个科学发现、一次次转化成果，十年来伴随中国生物产业成长，见证其飞速发展，也将有幸陪伴其腾飞，始终坚持做科研人员（Scientist）的坚实后盾、科学创新者（Innovator）的亲密伙伴，推动中国创新转化生态圈的形成，不负时代机遇，不负使命。

B.14
构筑企业合规防线
保障海外高质量发展

关　符　茹晓凡　涂垠*

摘　要： 在我国提出"走出去"和"一带一路"构想后，互联互通的基础设施建设迎来又一波增长热潮。包括国际多边金融机构在内的各国际组织、各国政府都在合规方面做出了严格规定，国资委、发改委等国家部委也开始推动中国企业在境外合规经营。中国交通建设股份有限公司结合行业特点，从建筑行业合规风险出发，根据自身国际市场地位，建立了一整套完整的、结合国际最佳实践和国际要求，又融合公司合规管理现状、海外业务特点，直面国际化经营风险的合规体系，有效构筑海外合规防线，保障了海外业务的高质量发展。

关键词： 合规　国际工程　海外业务

中国交通建设股份有限公司（中国交建）是我国最早"走出去"的企业之一，其海外发展已有近40年历史。截至2019年4月，中国交建在155

* 关符，国际工商管理硕士，中国交通建设股份有限公司海外事业部法律合规部经理，高级工程师；茹晓凡，管理学硕士，中国交通建设股份有限公司海外事业部法律合规部业务经理，经济师；涂垠，经济学学士，中国交通建设股份有限公司海外事业部法律合规部业务副经理，经济师。

个国家和地区开展业务，设立229个驻外机构，海外主营业务涵盖交通基础设施的投资、设计、建设、运营，以及相关的境外园区、房地产、装备制造、产业投资等多个领域。中国交建以打造连心桥、致富路、发展港、幸福城为抓手，为全球基础设施互联互通建设贡献"中交力量"，加快转型升级，坚持改革创新，不断谱写发展新篇章，推动海外业务高质量发展。

随着市场参与水平的提高，中国交建在保持国际现汇、政府框架项目①高速发展的同时，近年来不断通过海外投资与并购进入高端市场，分别于2015年和2017年收购澳大利亚最大的建筑公司约翰霍兰德公司（John Holland Group Pty Ltd）和巴西主要工程设计咨询企业康克玛特设计咨询公司（Concremat Engenharia e Tecnologia S. A.）。在这发展和完善中国交建国际化经营战略的过程中，中国交建也在主动向国际化经营合规要求靠拢。经济全球化大趋势下的企业竞争，已经进入全球价值链竞争的时代，企业合规管理的重要性正日益突出，合规管理的能力滞后、企业合规管理体系存在明显漏洞正给国际企业带来巨大的合规成本，强化合规经营已经成为跨国企业、全球企业发展的一个新趋势。"合规"对企业的意义也越来越宽泛：不只是按照公司制度流程运营、创造利润，为股东负责，同时也要对企业的员工、服务对象、供应链上下游、其他商业合作方、周边社区等各种利益相关方承担责任。在合规方面，企业一旦出现违规行为，面临的不只是声誉损害、业务终止、高额赔偿、严厉制裁，公司管理人员也有可能遭受驱逐出境、连带赔偿、刑事处罚等严重后果。在这样的背景下，"合规"正日益引起中国建筑工程企业的高度重视。

一　合规的概念

合规一词，来源于英文单词"compliance"，原意为"符合一定的准

---

① 国际现汇项目：一般指项目资金来源于国际金融组织，如世行、亚行、非行等，也包括一些支付信誉高的政府投资的国际招标项目。政府框架项目：一般指项目主要资金来源于中国金融机构，受到中国政府框架性政策支持的项目。

则或规则"。最先重视合规的是金融领域，2005 年 4 月 29 日国际巴塞尔银行监管委员会发布的《合规与银行内部合规部门》提出银行金融机构应建立有效的合规政策和程序。中国银监会在《商业银行合规风险管理指引》文件中指出合规是"经营活动与法律、规则和准则相一致"[1]。

国际标准组织在 2014 年 12 月 15 日发布的 ISO 19600《合规管理体系－指南》中将合规定义为"履行组织的全部义务"。

2018 年 12 月，国家发展改革委、外交部、商务部、中国人民银行、国资委、国家外汇局、全国工商联等七部门共同制定的《企业境外经营合规管理指引》对合规做了更全面、更有针对性的定义，将合规明确为"企业及其员工的经营管理行为符合有关法律法规、国际条约、监管规定、行业准则、商业惯例、道德规范和企业依法制定的章程及规章制度等要求"[2]。

二　国内外合规形势

（一）合规是跨国企业发展的必然要求

对企业而言，追求利润是直接目标，是对股东负责任的表现，但是企业也要遵守国家法律法规、内部控制制度和社会商业道德。2006 年底，西门子公司因个别员工被指控涉嫌参与信托违约、贿赂、逃税等违法活动，遭到美国司法部门和德国检察部门的调查，最终以 8 亿美元的代价与美国司法部达成和解。该事件后，金融业之外的跨国公司纷纷对标各个国家和国际组织的合规要求，开始加强自身的合规体系建设。

在国际组织层面，1997 年国际经合组织通过了《关于打击国际商业交易中行贿外国公职人员行为的公约》，规定任何个人或企业在国际商业

---

① 中国银行业监督管理委员会：《商业银行合规风险管理指引》，2006 年 10 月 12 日。
② 《企业境外经营合规管理指引》，2018 年 12 月 30 日。

交易中行贿外国公职人员的行为均属违法行为。2005 年联合国通过了具有法律约束力的国际性反腐败法律文件《反腐败公约》，将贿赂外国公职人员及国际公共组织官员等行为确定为犯罪。作为世界经济发展的三大支柱之一、在全球具有广泛有影响力的国际组织，世界银行也发布了《廉政合规指南》，并于 2010 年 4 月 9 日与非洲开发银行（AfDB）、亚洲开发银行（ADB）、欧洲复兴开发银行（EBRD）、泛美开发银行（IADB）等 4 家国际多边发展银行正式签署了联动制裁协议。协议规定任何一家公司违规，如果满足联动制裁机制的条件，将自动受到其他国际多边发展银行的制裁。2014 年亚太经合组织领导人非正式会议上还通过了《亚太经合组织预防贿赂和反贿赂法律执行准则》《亚太经合组织有效和自愿的公司合规项目基本要素》等重要文件，积极推进国际合作反腐和促进企业诚信合规。2018 年 11 月在阿根廷举行的二十国集团（G20）领导人第十三次峰会上通过《国有企业预防腐败和确保廉洁高级原则》和《公共部门预防和管理利益冲突高级原则》，旨在促进公私营部门的透明和廉洁。

在各国政府层面，1977 年美国颁布的《反海外腐败法》（*Foreign Corrupt Practices Act*，简称 FCPA），禁止美国公司向外国政府公职人员行贿，并且明确了企业的合规管理责任，同时美国致力于将 FCPA 的范围扩大以加强国际影响，比如通过 1998 年修正案将 FCPA 管辖范围进一步扩大，把外国企业或自然人在美国境内实施的违反 FCPA 的行为也列入管辖范围。英国于 2011 年生效的《反贿赂法》，对公司合规的要求更加严格，要求公司不仅自身要合规经营，而且需要对员工、供应链伙伴、合作伙伴的合规同样负责，将反商业贿赂上升为一项法定义务，"不作为"的行为将使商业组织面临刑事风险。企业如果没有防止贿赂行为的措施，将承担严格法律责任，即"商业组织防止贿赂失职罪"。除非企业可以证明具备了"足够的程序"来预防贿赂发生，"足够的程序"就包括企业需要建设适当的合规项目、建立比较完善的合规机构和合规制度等明确要求。法国的《萨宾第二法案》同样强制要求企业及其高管建立合规制度，且合规制度必须包含行为准则、内部预警系统、风险评估、内外部的会计控制程序、培训系统、惩处机制和合规措施的内控评价制度。

（二）合规管理在中国快速发展

国内近年来也积极推动了多个合规管理相关领域的立法和执法，明确了企业的合规管理义务，提高了对违规的处罚标准。比如在"葛兰素史克商业贿赂案"中，被处罚的罚金达到人民币30亿元，该公司相关管理人员也被追究刑事责任。2015年2月，中国政府对美国高通公司在华从事垄断行为开出罚单，认定高通不当捆绑专利许可，排除、限制市场竞争，阻碍和抑制了技术创新和发展，罚款60.88亿元。

2015年12月起，国资委连续出台了《关于全面推进法治央企建设的意见》、"七五"普法规划、《中央企业主要负责人履行推进法治建设第一责任人职责规定》等文件，明确要求企业建立由总法律顾问为领导，法律事务机构作为牵头部门，相关部门共同参与、齐抓共管的法律合规管理工作体系，将法律管理从以风险防范为主，向风险防范、合规管理和法律监督一体化转变，保障企业依法合规经营实现新突破，推动企业依法规范管理实现新突破、完善法律管理职能实现新突破。

2017年12月，中国国家质量监督检验检疫总局和中国国家标准化管理委员会联合发布了GB/T 35770－2017《合规管理体系指南》，这是2014年12月国际标准化组织发布的ISO 19600《合规管理体系－指南》在中国的成功落地，该指南成为中国企业开展合规管理的重要指导性文件之一。

国务院国资委于2018年11月2日印发《中央企业合规管理指引（试行）》，明确对中央企业的合规管理工作做出了综合性、系统性的规定，要求中央企业建立全面合规管理体系，把合规管理覆盖到各业务领域、各部门和全体员工，贯穿于决策、执行、监督等环节，确保重点领域、重点环节和重点人员的合规管理。

2018年12月，国家发展改革委、外交部、商务部、中国人民银行、国资委、国家外汇局、全国工商联等七部门联合发布了《企业境外经营合规管理指引》，该文件与此前《中央企业合规管理指引（试行）》的最大区别，就是强调海外合规才是重点，不论是开展对外货物和服务贸易，抑或开展境外投资，抑或开展对外工程，还是只是境外的日常经营，都要确保企业及其员工的经营管理行为符合有关法律法规、国际条约、监管规定、行业准则、商业惯例、道德规范和企业依法制定的章程及规章制度等要求。特别是在对外承包工程方面，文件要求对外承包企业要全面掌握国际组织和所在国在投标管理、合同管理、项目履约、劳工管理、环境保护、连带风险管理、债务管理、捐赠与赞助、反腐败、反贿赂等方面的具体要求。

三　中国建筑工程企业"走出去"面临的合规风险

如今中国建筑工程企业的海外拓展之路越来越宽广，面临的形势也越来越复杂。不同国家有不同的管理模式，如果对所在国法律缺乏了解，对所在国市场不熟悉，企业自身又缺乏合规意识，企业员工没有合规敏感性，不了解海外市场规则，无法对海外市场风险进行客观评估，在"业绩第一"的影响下做出冲动决策，很容易触犯合规红线以致违规，不仅不能获得预计的利润，反而会造成经济损失，更严重的是会伤害企业声誉。比如一些国家政府投资的项目或者国际多边金融机构投资的项目会明确要求被列入过世界银行"黑名单"的企业不能参加；在参与海外投资项目时，银行财团和被收购对象作为合作伙伴通常会提出合规尽职调查方面的要求，不达到合规要求就不继续合作；在发达国家进行收并购活动时，所在国的投资监管机构会首先审查中国公司的合规情况，如果该公司有"不光彩"的历史，或者被视为一家不诚信、不讲商业道德的公司，那么即便并购双方同意交易，并购交易也极有可能因为政府否决交易而以失败告终。

对中国国际工程承包企业而言，很多国际工程项目的资金来源于国际多边发展银行的贷款，如世界银行、非洲开发银行等。这些银行对于参与其项目的承包商、供应商以及其关联方都有明确的合规要求，以世界银行为例，如果公司在参与项目的过程中，被发现存在欺诈、串通、腐败、胁迫、妨碍等行为，则公司和相关个人会受到世界银行的制裁。这些制裁可能是训诫、附条件的不剥夺资格、剥夺资格、剥夺资格附有条件解除和恢复原状或赔偿。在这些制裁结果中，影响最大的莫过于剥夺资格。被剥夺资格的企业将被宣布在一定的期限内无法参与世界银行资金项目，不会被授标，也不能以分包商、顾问、制造商、供应商或其他形式参与世界银行资金项目，也无法获得世界银行的贷款和参与世界银行将来项目的准备和实施。该制裁也将自动扩大到世界银行集团的其他机构（比如国际金融公司、多边投资担保机构等）。被制裁的公司会被世界银行在官网上公开。此外，当制裁符合一定条件时还会导致其他国际多边发展银行的全球联动制裁，并对海外投资并购项目产生负面影响。2011 年，集工程设计、设备采购和建筑施工于一体的大型国际知名跨国公司加拿大兰万灵集团因在参加由世界银行资金支持的孟加拉国帕德玛大桥项目投标中，涉嫌向孟加拉国政府官员行贿，而招致世行调查。2013 年 4 月 17 日，世行宣布与兰万灵达成和解，并发起对兰万灵集团及其全球 100 多家关联公司（包括子公司、项目公司、合资公司等，约占兰万灵全球业务的60%）的 10 年禁令制裁（至 2023 年 4 月 17 日），这是世行历史上通过和解协议处以制裁的上限记录。孟加拉国帕德玛大桥的 12 亿美元项目贷款也被世行取消。

国际标准下的"合规"范畴不限于反腐败领域，还涉及出口管制、反洗钱、反恐怖主义融资、反垄断、数据隐私保护、知识产权保护等多方面。中国建筑工程企业同样需要关注在这些维度上存在的合规风险，根据建筑行业的特殊情况，要全面梳理具有影响力的国际组织、行业协会、相关国家法律法规、技术规范等硬性的合规标准和规范指引，确保对不同国家、不同行业、不同专业的海外经营合规风险的有效识别和应对，真正实现国际标准的合规经营。

此外，中国建筑工程企业的国际化发展，绝大部分集中在亚非拉经济欠发达地区，这些国家有一个共同的特点，就是法律制度不够健全，营商环境

不够规范，腐败现象时有发生。

在越来越激烈的市场竞争中，无论是公司管理层，还是员工个人，都会逐渐产生一定的违规行为的意愿，这是由企业"趋利"的本质所决定的，企业自身的不透明的商业环境还会加剧这种思想的蔓延。如果企业的合规意识，尤其是反商业贿赂意识还不够强，企业内部对海外合规以及反海外商业贿赂的监督机制就会存较多的不足，企业内部综合防范能力也会偏弱。

四　中国交建的海外合规体系建设

合规管理即合乎规范的管理，是指企业按照外部法规的要求统一制定并持续修改内部政策，监督内部政策的执行，以实现增强内部控制，持续监测、识别、分析，防范、控制、化解或修正合规风险的一整套管理活动和机制。

为建立适应自身经营业务特点的海外业务合规风险管理体系，中国交建首先认真研究了中国和国际主要国家相关法律法规、世界银行的诚信廉政要求、国际合规惯例以及西门子、通用电气、IBM 等国际企业的合规实践，对公司合规管理的现状进行了细致分析，并且对从事海外业务的有关单位进行深入调研，多次召开海外业务合规专题研讨会，找出风险较大的海外业务流程及环节，分析自己与国际企业合规管理的差距。

首先从顶层设计入手，由公司董事会发出明确的合规承诺，表达最高管理层对合规行动给予持续和坚决的支持。管理层结合中国交建打造"五商中交"、率先建成世界一流企业的战略定位和目标，颁布企业海外员工合规行为准则，提出员工在坚持诚实守规、维护公平竞争、防止贿赂腐败、回避利益冲突、保守商业秘密、尊重员工权利和健康安全环保等方面的合规要求，表明公司在依法合规经营方面必须遵循的基本准则和追求的道德标准。公司还陆续制定和发布了《海外合规工作管理办法》等 8 项办法和针对第三方聘用、采购、投标、合同签订、业务招待、捐赠与赞助、现金支付等七个高风险领域的配套操作细则。

顶层设计还体现在中国交建海外合规体系的组织架构上。整个合规组织架构覆盖决策层、经营管理层、职能部门直至海外办事处，并对各层次的合规机构应负的职责与权限做出了明确的规定。在公司、公司所属单位及海外分（子）公司、办事处等管理层级设立合规管理部门和合规官。合规风险管理职能部门人员的任职，均必须得到上级合规部门的批准，他们在上岗前必须完成专业培训，全面准确理解合规职能和职责，熟知相关法律和其他要求，熟悉行业最佳合规管理实践和经验，具备胜任合规管理岗位需要的专业知识和技能。在合规体系之外，则是公司内审部门对合规部门的整体监督和审计。

中国交建的海外合规体系自上而下贯穿整个业务流程，构筑了海外业务合规风险防控的四道防线。

（一）员工合规意识是合规风险的第一道防线

中国交建海外合规制度规定，海外员工在入职后，要定期参加合规培训，并根据个人经历、岗位和职责等不同特点，参加不同类型的合规培训，了解并掌握公司的合规管理制度和风险防控要求。公司、子公司和海外办事机构的管理层还要带头参加合规培训。

每位员工每年都要参加至少一次公司组织的培训和考试，签订合规声明，牢记自己的合规责任。

市场开发岗位人员在投标过程中，还应特别遵守维护公平竞争和诚信等一般行为要求，不得与竞争对手串通或共同参与具有不正当目的或影响的行为，不得与招标人串通投标，以不道德或腐败手段谋取中标，或者阻碍或拒绝投标监督和检查。

同样地，市场开发和项目管理岗位人员对商业合作方和工作伙伴的任何餐饮招待或者是赠送礼品，都必须事先书面申报招待内容、参加对象和人数、预计人均费用等基本信息，在得到业务部门领导和合规官的批准后方可进行。如果对方是公务人员，则更应该谨慎，任何不适合时间、地点、内容或者费用都可能成为合规官否决该次申请的理由。此外，

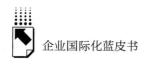

员工应对现金支付保持足够的警惕性，各类礼品、捐赠都要避免使用现金或现金等价物。这也是中国交建倡导"反对商业贿赂"合规的重要方面。

公司的合规制度也禁止员工利用职务之便收受各类间接的好处，接受商业合作方提供的慈善捐赠、政治献金、工作或实习机会或合同，以及雇佣机会等。

（二）业务部门按章办事是合规风险的第二道防线

合规制度要求人事部门在招聘海外办事处经理、财务人员等存在一定合规风险的岗位人员时，对应聘的员工进行合规背景调查，对其教育背景、工作经历、个人诚信、行业声誉等基本信息进行严格审查，并且在面试环节增加对个人诚信道德品质方面的考察，并要求员工定期参加合规培训、学习合规政策。

对于高风险事项，特别是对于商业合作方顾问与供应链伙伴可能的违规行为给公司带来的合规风险，中国交建借鉴国际知名公司的经验，在制度中明确规定要对商业合作方进行合规尽职调查，以识别或排除可能存在的合规风险，这项工作主要由业务部门来完成。

在供应链伙伴方面，除了合规尽职调查之外，中国交建的合规制度同时要求海外业务部门在采购过程中不仅要遵守《中华人民共和国招标投标法》和公司的采购制度，也要遵守办事处（项目）所在国（地区）的相关法律法规，以及多边开发银行等机构的招标规定。严格禁止通过改变其竞标计划或细则规避招标，以不当方式扰乱或干涉招标活动，授意一个或多个竞标方组成联合体共同投标，差别对待竞标方，允许投标方在投标截止期后修改投标文件，与一个或数个投标方私自协商或恶意串通，接受贿赂或不当利益，将在评标过程中获得的某一投标方的信息提供给另一投标方或潜在投标方等任何对公平竞争产生不利影响的行为。

在与重要商业合作伙伴的合作中，中国交建合规制度不仅要求各方约定的业务内容与实际情况一致、约定的业务内容要符合中国交建合规规定，也要求业务部门主动对接对方的合规部门，宣传公司合规理念，共同规范双方的行为，双方都应遵守国际法律和当地法律的规定，强调双方在反对商业贿赂、反洗钱、尊重和保护劳动权益和环境保护等方面的责任和义务。

对于业务部门在日常经营中的捐赠和赞助，合规制度则规定进行捐赠、赞助前必须获得合规部门的书面同意，整个捐赠、赞助活动必须符合当地相关法律，接受对象为合法登记的组织，捐赠赞助内容尽量是实物形式，尽力避免现金捐赠。业务部门被禁止向任何当地的政党、政治性组织、政治家或者候选人提供资金上的捐赠，坚守公司的商业底线。

（三）合规部门和合规官尽职尽责是合规风险的第三道防线

中国交建将合规官和合规部门视为整个合规管理体系的关键要素之一。在公司总部、子公司和海外分支机构设不同级别的合规官，其职责一是负责识别、评估、监测和报告所在机构的合规风险，进而提出风险防范和应对方案；二是对商业合作、礼品招待、捐赠赞助等高风险事项按照合规程序进行审批；三是帮助员工提高对合规的认识水平，为其解答合规方面的疑问。

各单位的法律合规部门对本单位的合规工作负有直接责任。法律合规部门据公司战略目标，制定风险评估的范围和时间，定期开展风险评估，更新风险源。对于识别的负面合规风险，予以重点分析，根据风险评估的严重程度确定优先应对次序，并针对合规风险确定改进目标，修订和完善合规制度；对于有积极影响的合规风险，则加以把握和利用。在合规体系的实际运行中，法律合规部门还要与其他监督部门分工协作，与审计部门、监察部门建立明确的合作和交流机制，加强协调和配合。通过严格的合规审查机制，确保公司内部所有机构的合规体系实施到位、制定合规激励机制、严格查处违规行为，等等，充分发挥合规体系的风险防控作用。

合规官和合规部门的设置，显著提高了公司及时识别、预防合规风险及快速反应的能力，特别是加强了基层业务部门的风险防控管理，增强了

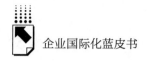

基层业务部门对合规风险的认识和防范能力，成为合规风险防范的重要保障层。

（四）设立海外风险合规委员会

中国交建海外风险合规委员会是海外风险合规业务的协调与领导机构，主要负责中国交建各成员单位之间海外业务风险合规的指导、监督和评价，是合规管理战略和合规管理目标的制定者，是整个中国交建海外合规业务的领导机构。中国交建海外风险合规委员每年定期召开会议，通过会议讨论、决议等形式对海外业务中新出现的合规风险进行应对，并审议合规风险管控涉及的重大事项，有力地防控公司合规风险。

近年来中国交建海外业务持续增长，连续 3 年位居 *ENR*① 全球最大国际工程承包商第 3 位，连续 12 年为亚洲最大国际工程承包商，公司国际化经营指数达到 28%。丰硕的海外经营成果离不开合规的保驾护航。

合规文化需要依靠每一位员工来实现，所以中国交建坚持将合规理念深入灌输给每位员工，通过各种形式的宣传、定期的培训和测试、反复的会议强调，将合规工作的重要性告知每位员工，促进每位员工形成自觉的合规意识和工作习惯，最终形成企业内部的一种文化现象，让合规成为企业可持续发展的动力和保障。合规的企业文化，不仅有助于企业与政府、商业合作伙伴和当地社区等利益相关方之间建立信任关系，也会以良好表现吸引企业的长期投资者和潜在的合作伙伴。所以，从长远来看，合规的企业文化不仅有助于增强企业国际化发展的风险防范能力，也有助于提升企业的绩效表现，从而成为企业核心竞争力的重要组成部分，这与企业追求盈利的最终目标并不矛盾。只要逐步建立起合规经营的企业文化，中国企业就能在激烈的国际竞争中真正立于不败之地。

---

① *ENR*，即 *Engineering News-Record*，美国《工程新闻纪录》是全球工程建设领域最权威的学术杂志，专业提供全球工程建设业界的新闻、分析、评论以及数据。

共享公务机，奢翔公务航空的
国际化之路

周高翔*

摘　要： 随着共享经济的迅猛发展，共享出行已逐渐成为社会发展、行业成熟的重要领域。伴随着共享单车、滴滴出行等共享出行方式的普及，共享出行理论已深入人心。而公务机购买和维护价格昂贵，使得乘坐公务机出行成为财富和地位的象征。但随着共享理念的扩散，共享公务机横空出世，让普通人乘坐公务机出行不再是梦想。只花 2 万元，就可以开启一场说走就走的公务机旅行，在过去是难以想象的事，但奢翔公务航空把这一切都变成了现实。

关键词： 共享公务机　奢翔公务航空　国际化

一　共享理念——为梦想插上翅膀

在传统的观念里，公务机都是高大上的交通工具，是富商或特别人士出行的必备工具。公务机内一般会配备通信设备、酒吧、餐区、沙发、浴室、卧室等不同的豪华设施，以及专属空乘服务人员。由于公务机使用的运维价格高昂，目前国内企业或私人购置公务机的并不多，能够享受公务机包机服

---

* 周高翔：奢翔公务航空创始人、董事长，意大利（中国）侨商会副会长。

务的人群屈指可数。

"奢翔航空"的创立源于创始人周高翔先生在 2013 年参观公务机展时的思考:"为什么公务机市场只能局限于少数人?为什么不能满足更广大的市场需求?"周先生根据多年的国外留学经验与国内近十年代理 30 多家国际奢侈品牌的鞋服实体店经验,看到了国内公务机服务市场未来的无限潜力。在对市场做研究考察与资源整合后,2017 年奢翔公务航空正式成立,经营范围涵盖航空科技、航空设备销售和租赁等。公司目前已拥有 30 多架公务机,但并非购买了这些飞机,而是与拥有公务机的私人和企业进行租用合作。周先生巧妙地利用了共享理念,飞机购买维养成本太高,对于有实力的企业和个人来说也是一个不小的开支,但出于各种原因,公务机的利用率并不是太高。如果采用合作租赁的方式,合作方可以降低运维成本,提高公务机的使用率;公司可以大幅减少成本投入,使公务机的拥有量大大增加。

"奢翔航空"如何玩转"公务机共享"呢?奢翔公务航空通过构建互联网和移动端的服务平台,打造了公司的网站、微信公众号和手机 App,客户可以在这些平台上一目了然地查看公司提供的拼机和包机服务以及价目表,只要注册会员、点击下单等简单步骤就可以实现共享公务机的梦想。奢翔公务航空最大的创新就是拼机服务。一次包机动辄几十万、数百万元的消费,普通人是承担不起的。如果不想支付那么多费用,又想体验公务机服务的话,就可以选择拼机。例如有一个飞行订单,去程是空机的。那么去程飞机上的空座,每个客户只要支付一两万元就可享受豪华公务机之旅。公司会提前在平台上发布拼机线路和座位数,消费者只要在平台上点击下单即可,像买飞机票一样简单。另外,公司还会提供一些热门的、长期航线线路,供客户在平台上选购。

2017 年 11 月 2 日,奢翔公务航空湾流公务机首飞起航,8 名乘客从上海直飞澳门,"共享公务机"平台踏上了造梦之旅,让高大上的公务机包机服务走进寻常百姓家,客户可以像叫滴滴、订专车一样方便快捷地享受豪华公务机的拼机、包机等服务。

随着我国公务机市场的蓬勃发展,提升公务机的服务质量、提高其市场竞争力，是摆在奢翔公务航空管理层面前的紧迫任务。奢翔公务航空在共享品牌上再出发，提出"私人定制，专业奢翔，极致体验"的服务理念，使奢翔公务航空的服务迈向国际水平，并形成浓郁的"奢翔文化特色"。

二 潜龙在渊——奢翔首创"航空＋互联网"

随着中国经济的快速发展，公务航空安全、高效、便捷的交通属性正在被中国更多的用户所认知和体会。政府推出有力举措，在政策层面上为公务航空发展保驾护航。

2010年8月19日，国务院、中央军委颁发了《关于深化我国低空空域管理改革的意见》，这是我国低空空域管理改革的纲领性文件。国务院办公厅在2016年5月印发《关于促进通用航空业发展的指导意见》，首次提出有效发挥公务航空在提高工作效率、补强政务职能、完善运输结构等方面的作用，使其基本功能回归到正常的交通出行方式上，健康有序地拓宽公务航空的发展空间。2016年4月，民航局降低了通用航空企业的准入门槛，将准入条件中的航空器条款由此前"两架航空器为完全所有权"降低为"购买或租赁不少于两架民用航空器"，从而切实减轻了公务机运营企业的资金成本压力。2017年初，民航局取消了通用航空器引进审批（备案）程序，减少了中国用户在公务机引进时的制度性成本支出①。

2018年，全球公务机市场一片清淡。这一年，公务机交付量持续不振。数据显示，2018年全球公务机共交付了689架。其中，美国本土公务机交付量为438架，占全球市场的64%。中国是紧随其后的第二大市场，2018年交付到中国的公务机有28架（含香港地区的5架），占全球市场的4.1%，是过去5年交付量的最高值。

在全球公务机分布上，其中超轻型和轻型公务机市场2018年共交付281架，介于其间的轻中型和中型公务机市场2018年共交付了153架，而

---

① 杨蕊、贺安华、刘菲：《2017中国公务航空大盘点》，《今日民航》2018年第1期。

利润最高的中大型和大型公务机共交付了 103 架，高于过去 10 年的均值（94 架）。超远程公务机 2018 年交付量为 152 架，是过去 10 年的最低值，原因主要是中国和俄罗斯经济不景气导致市场新增需求受到抑制，也就是说，中国的公务机消费主要在超远程公务机领域。

据统计，截至 2018 年底我国公务机保有量为 400 多架，虽然与航空业发达的欧美市场相比仍然比较弱小，但随着政策和市场的推动，中国是当今全球最具吸引力的公务机市场之一。

更为关键的是，目前我国公务机市场正从精英化向大众化转化。公务机不再是达官富商和特殊人物的专属服务器，家庭公务机出行、个人公务机出行的比重稳步提升成为公务机市场的新引擎，也为市场注入兴奋剂。

在这一大背景下，奢翔公务航空切入私人航空服务，抓住的就是这一市场需求变化的机遇期。奢翔公务航空倡导差异化竞争，不同于其他任何一家公司，让用户不必为每一次飞行支付任何的服务费和代理费，让用户实现最高效率的无缝出行；同时致力于机上和地面服务专业化、人性化，为用户提供更好的飞行服务。

奢翔公务航空基于"航空 + 互联网"的理念，打造国内首个公务机、私人飞机航空出行共享平台，将破解公务机租赁"供需平衡"难题，实现机主与乘客的共享与链接；同时，打破原始的服务模式，为客户摒弃所有增加成本的无效中间环节，执着于打造一个完全只关注用户感受的商业模式，想客户所想，急客户所急；专注于在私人航空领域不间断、点对点和覆盖各领域服务的发展战略，将具有高品质服务能力的品牌融入会员服务，实现真正的沉浸式服务[1]。

三 严峻挑战——倒逼创新发展

共享公务机服务知易行难，真正深入行业，才发现要做好这个事业非常

---

[1] 张德智：《中国品牌国际化之路怎样走得更远》，《人民论坛》2017 年第 26 期，第 100～101 页。

不易。

首先，公务机造价昂贵，而且要满足业务的发展，获得相关部门的审批，至少需要两架以上的飞机，如果自己投资购买，这项费用就非常不菲。

其次，公务机运维成吸金黑洞。一架飞机包括飞行员、日常维护和保险等费用每年需要 1000 万元人民币以上。而燃料费用大概需要 1.5 万元/小时，停机费等一些必备费用更是非常高。此外，公司购买飞机，需要找专业的公司托管飞机，一年的托管费用超过 500 万元。大概一架公务机一年的运维费用就是 1000 万元人民币。

但是，与此形成强烈反差，大企业以及大佬、明星们购买的公务机资源闲置。目前公务机飞行仍需要中国民航局、空军等相关单位审批，而且停机位、空域、航线等资源稀缺，这些成为公务机使用率难以提高的主要瓶颈。此外，我国目前适合公务机起降的机场仅 200 个左右。而且超过六成的公务飞行集中在北京、上海、广州、深圳、昆明、成都等几大枢纽机场。对于这些有繁重运输任务的枢纽机场来说，机场容量已经极度饱和，公务飞行窗口非常狭窄，时刻申请难度较大。同时，停机位严重不足、飞机滑行时间过长等都已司空见惯。中国公务机的数量虽然持续增长，但利用率不高，大量的公务机闲置在停机坪上不能起飞，资源严重浪费。虽然公务机使用率不高，人员开支、运维费用却一分也不会减少，这对于企业以及富商都是个不小的压力。

一边是市场有着极大的需求，一边是资源严重闲置浪费；公务机十分美好，但也是吸金黑洞，对公务机不求拥有但求使用成为很多有识之士的梦想。"奢翔"紧抓这一市场机遇，提出共享公务机的理念，共享经济的本质是通过有效开放的共享平台，去中介化，让服务者赚得最多、让消费者花得最少。私人飞机机主可以将那些需要"空飞"回原机场的公务机剩余资源"分享"出来，推荐给既有旅行需求，又希望体验公务机奢华服务的乘客。奢翔公务航空平台首次将共享概念引入公务机航空市场，推出了国内首款公务机出行平台"奢翔公务航空"App 和小程序公众号，彻底改变了公务机出行的传统模式，创立了全新的市场规则。

四　国际化战略——奢翔团队踏上新征程

综观全球，在这样一个崇尚个性、追求时尚的时代，公务机出行俨然已经成为许多欧美国家中高端阶层广为流行的出行方式，公务机以其独特、高效、便捷、舒适的特点受到很多高净值用户的青睐。我国的公务机市场存在各种问题，但也有着巨大的发展空间，在寻求发展的战略上，奢翔公务航空把国际化作为突破的方向。

奢翔提出了国际化的价值观：用户不是最重要的，用户是唯一重要的；向客户提供真正用户视角的服务，以定制化的方式满足用户的核心需求；让客户没有任何疑虑，即可享受到整支专业团队的服务。奢翔公务航空，让顾客奢享尊贵旅程。

首先是管家式服务——暖心。

从客户通过软件预订行程后，客户就将全程享受奢翔公务航空管家式服务：管家会主动协调各相关部门，对客户提出的各类服务需求进行提前安排，主动告知客户有效信息，并提供可行性建议，全力协助客户实现出行计划。管家还会办理快速通关手续，并为客户介绍奢翔推出的最新服务产品与各类促销信息。当客户的旅行出于各种原因不顺畅时，管家还将积极协助客户解决问题。客户所乘坐公务机的各种动态信息尽在管家的关注、掌握之中，并且管家能在客户需要时提供引导服务。如果想在某机场中转，管家将做好全程协助客户中转的各项准备。为客户提供后续航班改签服务，主动协助客户提取托运行李，并随时监控客户所乘航班的行李运输情况。管家通过专人接机、引导、安排住宿等服务，为高端客户提供高品质的中转出行体验。

两年的时间里，奢翔公务航空服务团队就是这样一点一滴记录了数千条服务信息，开启了地面服务团队大数据服务管理模式，关注、掌握了客户的各种动态信息，极大地提高了工作效率，提升了客户的出行体验和服务满意度，也为公司"全球飞行管家"项目积累了宝贵的信息资源①。

其次是全天候服务——安全。

不论客户什么时候需要，"奢翔"服务团队随时候命，奢翔公务机服务团队是一支精英队伍。他们拥有专业的服务技能和优良的职业素养，是一群专业的奢翔人。他们在客舱服务上经验颇丰，有诸多服务创新举措，自身也极具特长，不但熟悉调酒、播音、旅行等服务内容，还精通琴棋书画、茶道、摄影、舞蹈，可谓多才多艺、青春朝气，也是热爱生活、快乐飞行的年轻人。为提升公务机休息室的服务品质，他们不仅大大丰富配餐品种，而且在服务细节上有更多匠心。奢翔还推出了私人专属的个性化订餐服务，客户可以在此享受到超五星级酒店的贴心服务。

最后是全流程服务——专业。

奢翔将提供满足飞机运行需求的全方位运营管理服务，包括飞机的适航维护、飞机运行的全套空中和地面服务。每架飞机都配备相对固定的客服人员，与客户建立一对一的沟通联络；机组人员可由客户事先选定，相对固定，更能满足客户的需求；乘务员均可由客户事先遴选指定。

在狠抓内功的同时，奢翔也注重外延服务的国际化。两年多来，奢翔航空走过一段精彩而又波澜壮阔的腾飞之路，让我们来看一下奢翔航空国际化留下的一个个足迹（见表1）。

表 1　奢翔航空国际化历程

时　间	事　件
2017 年 8 月 1 日	与意大利某知名游艇达成战略合作
2017 年 8 月 4 日	赞助第 57 届国际小姐中国赛区启动仪式
2017 年 8 月 19 日	赞助沪上某高端健身会所
2017 年 8 月 20 日	赞助第 12 届禅武盛宴上海
2017 年 9 月 6 日	赞助第 57 届国际小姐中国赛区总决赛
2017 年 10 月 1 日	赞助某知名手游公司发布会
2017 年 10 月 2 日	与上海交通大学定制 EMBA 总裁高级研修班

① 刘倩：《航空公司国际化发展之路》，《中国民用航空》2013 年第 1 期，第 71~71 页。

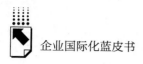
续表

时　间	事　件
2017 年 10 月 14 日	与上海中心宝库一号达成战略合作
2017 年 11 月 2 日	澳门首航,此事件引起国内外权威媒体争相报道
2017 年 12 月 13 日	赞助 2017 年国际超模大赛中国总决赛
2017 年 12 月 17 日	赞助第 13 届禅武盛宴成都
2017 年 12 月 29 日	接受"天下温州人"栏目采访
2018 年 3 月 11 日	与中国再生医学国际集团达成深度合作
2018 年 5 月 14 日	奢翔 CMD 世界梦起航
2018 年 6 月 27 日	奢翔公务航空 App 上架
2018 年 7 月 12 日	禅武盛宴携手奢翔公务航空带领知名企业家出访台湾,拜访马英九
2018 年 8 月 16 日	奢翔 CMD 七夕家宴起航
2018 年 8 月 25 日	第 14 届国际拳王争霸赛合作
2018 年 9 月 5 日	登上美国纳斯达克巨屏
2018 年 11 月 2 日	奢翔公务航空仙本那私岛逆境之旅启航
2019 年 3 月 5 日	接受央视态度栏目采访
2019 年 3 月 25 日	与中国民生银行发布高端联名信用卡
2019 年 5 月 17 日	与国际知名五星酒店达成战略合作

纳斯达克的钟声,是对奢翔公务航空国际化道路的一个最好诠释,也是奢翔公务航空走向更广阔领域的强力宣言。奢翔的品牌宣言:奢翔以开拓者的实力为会员提供更全面的服务,我们将强强联合与我们有相同价值观的品牌,给予用户沉浸式的体验。我们将力争以"首家"的姿态,不断推陈出新,为会员创造更多的价值。这是奢翔的目标,也是奢翔的核心竞争力所在。

五　未来愿景——打造全球化平台

奢翔公务航空作为中国公务机市场的一支新军,虽然发展势头迅猛,但仍将致力于基础建设,打下扎实的根基,迎接全球化的浪潮。未来的奢翔将进一步完善飞行规章制度,加速构建专业机构审定类标准,完善专业人员执照、资质审定类的规章制度,规范航务工作,采取一切措施保证飞行安全和正常。注重航务人员培训。飞行计划申请方面，公司一般接受的都是对时限要求比较高的任务，缩短任务审批时间，确保按时高质量完成作业任务。针对近年中国民航的法规、规章和标准修订频繁的状况，奢翔公务航空人员也应持续进行业务知识的培训与学习，及时掌握新的规章和标准。

奢翔未来将构建"全球航空经济在线商业体系"，将以奢翔公务航空App和小程序公众号为基础，链接全球各大机场，通过对平台的功能改造与用户体验优化，提供更为便捷的线上服务功能，增加航空增值服务种类，开展与异业的跨界合作，丰富出行集成产品，丰富积分应用场景，全面构建基于乘机人出行视角，符合互联网时代用户使用习惯，能满足用户一站式、个性化需求的商务平台。将金融融入体系当中，围绕吃、住、行、游、购、娱等涉航要素为客户提供服务，前向客户（旅客）需要多个环节的不同时段、空间、类型服务，后向客户（域内各实体服务商）依托"航空经济在线商业体系"，围绕游客需求分工合作，互为分销、互为引客，在全球促进更多的潜在消费，同时后台的清算、分算、结算系统在客户完成消费结账后实现资金入账，T＋1个时间后合作的分销商（异业实体）通过银联金融管道自动计算分成，相应金额被划入异业分销伙伴指定银行账户。

我们深知，奢翔公务航空的国际化是系统工程，要真正把国际化落到实处，需要公司上下的高度重视，集全公司之力，并构建国际化人才培训机制，为国际化发展储备足够多的人才，助推奢翔公务航空飞得更高更远。

附　　录

Appendixes

B.16
2018~2019年中国企业对外投资统计

2018~2019 年上半年中国企业对外投资数据

年份	月份	投资方	交易方	交易金额(百万美元)	投资方所属行业(一级)	标的所属行业(一级)	标的所在国家	洲级区域
2018	1	威高集团有限公司	Argon Medical Devices Holdings	850.00	制造业	制造业	美国	北美洲
2018	1	河南郑州煤矿机械集团股份有限公司	Robert Bosch Investment Nederland B. V.		制造业	制造业	德国	欧洲
2018	1	上海宏达矿业股份有限公司	Miviphealthcare Holdings, LLC		采矿业	制造业	美国	北美洲
2018	1	中矿资源勘探股份有限公司	Tiger Resources Limited	250.00	采矿业	采矿业	刚果民主共和国	非洲
2018	1	北京国锐房地产开发有限公司	英国标准人寿保险公司		房地产业	房地产业	英国	欧洲

续表

年份	月份	投资方	交易方	交易金额(百万美元)	投资方所属行业(一级)	标的所属行业(一级)	标的所在国家	洲级区域
2018	1	北京昆仑万维科技股份有限公司	Grindr Holding Company	152.00	信息传输、计算机服务和软件业	信息传输、计算机服务和软件业	美国	北美洲
2018	1	阿里巴巴（中国）网络技术有限公司	XpressBees	100.00	信息传输、计算机服务和软件业	交通运输、仓储及邮政业	印度	亚洲
2018	1	江苏洋河酒厂股份有限公司	Vina San Pedro Tarapaca Wine Group	66.00	制造业	制造业	智利	南美洲
2018	1	腾讯控股有限公司	WP Technology	50.00	信息传输、计算机服务和软件业	信息传输、计算机服务和软件业	加拿大	北美洲
2018	1	宁波均胜电子股份有限公司	Quin GmbH		制造业	制造业	德国	欧洲
2018	1	乐普（北京）医疗器械股份有限公司	Viralytics		制造业	制造业	澳大利亚	大洋洲
2018	1	中国烟台张裕葡萄酿酒股份有限公司	歌浓酒庄		制造业	制造业	澳大利亚	大洋洲
2018	1	北方华创科技集团股份有限公司	Akrion	15.00	制造业	制造业	美国	北美洲
2018	1	广东中山达华智能科技股份有限公司	ASN Satellites	9.80	制造业	制造业	马来西亚	亚洲
2018	1	中山大洋电机股份有限公司	Hydrogenious Technologies GmbH	7.67	制造业	制造业	德国	欧洲
2018	1	重庆莱美药业股份有限公司	Argos Therapeutics Inc.	1.50	制造业	制造业	美国	北美洲

续表

年份	月份	投资方	交易方	交易金额(百万美元)	投资方所属行业(一级)	标的所属行业(一级)	标的所在国家	洲级区域
2018	1	湖北富邦科技股份有限公司	Saturas Ltd.	1.50	制造业	制造业	以色列	亚洲
2018	1	上海裸心社企业管理咨询有限公司	Gravity		信息传输、计算机服务和软件业	房地产业	澳大利亚	大洋洲
2018	1	亿帆医药股份有限公司	Merrylake International Limited		制造业	制造业	英国	欧洲
2018	1	腾讯控股有限公司	Skydance Media		信息传输、计算机服务和软件业	文化、体育和娱乐业	美国	北美洲
2018	1	沈阳新松机器人自动化股份有限公司	SHINSUNG E&G CO., LTD.		制造业	制造业	韩国	亚洲
2018	1	中国中信集团公司	Oaktree Capital Management		金融业	制造业	法国	欧洲
2018	1	腾讯控股有限公司	MySquar		信息传输、计算机服务和软件业	信息传输、计算机服务和软件业	缅甸	亚洲
2018	1	浙江执御信息技术有限公司	MarkaVIP		信息传输、计算机服务和软件业	信息传输、计算机服务和软件业	约旦	亚洲
2018	1	中国石油天然气股份有限公司	印尼国有油气公司印尼国家石油公司		制造业	制造业	印度尼西亚	亚洲
2018	1	中国创新投资有限公司	Power Energy Solutions, Inc.		制造业	制造业	美国	北美洲

续表

年份	月份	投资方	交易方	交易金额(百万美元)	投资方所属行业(一级)	标的所属行业(一级)	标的所在国家	洲级区域
2018	1	北京京东世纪贸易有限公司	Tiki. vn		信息传输、计算机服务和软件业	信息传输、计算机服务和软件业	越南	亚洲
2018	1	雪松控股集团	来宝集团		综合	交通运输、仓储及邮政业	新加坡	亚洲
2018	1	中国平安保险（集团）股份有限公司	Tyto Care		金融业	制造业	美国	北美洲
2018	2	浙江吉利控股集团有限公司	戴姆勒		制造业	制造业	德国	欧洲
2018	2	金沙江创业投资基金		2250	金融业	制造业	土耳其	亚洲
2018	2	中国东方弘泰资本投资有限公司	Imagina Media Audiovisual		金融业	文化、体育和娱乐业	西班牙	欧洲
2018	2	山东济宁如意毛纺织股份有限公司	JAB 控股	700.00	制造业	制造业	瑞士	欧洲
2018	2	上海医药集团股份有限公司	康德乐	557.00	制造业	制造业	马来西亚	亚洲
2018	2	哈药集团股份有限公司	GNC Holdings Inc.	300.00	制造业	制造业	美国	北美洲
2018	2	蓝星安迪苏股份有限公司	Nutriad	193.00	制造业	制造业	比利时	欧洲
2018	2	上海微创医疗器械（集团）有限公司	LivaNova	190.00	制造业	制造业	意大利	欧洲
2018	2	中国中信集团公司	Euromoney Institutional Investor PLC	180.5	金融业	制造业	英国	欧洲

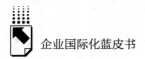

续表

年份	月份	投资方	交易方	交易金额(百万美元)	投资方所属行业(一级)	标的所属行业(一级)	标的所在国家	洲级区域
2018	2	上海岱美汽车内饰件股份有限公司	Motus Integrated Technologies	147.00	制造业	制造业	法国	欧洲
2018	2	复星国际有限公司	Jeanne Lanvin SAS		综合	制造业	法国	欧洲
2018	2	中国保利集团公司	St. Modwen		房地产业	房地产业	英国	欧洲
2018	2	腾讯控股有限公司	Gaana	115.00	信息传输、计算机服务和软件业	信息传输、计算机服务和软件业	印度	亚洲
2018	2	软控股份有限公司	eCobalt Solutions Inc.	80.00	制造业	采矿业	加拿大	北美洲
2018	2	复星国际有限公司	Guide Investimentos S. A.	52.00	综合	金融业	巴西	南美洲
2018	2	联美量子股份有限公司	Mantis Vision Ltd.	36.00	电力、煤气及水的生产和供应业	制造业	以色列	亚洲
2018	2	南京红太阳股份有限公司	Ruralco Soluciones S. A.	23.00	制造业	制造业	阿根廷	南美洲
2018	2	广州弘亚数控机械股份有限公司	MasterwoodS. p. A.	18.56	制造业	制造业	意大利	欧洲
2018	2	视觉(中国)文化发展股份有限公司	500PX, INC.	17.00	文化、体育和娱乐业	文化、体育和娱乐业	美国	北美洲
2018	2	中国宝力科技控股有限公司	MTH Limited	15.50	金融业	制造业	俄罗斯	欧洲
2018	2	深圳市汇顶科技股份有限公司	Commsolid GmbH	10.57	制造业	信息传输、计算机服务和软件业	德国	欧洲

续表

年份	月份	投资方	交易方	交易金额(百万美元)	投资方所属行业(一级)	标的所属行业(一级)	标的所在国家	洲级区域
2018	2	钱唐控股有限公司	Orient Capital Opportunity Fund SPC	9.68	批发和零售业	房地产业	英国	欧洲
2018	2	狮子山集团有限公司	Quarto	6.83	文化、体育和娱乐业	文化、体育和娱乐业	英国	欧洲
2018	2	深圳和而泰智能控制股份有限公司	De'Longhi Appliances S. r. l.	5.10	制造业	制造业	德国	欧洲
2018	2	招商局港口控股有限公司	Gold Newcastle Property Pty Holding Limited	4.60	交通运输、仓储及邮政业	交通运输、仓储及邮政业	澳大利亚	大洋洲
2018	2	大连大杨创世股份有限公司	InStitchu	2.50	制造业	制造业	澳大利亚	大洋洲
2018	2	荣丰控股集团股份有限公司	National Bank of Greece		房地产业	金融业	希腊	欧洲
2018	2	进阶发展集团有限公司	N/A		房地产业	房地产业	日本	亚洲
2018	2	阿里巴巴(中国)网络技术有限公司	Bigbasket		信息传输、计算机服务和软件业	信息传输、计算机服务和软件业	印度	亚洲
2018	3	阿里巴巴(中国)网络技术有限公司	Lazada	2000.00	信息传输、计算机服务和软件业	信息传输、计算机服务和软件业	新加坡	亚洲
2018	3	中国南方电网有限责任公司	加拿大资产管理公司 BIP	1300.00	电力、煤气及水的生产和供应业	电力、煤气及水的生产和供应业	智利	南美洲
2018	3	中国石油天然气集团有限公司	阿布扎比的3个海上油田	1175.00	制造业	采矿业	阿拉伯联合酋长国	亚洲

年份	月份	投资方	交易方	交易金额(百万美元)	投资方所属行业(一级)	标的所属行业(一级)	标的所在国家	洲级区域
2018	3	中国石油化工集团有限公司	雪佛龙全球能源公司	900.00	制造业	制造业	南非	非洲
2018	3	腾讯控股有限公司	Ubisoft Entertainment	452.00	信息传输、计算机服务和软件业	信息传输、计算机服务和软件业	法国	欧洲
2018	3	阿里巴巴(中国)网络技术有限公司	Telenor	184.50	信息传输、计算机服务和软件业	信息传输、计算机服务和软件业	巴基斯坦	亚洲
2018	3	阿里巴巴(中国)网络技术有限公司	Zomato	150.00	信息传输、计算机服务和软件业	信息传输、计算机服务和软件业	印度	亚洲
2018	3	海航集团有限公司	PLOVDIV AIRPORT	98.00	交通运输、仓储及邮政业	交通运输、仓储及邮政业	保加利亚	欧洲
2018	3	中国银行股份有限公司	The Standard Life	93.77	金融业	房地产业	英国	欧洲
2018	3	渤海汽车系统股份有限公司	TRIMET	71.10	制造业	制造业	德国	欧洲
2018	3	海信集团有限公司	东芝株式会社(Toshiba Corporation)	71.00	制造业	制造业	日本	亚洲
2018	3	深圳市海普瑞药业集团股份有限公司	Curemark LLC	59.53	制造业	制造业	美国	北美洲
2018	3	顾家家居股份有限公司	Scali Consolidated Pty Limited	58.00	制造业	制造业	澳大利亚	大洋洲
2018	3	复星国际有限公司	Wolford	37.85	综合	制造业	奥地利	欧洲
2018	3	比亚迪股份有限公司	BIOSAR 公司	30.00	制造业	制造业	澳大利亚	大洋洲

续表

年份	月份	投资方	交易方	交易金额(百万美元)	投资方所属行业(一级)	标的所属行业(一级)	标的所在国家	洲级区域
2018	3	美克国际家居用品股份有限公司	M. U. S. T. Holdings Limited/Rowe Fine Furniture Holding Corp.	29.92	制造业	制造业	美国	北美洲
2018	3	广东中山达华智能科技股份有限公司	SupremeSAT（PVT）LTD.	29.18	制造业	制造业	斯里兰卡	亚洲
2018	3	蓝池创投有限公司	Rent the Runway	20.00	金融业	制造业	美国	北美洲
2018	3	国投中鲁果汁股份有限公司	Appol	18.95	制造业	制造业	波兰	欧洲
2018	3	先达国际物流控股有限公司	T. Y. D. Holding	4.84	交通运输、仓储及邮政业	交通运输、仓储及邮政业	荷兰	欧洲
2018	3	上海开能环保设备股份有限公司	9737600 Canada Inc.	3.39	电力、煤气及水的生产和供应业	电力、煤气及水的生产和供应业	加拿大	北美洲
2018	3	阿里巴巴(中国)网络技术有限公司	Rocket Internet		信息传输、计算机服务和软件业	信息传输、计算机服务和软件业	巴基斯坦	亚洲
2018	3	腾讯控股有限公司	N26		信息传输、计算机服务和软件业	金融业	德国	欧洲
2018	3	鸿博股份有限公司	Bluestone Soft		制造业	文化、体育和娱乐业	韩国	亚洲
2018	3	凯辉私募股权投资基金	Innovative Office Products		金融业	制造业	美国	北美洲
2018	3	中国石油天然气集团公司	TTWork		制造业	制造业	巴西	南美洲

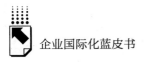
续表

年份	月份	投资方	交易方	交易金额(百万美元)	投资方所属行业(一级)	标的所属行业(一级)	标的所在国家	洲级区域
2018	3	苏州锦富技术股份有限公司	BRV 莲花基金		制造业	制造业	韩国	亚洲
2018	4	宁波均胜电子股份有限公司	Takata Corporation	1588.00	制造业	制造业	日本	亚洲
2018	4	广东锦峰集团有限公司	Incarlopsa	1200.00	综合	制造业	西班牙	欧洲
2018	4	青岛双星股份有限公司	韩国锦湖轮胎	558.00	制造业	制造业	韩国	亚洲
2018	4	中国投资有限责任公司	Nature's Care Manufacture Pty	600.00	金融业	批发和零售业	澳大利亚	大洋洲
2018	4	欧普照明股份有限公司	Trilux GmbH		制造业	制造业	德国	欧洲
2018	4	碧桂园控股有限公司	Lindhill/Galliard	536.30	房地产业	房地产业	英国	欧洲
2018	4	阿里巴巴(中国)网络技术有限公司	N/A	350.00	信息传输、计算机服务和软件业	信息传输、计算机服务和软件业	泰国	亚洲
2018	4	中国复星国际有限公司	Fortis Healthcare	350.00	综合	交通运输、仓储及邮政业	印度	亚洲
2018	4	中国中信集团有限公司	Trilogy International Limited	180.00	金融业	综合	新西兰	大洋洲
2018	4	远东发展有限公司	FEC Properties	141.00	房地产业	房地产业	新加坡	亚洲
2018	4	网龙网络控股有限公司	Edmodo	137.50	信息传输、计算机服务和软件业	信息传输、计算机服务和软件业	美国	北美洲
2018	4	腾讯控股有限公司	Dream 11	100.00	信息传输、计算机服务和软件业	信息传输、计算机服务和软件业	印度	亚洲

续表

年份	月份	投资方	交易方	交易金额(百万美元)	投资方所属行业(一级)	标的所属行业(一级)	标的所在国家	洲级区域
2018	4	上海拉夏贝尔服饰股份有限公司	Vivarte SAS	61.30	制造业	制造业	法国	欧洲
2018	4	广州航新航空科技股份有限公司	Magnetic MRO AS	52.00	制造业	制造业	爱沙尼亚	欧洲
2018	4	阿里巴巴(中国)网络技术有限公司	Paytm	45.00	信息传输、计算机服务和软件业	信息传输、计算机服务和软件业	印度	亚洲
2018	4	中科创达软件股份有限公司	MMSolutions	36.55	制造业	制造业	保加利亚	欧洲
2018	4	淄博齐翔腾达化工股份有限公司	Integra Holdings Pte. Ltd.	36.00	制造业	制造业	瑞士	欧洲
2018	4	北京科锐国际人力资源股份有限公司	Fulfil(2)	29.19	租赁和商务服务业	租赁和商务服务业	英国	欧洲
2018	4	爱康医疗控股有限公司	Orthopaedic Research UK	23.44	制造业	制造业	英国	欧洲
2018	4	腾讯控股有限公司	Marble	10.00	信息传输、计算机服务和软件业	信息传输、计算机服务和软件业	美国	北美洲
2018	4	杭州中亚机械股份有限公司	Magex SRL	9.77	制造业	制造业	意大利	欧洲
2018	4	盛大游戏有限公司	Kakao	9.20	信息传输、计算机服务和软件业	信息传输、计算机服务和软件业	韩国	亚洲
2018	4	成都康弘药业集团股份有限公司	IOPtima Ltd.	7.00	制造业	制造业	以色列	亚洲

续表

年份	月份	投资方	交易方	交易金额(百万美元)	投资方所属行业(一级)	标的所属行业(一级)	标的所在国家	洲级区域
2018	4	江苏百川高科新材料股份有限公司	Metals Tech Limited	1.33	制造业	采矿业	澳大利亚	大洋洲
2018	4	北京兆泰房地产开发有限责任公司	N/A		房地产业	房地产业	英国	欧洲
2018	4	青岛海尔股份有限公司	Haier New Zealand Investment Holding Company Limited		制造业	制造业	新西兰	大洋洲
2018	4	山鹰国际控股股份公司	Boreal Bioref		制造业	制造业	芬兰	欧洲
2018	4	中国安泰科技股份有限公司	Cotesa GmbH		制造业	制造业	德国	欧洲
2018	4	广东星徽精密制造股份有限公司	Donati S. r. l		制造业	制造业	意大利	欧洲
2018	4	安徽德力日用玻璃股份有限公司	N/A		制造业	制造业	巴基斯坦	亚洲
2018	4	恒安国际集团有限公司	Finnpulp		批发和零售业	制造业	芬兰	欧洲
2018	4	深圳市创新投资集团有限公司	Formlabs		金融业	制造业	美国	北美洲
2018	4	深圳万讯自控股份有限公司	Scape Technologies A/S		制造业	制造业	丹麦	欧洲
2018	4	北控水务集团有限公司	三菱商事株式会社		电力、煤气及水的生产和供应业	电力、煤气及水的生产和供应业	澳大利亚	大洋洲
2018	5	天齐锂业股份有限公司	Inversiones TLC SpA/Nutrien Ltd.	4066.00	制造业	制造业	智利	南美洲

续表

年份	月份	投资方	交易方	交易金额(百万美元)	投资方所属行业(一级)	标的所属行业(一级)	标的所在国家	洲级区域
2018	5	鼎晖投资有限公司	Sirtex Medical	1410.00	金融业	制造业	澳大利亚	大洋洲
2018	5	中国中钢集团有限公司	N/A	1000.00	制造业	制造业	津巴布韦	非洲
2018	5	曲美家居集团股份有限公司	Ekornes	540.00	制造业	制造业	挪威	欧洲
2018	5	绿叶制药集团有限公司	Astra Zeneca	546.00	制造业	制造业	英国	欧洲
2018	5	远大医药(中国)有限公司	Sirtex Medical	355.00	制造业	制造业	澳大利亚	大洋洲
2018	5	北京京东世纪贸易有限公司	易商红木(ESR)	306.00	信息传输、计算机服务和软件业	交通运输、仓储及邮政业	美国	北美洲
2018	5	北京万东医疗科技股份有限公司	百胜医疗集团	270.58	制造业	制造业	意大利	欧洲
2018	5	深圳市远望谷信息技术股份有限公司	OEP 10 B. V.	203.00	信息传输、计算机服务和软件业	信息传输、计算机服务和软件业	荷兰	欧洲
2018	5	中国葛洲坝集团有限公司	巴西圣保罗圣诺伦索供水系统公司	200.00	水利、环境和公共设施管理业	水利、环境和公共设施管理业	巴西	南美洲
2018	5	玖龙纸业(控股)有限公司	Catalyst Paper Operations Inc	175.00	制造业	制造业	美国	北美洲
2018	5	海信集团有限公司	Gorenje	172.00	制造业	制造业	斯洛维尼亚	欧洲
2018	5	上海医药集团股份有限公司	武田制药	144.00	制造业	制造业	日本	亚洲
2018	5	浙江森马服饰股份有限公司	Inchiostro SA	129.80	制造业	制造业	法国	欧洲

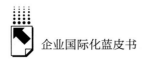

续表

年份	月份	投资方	交易方	交易金额(百万美元)	投资方所属行业(一级)	标的所属行业(一级)	标的所在国家	洲级区域
2018	5	北京比特大陆科技有限公司	Circle Internet Financial	110.00	金融业	金融业	美国	北美洲
2018	5	腾讯控股有限公司	SoundHound	100.00	信息传输、计算机服务和软件业	信息传输、计算机服务和软件业	美国	北美洲
2018	5	厦门金达威集团股份有限公司	Zipfizz Corporation	80.00	制造业	制造业	美国	北美洲
2018	5	恒睿铂松(上海)股权投资有限公司	Children's Group，LLC	60.00	金融业	制造业	美国	北美洲
2018	5	潍柴动力股份有限公司	锡里斯动力控股有限公司（Ceres Power）		制造业	制造业	英国	欧洲
2018	5	顾家家居股份有限公司	Rolf Benz AG& Co. KG 和 RB Management AG	49.10	制造业	制造业	德国	欧洲
2018	5	浙江铁流离合器股份有限公司	Geiger Fertigungstechnologie GmbH	44.93	制造业	制造业	德国	欧洲
2018	5	无锡威孚高科技集团股份有限公司	Protean Holdings Corp.	30.00	制造业	制造业	美国	北美洲
2018	5	亿帆医药股份有限公司	SciGen Ltd.	28.00	制造业	制造业	新加坡	亚洲
2018	5	阿里巴巴(中国)网络技术有限公司	SQream	26.40	信息传输、计算机服务和软件业	信息传输、计算机服务和软件业	以色列	亚洲
2018	5	深圳信立泰药业股份有限公司	M. A. Med Alliance SA(MA)	20.00	制造业	制造业	瑞士	欧洲

续表

年份	月份	投资方	交易方	交易金额(百万美元)	投资方所属行业(一级)	标的所属行业(一级)	标的所在国家	洲级区域
2018	5	浙江春风动力股份有限公司	KTM Industries AG (KTM)	17.99	制造业	制造业	奥地利	欧洲
2018	5	汤臣倍健股份有限公司	Bayer	15.60	制造业	制造业	澳大利亚	大洋洲
2018	5	创新工场有限公司	Fictiv	15.00	金融业	信息传输、计算机服务和软件业	美国	北美洲
2018	5	深圳市中金岭南有色金属股份有限公司	缅甸金属股份有限公司	11.45	采矿业	采矿业	缅甸	亚洲
2018	5	均安控股有限公司	Sigma Epsilon Fund Limited		建筑业	建筑业	菲律宾	亚洲
2018	5	广东欧珀移动通信有限公司	POPxo.com 公司	5.20	制造业	信息传输、计算机服务和软件业	印度	亚洲
2018	5	深圳信立泰药业股份有限公司	Mercator MedSystems, Inc.	4.00	制造业	制造业	美国	北美洲
2018	5	苏州斯莱克精密设备股份有限公司	O.K.L 罐线有限公司	3.00	制造业	制造业	美国	北美洲
2018	5	力丰(集团)有限公司	Prima Group	2.75	制造业	制造业	意大利	欧洲
2018	5	腾讯控股有限公司	Bluehole		信息传输、计算机服务和软件业	信息传输、计算机服务和软件业	韩国	亚洲
2018	5	湖北能源集团股份有限公司	Empresa de Generación Huallaga S.A.		电力、煤气及水的生产和供应业	电力、煤气及水的生产和供应业	秘鲁	南美洲

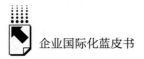

续表

年份	月份	投资方	交易方	交易金额(百万美元)	投资方所属行业(一级)	标的所属行业(一级)	标的所在国家	洲级区域
2018	5	嘉里物流联网有限公司	Shipping and Airfreight Services (S. A. S.)		交通运输、仓储及邮政业	交通运输、仓储及邮政业	南非	非洲
2018	5	广东欧珀移动通信有限公司	Baca		制造业	信息传输、计算机服务和软件业	印度尼西亚	亚洲
2018	5	天合光能股份有限公司	Nclave Renewable S. L.		制造业	制造业	西班牙	欧洲
2018	5	恒申控股集团有限公司	Fibrant		制造业	制造业	荷兰	欧洲
2018	5	滴滴出行科技有限公司	Taxify		信息传输、计算机服务和软件业	信息传输、计算机服务和软件业	爱沙尼亚	欧洲
2018	5	上海硅产业投资有限公司	Soitec		制造业	制造业	法国	欧洲
2018	5	腾讯控股有限公司	Grinding Gear Games(GGG)		信息传输、计算机服务和软件业	信息传输、计算机服务和软件业	新西兰	大洋洲
2018	5	腾讯控股有限公司	NewsDog		信息传输、计算机服务和软件业	信息传输、计算机服务和软件业	印度	亚洲
2018	5	上海浦东科技投资有限公司	ASTI Holdings Limited		金融业	制造业	新加坡	亚洲
2018	5	中信银行股份有限公司	阿尔金银行（Altyn Bank）		金融业	金融业	哈萨克斯坦	亚洲
2018	5	浙江今飞凯达轮毂股份有限公司	沃森制造（泰国）有限公司		制造业	制造业	泰国	亚洲

续表

年份	月份	投资方	交易方	交易金额(百万美元)	投资方所属行业(一级)	标的所属行业(一级)	标的所在国家	洲级区域
2018	5	阿里巴巴(中国)网络技术有限公司	Daraz		信息传输、计算机服务和软件业	信息传输、计算机服务和软件业	巴基斯坦	亚洲
2018	5	四川雅化实业集团股份有限公司	澳大利亚矿企CORE EXPLORATION LTD		采矿业	采矿业	新西兰	大洋洲
2018	5	匹克体育用品有限公司	OZARK		文化、体育和娱乐业	文化、体育和娱乐业	瑞士	欧洲
2018	6	中国泛海控股集团	Genworth 公司	2700.00	综合	金融业	美国	北美洲
2018	6	中国铝业集团有限公司	Toromocho 铜矿	1300.00	制造业	采矿业	秘鲁	南美洲
2018	6	中信金属有限公司	Ivanhoe Mines	560.00	采矿业	制造业	加拿大	北美洲
2018	6	沣沅弘(北京)控股集团	L Catterton	191	金融业	制造业	法国	欧洲
2018	6	杭州巨星科技股份有限公司	Capvis II Equity LP AG	176.00	制造业	制造业	瑞士	欧洲
2018	6	网易传媒科技(北京)公司	Bungie	100.00	信息传输、计算机服务和软件业	信息传输、计算机服务和软件业	美国	北美洲
2018	6	上海凯利泰医疗科技股份有限公司	Elliquence, LLC	77.15	制造业	制造业	美国	北美洲
2018	6	苏州胜利精密制造科技股份有限公司	JOT Automation Oy	58.90	制造业	制造业	芬兰	欧洲
2018	6	陕西炼石有色资源股份有限公司	Northern Aerospace Limited	51.90	采矿业	制造业	英国	欧洲

续表

年份	月份	投资方	交易方	交易金额(百万美元)	投资方所属行业(一级)	标的所属行业(一级)	标的所在国家	洲级区域
2018	6	苏州东山精密制造股份有限公司	FLEX	29.25	制造业	制造业	美国	北美洲
2018	6	杰克缝纫机股份有限公司	FINVER S. p. A. / VI. BE. MAC. S. p. A. / VINCO S. r. l.	26.90	制造业	制造业	意大利	欧洲
2018	6	中国国家电力投资集团公司	圣安东尼奥水坝		电力、煤气及水的生产和供应业	电力、煤气及水的生产和供应业	巴西	南美洲
2018	6	中国罕王控股有限公司	Primary Gold		采矿业	采矿业	澳大利亚	大洋洲
2018	6	中国复星国际有限公司	ATON GmbH		综合	制造业	德国	欧洲
2018	7	紫光集团有限公司	CVC 资本合伙公司	2530	制造业	制造业	法国	欧洲
2018	7	Strategic IDC	Global Switch	2440	综合	信息传输、计算机服务和软件业	英国	欧洲
2018	7	联想控股股份有限公司	卢森堡国际银行（Banque Internationale à Luxembourg S. A.，BIL）	1764	综合	金融业	卢森堡	欧洲
2018	7	长江和记实业有限公司	VEON Ltd.	1400	综合	信息传输、计算机服务和软件业	意大利	欧洲
2018	7	中国通用技术（集团）控股有限责任公司	Arrivo	1000	制造业	交通运输、仓储及邮政业	美国	北美洲

续表

年份	月份	投资方	交易方	交易金额(百万美元)	投资方所属行业(一级)	标的所属行业(一级)	标的所在国家	洲级区域
2018	7	国投矿业投资有限公司	Nutrien	502	采矿业	制造业	约旦	亚洲
2018	7	华东医药股份有限公司	Sinclair Pharma	219.5	制造业	卫生、社会保障和社会福利业	英国	欧洲
2018	7	复星实业(香港)有限公司	Butterfly Netwoork, Inc	106	制造业	制造业	美国	北美洲
2018	7	启迪国际有限公司	Telit Communications PLC	105	信息传输、计算机服务和软件业	信息传输、计算机服务和软件业	美国	北美洲
2018	7	浙江天成自控股份有限公司	Acro Holdings Limited	69.5	制造业	制造业	英国	欧洲
2018	7	诺力智能装备股份有限公司	Savoye S. A.	32.3	制造业	制造业	法国	欧洲
2018	7	拉夏贝尔服饰有限公司	Vivarte SAS	23.93	制造业	制造业	法国	欧洲
2018	7	万科物业发展股份有限公司	Cushman & Wakefield	16.67	租赁和商务服务业	租赁和商务服务业	英国	欧洲
2018	7	万孚生物(香港)有限公司	iCubate	5	制造业	卫生、社会保障和社会福利业	美国	北美洲
2018	7	中广核欧洲能源公司	澳大利亚麦格理集团(Macquarie)、美国通用电气公司(GE)		制造业	制造业	瑞典	欧洲
2018	7	春华资本	Zoox		金融业	交通运输、仓储及邮政业	美国	北美洲
2018	7	伊利股份	Fauji Fertilizer Bin Qasim Limited (FFBL)		制造业	制造业	巴基斯坦	亚洲

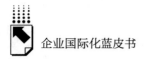

续表

年份	月份	投资方	交易方	交易金额(百万美元)	投资方所属行业(一级)	标的所属行业(一级)	标的所在国家	洲级区域
2018	8	中国新奥生态控股股份有限公司	Quadrant	2150	采矿业	采矿业	澳大利亚	大洋洲
2018	8	山东玲珑轮胎股份有限公司	N/A	990	制造业	制造业	塞尔维亚	欧洲
2018	8	华润创业有限公司	Heineken	533.6	批发和零售业	批发和零售业	荷兰	欧洲
2018	8	汤臣倍健股份有限公司	Life – Space	521.00	制造业	制造业	澳大利亚	大洋洲
2018	8	北京小米科技有限责任公司	ZestMoney	13.40	制造业	信息传输、计算机服务和软件业	印度	亚洲
2018	8	北京科蓝软件系统股份有限公司	SUNJE SOFT	10.5	信息传输、计算机服务和软件业	信息传输、计算机服务和软件业	韩国	亚洲
2018	8	中国南方电网有限责任公司	Ardian		电力、煤气及水的生产和供应业	电力、煤气及水的生产和供应业	卢森堡	欧洲
2018	8	中国保利集团有限公司	Steinway & Sons		综合	制造业	美国	北美洲
2018	8	江西赣锋锂业股份有限公司	Sociedad Quimica y Minera de Chile S. A (SQM)		制造业	采矿业	阿根廷	南美洲
2018	8	三安光电股份有限公司	ColorChip		制造业	制造业	以色列	亚洲
2018	9	紫金矿业集团股份有限公司	Nevsun	1410	采矿业	采矿业	加拿大	北美洲
2018	9	中国天楹股份有限公司	Urbaser	1282.79	居民服务和其他服务业	居民服务和其他服务业	西班牙	欧洲

续表

年份	月份	投资方	交易方	交易金额(百万美元)	投资方所属行业(一级)	标的所属行业(一级)	标的所在国家	洲级区域
2018	9	中国再保险(集团)股份有限公司	Chaucer	865.00	卫生、社会保障和社会福利业	卫生、社会保障和社会福利业	英国	欧洲
2018	9	紫金矿业集团股份有限公司	RTB Bor	350.00	采矿业	采矿业	塞尔维亚	欧洲
2018	9	中国银河证券股份有限公司	苏皇金融期货亚洲公司	34.58	金融业	金融业	英国	欧洲
2018	9	茂宸集团控股有限公司	Genea Limited		综合	科学研究、技术服务和地质勘查业	澳大利亚	大洋洲
2018	9	宁波继峰汽车零部件股份有限公司	Grammer Aktiengesellschaft		制造业	制造业	德国	欧洲
2018	9	复星国际有限公司	Marex Spectron		综合	批发和零售业	英国	欧洲
2018	9	山东黄金集团有限公司	Barrick Gold Corporation		采矿业	采矿业	加拿大	北美洲
2018	9	成都康弘药业集团股份有限公司	IOPtima		制造业	制造业	以色列	亚洲
2018	9	TCL集团股份有限公司	ASM 太平洋		制造业	制造业	美国	北美洲
2018	10	蓝帆医疗股份有限公司	Biosensors International Group, LTD.	851.00	制造业	制造业	新加坡	亚洲
2018	10	腾讯控股有限公司	Nubank	200.00	信息传输、计算机服务和软件业	金融业	巴西	南美洲
2018	10	浙江森马服饰股份有限公司	Kidiliz	126.6	制造业	制造业	法国	欧洲

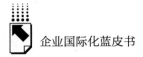
续表

年份	月份	投资方	交易方	交易金额(百万美元)	投资方所属行业(一级)	标的所属行业(一级)	标的所在国家	洲级区域
2018	10	大成钢铁集团	奥科宁克	50	采矿业	采矿业	美国	北美洲
2018	10	复星国际有限公司	Marcol	40	房地产业	房地产业	英国	欧洲
2018	10	腾讯控股有限公司	PLDT	17.5	信息传输、计算机服务和软件业	信息传输、计算机服务和软件业	菲律宾	亚洲
2018	10	北京中长石基信息技术股份有限公司	Concept Software Systems		住宿和餐饮业	制造业	葡萄牙	欧洲
2018	10	苏宁控股集团有限公司	国际米兰足球俱乐部		批发和零售业	文化、体育和娱乐业	意大利	欧洲
2018	11	上海莱士血液制品股份有限公司	基立福/天诚德国	5649.37	制造业	制造业	西班牙、德国	欧洲
2018	11	平安资产管理有限责任公司	汇丰控股	2300.00	金融业	金融业	英国	欧洲
2018	11	潍柴动力股份有限公司	巴拉德动力系统有限公司	164.00	制造业	制造业	加拿大	北美洲
2018	11	中国铀业有限公司	力拓(Rio Tinto)	106.50	采矿业	采矿业	纳米比亚	非洲
2018	11	新奥能源控股有限公司	东芝株式会社(Toshiba Corporation)		电力、煤气及水的生产和供应业	电力、煤气及水的生产和供应业	美国	北美洲
2018	12	阿里巴巴集团控股有限公司/软银愿景基金一期	Tokopedia	1100.00	信息传输、计算机服务和软件业	信息传输、计算机服务和软件业	印度尼西亚	亚洲
2018	12	法兰泰克奥地利控股公司	Voithcrane	57.78	制造业	制造业	奥地利	欧洲
2018	12	上海鸣志电器股份有限公司	Technosoft Motion AG	31.49	制造业	制造业	瑞士	欧洲

续表

年份	月份	投资方	交易方	交易金额(百万美元)	投资方所属行业(一级)	标的所属行业(一级)	标的所在国家	洲级区域
2018	12	厦门盈趣科技股份有限公司	SDHHoldingSA／SDATAWAYSA	25.42	制造业	信息传输、计算机服务和软件业	瑞士	欧洲
2018	12	中信资本控股有限公司	日本油泵株式会社		金融业	制造业	日本	亚洲
2018	12	启明医疗器械股份有限公司	Keystone Heart		批发和零售业	制造业	以色列	亚洲
2018	12	深圳市腾讯计算机系统有限公司/Naspers	Swiggy		信息传输、计算机服务和软件业	交通运输、仓储及邮政业	印度	亚洲
2018	12	腾讯控股有限公司	Discord		信息传输、计算机服务和软件业	信息传输、计算机服务和软件业	美国	北美洲
2019	1	广州市昊志机电股份有限公司	Perrot Duval Holding SA	28.89～34.67	制造业	制造业	瑞士、西班牙	欧洲
2019	1	青山实业有限公司	N/A	3000	制造业	制造业	印度	亚洲
2019	1	周大福企业有限公司	Varo Energy	2300.00	批发和零售业	电力、煤气及水的生产和供应业	德国	欧洲
2019	1	青岛海尔股份有限公司	Candy	548.85	批发和零售业	批发和零售业	意大利	欧洲
2019	1	安悦国际控股有限公司	火山矿业	225.00	交通运输、仓储及邮政业	交通运输、仓储及邮政业	秘鲁	南美洲
2019	1	恒大健康产业集团有限公司	Alpraaz AB	172.28	卫生、社会保障和社会福利业	制造业	瑞典	欧洲

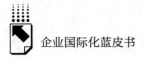

续表

年份	月份	投资方	交易方	交易金额(百万美元)	投资方所属行业(一级)	标的所属行业(一级)	标的所在国家	洲级区域
2019	1	海亮集团有限公司	KME 集团	136.68	制造业	制造业	德国、法国、意大利	欧洲
2019	1	中矿资源集团股份有限公司	Tanco / CSF Inc / CSF Limited	130.00	采矿业	采矿业	美国	北美洲
2019	1	阿里巴巴(中国)网络技术有限公司	data Artisans	103.37	信息传输、计算机服务和软件业	信息传输、计算机服务和软件业	德国	欧洲
2019	1	深圳市腾讯计算机系统有限公司	Fatshark	56.30	信息传输、计算机服务和软件业	信息传输、计算机服务和软件业	瑞典	欧洲
2019	1	安悦国际控股有限公司	Primus Power Corporation	10.00	制造业	制造业	美国	北美洲
2019	1	鸿腾精密科技股份有限公司	Mizuho	2.74	制造业	制造业	日本	亚洲
2019	1	网易传媒科技(北京)公司	Quantic Dream		信息传输、计算机服务和软件业	信息传输、计算机服务和软件业	法国	欧洲
2019	1	莱恩资本	ISC 香港公司		金融业	文化、体育和娱乐业	意大利	欧洲
2019	1	丝路基金有限责任公司、厦门宸鸿科技有限公司	JDI		制造业	制造业	日本	亚洲
2019	1	浙江蚂蚁小微金融服务集团、春华资本	Zomato		金融业	交通运输、仓储及邮政业	印度	亚洲
2019	1	广东领益智造股份有限公司	Salcomp Holding AB		制造业	制造业	荷兰	欧洲

续表

年份	月份	投资方	交易方	交易金额(百万美元)	投资方所属行业(一级)	标的所属行业(一级)	标的所在国家	洲级区域
2019	1	浙江蚂蚁小微金融服务集团股份有限公司	Akulaku		金融业	金融业	印度尼西亚	亚洲
2019	1	耀玻璃工业集团股份有限公司	德国汽车供应商SAM		制造业	制造业	德国	欧洲
2019	2	和记港口集团有限公司	马来西亚柔佛州丹戎帕拉帕斯港口项目开发	1900～2850	建筑业	建筑业	马来西亚	亚洲
2019	2	盛屯矿业集团股份有限公司	恩祖里铜矿有限公司	<78.86	采矿业	采矿业	澳大利亚	大洋洲
2019	2	山东如意投资控股集团	英威达		制造业	制造业	美国	北美洲
2019	2	深圳市腾讯计算机系统有限公司	Reddit	150.00	信息传输、计算机服务和软件业	信息传输、计算机服务和软件业	美国	北美洲
2019	2	浙江蚂蚁小微金融服务集团股份有限公司	WorldFirst	101.10	金融业	金融业	英国	欧洲
2019	2	开曼通灏	UTStarcom Holdings Corp.	49.22	制造业	制造业	香港地区	亚洲
2019	2	中国宇华教育投资有限公司	Thai Education	27.87	教育	教育	泰国	亚洲
2019	2	上海开创远洋渔业有限公司	FRENCH CREEK SEAFOOD LTD.	5.86	农、林、牧、渔业	农、林、牧、渔业	加拿大	北美洲
2019	2	天加环境科技有限公司	SMARDT		制造业	制造业	加拿大	北美洲
2019	2	上海豫园商贸发展有限公司/复星国际有限公司	Tom Tailor Holding SE		批发和零售业	制造业	德国	欧洲

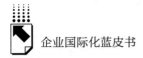

续表

年份	月份	投资方	交易方	交易金额(百万美元)	投资方所属行业(一级)	标的所属行业(一级)	标的所在国家	洲级区域
2019	2	顺丰控股股份有限公司	德国邮政敦豪集团(DPDHL)		交通运输、仓储及邮政业	交通运输、仓储及邮政业	德国	欧洲
2019	2	上海晨光文具股份有限公司	Carioca S. p. A		制造业	制造业	意大利	欧洲
2019	2	杭州高浪控股有限公司	日本综医研集团		租赁和商务服务业	制造业	日本	亚洲
2019	2	华米科技有限公司	GreenWaves		制造业	制造业	法国	欧洲
2019	2	北京世纪好未来教育科技有限公司	Ready4		教育	教育	美国	北美洲
2019	2	红黄蓝教育	新加坡某民营儿童教育集团		教育	教育	新加坡	亚洲
2019	2	深圳市腾讯计算机系统有限公司、北京京东世纪贸易有限公司、北京三快科技有限公司	Go – Jek		信息传输、计算机服务和软件业	信息传输、计算机服务和软件业	印度尼西亚	亚洲
2019	3	安踏体育、方源资本、Anamered Investments 及腾讯组成的投资者财团	亚玛芬体育公司	5420.97	电力、煤气及水的生产和供应业	制造业	芬兰	欧洲
2019	3	深圳市腾讯计算机系统有限公司	新加坡淡马锡	3000	批发和零售业	批发和零售业	中国香港	亚洲
2019	3	欢聚时代科技(北京)有限公司	BIGO Technology Pte. Ltd.	1450	信息传输、计算机服务和软件业	信息传输、计算机服务和软件业	新加坡	亚洲

续表

年份	月份	投资方	交易方	交易金额(百万美元)	投资方所属行业(一级)	标的所属行业(一级)	标的所在国家	洲级区域
2019	3	远景投资集团有限公司	日产汽车旗下Automotive Energy Supply Corporation（AESC）	1070	租赁和商务服务业	制造业	日本	亚洲
2019	3	上海剑桥科技股份有限公司	Lumentum Holdings Inc.	41.6	信息传输、计算机服务和软件业	信息传输、计算机服务和软件业	日本	亚洲
2019	3	鞍钢股份有限公司	金达必金属公司（Gindalbie Metals）	25	采矿业	采矿业	澳大利亚	大洋洲
2019	3	湖南泰嘉新材料科技股份有限公司	ARNTZ GmbH + Co. KG	5.63	制造业	制造业	德国	欧洲
2019	3	顺丰控股股份有限公司	KOSPA Limited	4	交通运输、仓储和邮政业	交通运输、仓储及邮政业	缅甸	亚洲
2019	3	深圳市腾讯计算机系统有限公司	Nexon		信息传输、计算机服务和软件业	信息传输、计算机服务和软件业	韩国	亚洲
2019	3	巨星科技股份有限公司	Prime-Line product		制造业	制造业	美国	北美洲
2019	3	沈阳赛科物流有限公司	Goodship 国际		交通运输、仓储及邮政业	交通运输、仓储及邮政业	美国	北美洲
2019	3	平安资本有限责任公司	Grab		金融业	信息传输、计算机服务和软件业	新加坡	亚洲
2019	3	新海宜科技集团股份有限公司	SOQUEM INC.		科学研究、技术服务和地质勘查业	采矿业	加拿大	北美洲

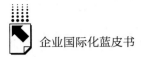

续表

年份	月份	投资方	交易方	交易金额(百万美元)	投资方所属行业(一级)	标的所属行业(一级)	标的所在国家	洲级区域
2019	3	深圳市腾讯计算机系统有限公司	Byju's		综合	教育	印度	亚洲
2019	3	西王食品股份有限公司	Kerr Investment Holdings Corp.		制造业	制造业	美国	北美洲
2019	3	阿里巴巴(中国)网络技术有限公司	Infinity Augmented Reality		综合	信息传输、计算机服务和软件业	以色列	亚洲
2019	3	浙江蚂蚁小微金融服务集团股份有限公司	BLUE Mobile		信息传输、计算机服务和软件业	信息传输、计算机服务和软件业	泰国	亚洲
2019	3	东软医疗系统股份有限公司	Humanscan		制造业	制造业	韩国	亚洲
2019	3	中东蛮子基金	百川实业		金融业	建筑业	柬埔寨	亚洲
2019	4	上海携程商务有限公司	Naspers	1090	租赁和商务服务业	租赁和商务服务业	印度	亚洲
2019	4	西王集团有限公司	澳大利亚艾莫德粮食公司(Emerald Grain Pty Ltd)	500	制造业	制造业	澳大利亚	大洋洲
2019	4	亿腾医药(中国)有限公司	美国药厂礼来(Eli Lilly)	375	制造业	制造业	美国	北美洲
2019	4	深圳市腾讯计算机系统有限公司	ShareChat	200	综合	信息传输、计算机服务和软件业	印度	亚洲
2019	4	红杉资本中国	Kurly	88	金融业	信息传输、计算机服务和软件业	韩国	亚洲

续表

年份	月份	投资方	交易方	交易金额(百万美元)	投资方所属行业(一级)	标的所属行业(一级)	标的所在国家	洲级区域
2019	4	内蒙古伊利实业集团股份有限公司	CHOMTHANA	72.5	制造业	制造业	泰国	亚洲
2019	4	特步(中国)有限公司	韩国衣恋集团	26.81	制造业	制造业	韩国	亚洲
2019	4	绿城物业服务集团有限公司	Montessori Academy Group Holdings Pty Ltd		房地产业	教育	澳大利亚	大洋洲
2019	4	浙江海亮股份有限公司	KME Germany GmbH & Co. KG		制造业	制造业	德国	欧洲
2019	4	安徽江淮汽车集团股份有限公司	德国大众		制造业	制造业	德国	欧洲
2019	4	昂纳科技(集团)有限公司	3SP Technologies		制造业	制造业	法国	欧洲
2019	4	申基国际控股有限公司	Cherish Possession Limited		房地产业	房地产业	马来西亚	亚洲
2019	4	中集安瑞科控股有限公司	Diversified Metal Engineering		制造业	制造业	加拿大	北美洲
2019	4	中国再保险(集团)股份有限公司	桥社英国控股公司		金融业	金融业	英国	欧洲
2019	4	复星锐正资本	Splitty		金融业	信息传输、计算机服务和软件业	以色列	亚洲
2019	4	凯德置地(中国)投资有限公司	淡马锡		租赁和商务服务业	租赁和商务服务业	新加坡	亚洲
2019	4	尚合学成国际教育咨询(北京)有限公司	Heritage Student Foundation		教育	住宿和餐饮业	美国	北美洲

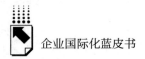

续表

年份	月份	投资方	交易方	交易金额(百万美元)	投资方所属行业(一级)	标的所属行业(一级)	标的所在国家	洲级区域
2019	4	佳沃农业开发股份有限公司	Australis Seafoods S. A.		制造业	制造业	智利	南美洲
2019	4	中国石油天然气集团有限公司	Novatek		采矿业	采矿业	俄罗斯	欧洲
2019	4	恒大地产集团有限公司	达夫卡车（DAF Trucks）/ VDL 集团（VDL Groep）		房地产业	制造业	荷兰	欧洲
2019	4	中国中铁股份有限公司	TRX City		建筑业	建筑业	马来西亚	亚洲
2019	5	中资财团 Suwa Investment Holdings LLC	日本显示器公司（JDI）		金融业	制造业	日本	亚洲
2019	5	广州市昊志机电股份有限公司	Perrot Duval		制造业	制造业	瑞士	欧洲
2019	5	中国全通（控股)有限公司	Hongda Capital Limited/Primawin Limited/Eastman Ventures Limited		信息传输、计算机服务和软件业	信息传输、计算机服务和软件业	马来西亚	亚洲
2019	5	北京昭衍新药研究中心股份有限公司	BIOMEDICAL RESEARCH MODELS, INC.	27.28	制造业	制造业	美国	北美洲
2019	5	苏州赛腾精密电子股份有限公司	Kemet Japan 株式会社	23.69	制造业	制造业	日本	亚洲
2019	5	力世纪有限公司	Ideal Team Ventures Limited	8.83	制造业	制造业	德国	欧洲
2019	5	恒和珠宝集团有限公司	Novell Enterprises Inc. /NP Enterprises, LLC	5.1	制造业	制造业	美国	北美洲

续表

年份	月份	投资方	交易方	交易金额(百万美元)	投资方所属行业(一级)	标的所属行业(一级)	标的所在国家	洲级区域
2019	5	中国力鸿检验控股有限公司	Saybolt（Singapore）Pte. Ltd	3. 75	科学研究、技术服务和地质勘查业	科学研究、技术服务和地质勘查	新加坡	亚洲
2019	5	通富微电子股份有限公司	CYBERVIEWSDNB-HD	3. 18	制造业	制造业	马来西亚	亚洲
2019	5	国轩高科股份有限公司	Tata AutoComp System Limited		制造业	制造业	印度	亚洲
2019	5	无锡药明康德新药开发股份有限公司	Pharmapace		制造业	科学研究、技术服务和地质勘查业	美国	北美洲
2019	5	上海汽车集团股份有限公司	德国大陆公司		制造业	制造业	德国	欧洲
2019	5	钧石（中国）能源有限公司	松下电器（Panasonic）		制造业	制造业	马来西亚	亚洲
2019	5	北京汽车集团有限公司	戴姆勒集团		制造业	制造业	德国	欧洲
2019	5	中国远洋海运集团有限公司	秘鲁钱凯港口		交通运输、仓储及邮政业	交通运输、仓储及邮政业	秘鲁	南美洲
2019	5	北控医疗健康产业集团有限公司	Weed Me		卫生、社会保障和社会福利业	卫生、社会保障和社会福利业	加拿大	北美洲
2019	5	华商国际海洋能源科技控股有限公司	Shelf Drilling		制造业	科学研究、技术服务和地质勘查业	阿拉伯联合酋长国	亚洲
2019	5	深圳合一教育投资有限公司	Our World English Schools		教育	教育	英国	欧洲
2019	5	深圳市腾讯计算机系统有限公司	Prowler. io		综合	科学研究、技术服务和地质勘查业	英国	欧洲

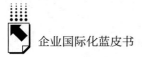
续表

年份	月份	投资方	交易方	交易金额(百万美元)	投资方所属行业(一级)	标的所属行业(一级)	标的所在国家	洲级区域
2019	5	中国通用技术集团所属中国机械进出口(集团)有限公司、安徽江淮汽车集团股份有限公司	哈萨克斯坦阿鲁尔汽车工业集团		制造业	制造业	哈萨克斯坦	亚洲
2019	5	上海拉夏贝尔服饰股份有限公司	Naf Naf SAS		制造业	批发和零售业	法国	欧洲
2019	5	深圳市腾讯计算机系统有限公司	Sharkmob 工作室		综合	信息传输、计算机服务和软件业	瑞典	欧洲
2019	5	中国船舶重工集团有限公司	乌利亚尼克造船集团		制造业	制造业	克罗地亚	欧洲
2019	5	江西赣锋锂业股份有限公司	Bacanora		采矿业	采矿业	英国	欧洲
2019	5	深圳市腾讯计算机系统有限公司	Vivendi		综合	文化、体育和娱乐业	法国	欧洲
2019	5	北京中长石基信息技术股份有限公司	MyCheck		信息传输、计算机服务和软件业	信息传输、计算机服务和软件业	以色列	亚洲
2019	5	阿里巴巴(中国)网络技术有限公司	Vmate		综合	信息传输、计算机服务和软件业	印度	亚洲
2019	5	中国新城市商业发展有限公司	Maggie and Rose Limited		房地产业	居民服务和其他服务业	英国	欧洲

续表

年份	月份	投资方	交易方	交易金额(百万美元)	投资方所属行业(一级)	标的所属行业(一级)	标的所在国家	洲级区域
2019	6	宁德时代新能源科技股份有限公司	德国时代新能源科技(图林根)有限公司	1615.14	制造业	制造业	德国	欧洲
2019	6	复星国际有限公司	GV Gold	1000	租赁和商务服务业	采矿业	俄罗斯	亚洲
2019	6	中信金属股份有限公司	Ivanhoe Mines Ltd.	464	批发和零售业	采矿业	刚果民主共和国	非洲
2019	6	浙江恒林椅业股份有限公司	FFL Holding AG	63.83	制造业	制造业	瑞士	欧洲
2019	6	华为技术有限公司	Vokord	50	制造业	科学研究、技术服务和地质勘查业	俄罗斯	欧洲
2019	6	上海医药集团股份有限公司	BIOCAD Holding Hong Kong Limited	30.06	制造业	制造业	俄罗斯	欧洲
2019	6	深圳市腾讯计算机系统有限公司	True Layer		信息传输、计算机服务和软件业	金融业	英国	欧洲
2019	6	广东领益智造股份有限公司	Salcomp Plc		制造业	制造业	芬兰	欧洲
2019	6	高瓴资本	Loch Lomond Distillers Ltd		金融业	制造业	英国	欧洲
2019	6	大连易世达新能源发展股份有限公司	REDCO A LLC		建筑业	科学研究、技术服务和地质勘查业	美国	北美洲
2019	6	中国石油天然气集团有限公司	Joint Stock Company Novatek		批发和零售业	采矿业	俄罗斯	欧洲
2019	6	复星国际有限公司	Thomas Cook Group Plc		综合	租赁和商务服务业	英国	欧洲

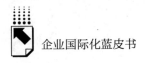

续表

年份	月份	投资方	交易方	交易金额(百万美元)	投资方所属行业(一级)	标的所属行业(一级)	标的所在国家	洲级区域
2019	6	国药资本管理有限公司	Novena Global Lifecare		租赁和商务服务业	租赁和商务服务业	新加坡	亚洲
2019	6	上海沄柏投资管理有限公司	Novena Global Lifecare		租赁和商务服务业	租赁和商务服务业	新加坡	亚洲
2019	6	丝路基金有限责任公司	ACWA Power		租赁和商务服务业	电力、煤气及水的生产和供应业	沙特阿拉伯	亚洲
2019	6	永杉国际有限公司	福瑞控股		制造业	制造业	澳大利亚	大洋洲
2019	6	中国广核集团有限公司	Enel		电力、煤气及水的生产和供应业	电力、煤气及水的生产和供应业	巴西	南美洲
2019	6	缔脉生物医药科技（上海）有限公司	CRO Target Health		科学研究、技术服务和地质勘查业	科学研究、技术服务和地质勘查业	美国	北美洲
2019	7	富卫保险有限公司	SIAM Commercial Bank	300	金融业	金融业	泰国	亚洲
2019	7	中国银河证券股份有限公司	联昌国际证券	120	金融业	金融业	马来西亚	亚洲

B.17

后　记

2019 年，全球化智库（CCG）连续六年在社科文献出版社出版《中国企业全球化报告》蓝皮书，在社会上引起广泛反响。

CCG 连续多年对中国企业的全球化发展进行追踪研究，每年举办上百场论坛、研讨会、圆桌会等，聚焦"一带一路"、中美贸易、全球价值链等企业全球化发展相关话题，邀请国内外具有丰富研究与实践经验的政商学界人士参与研讨，共谋企业全球化之路。在连续多年研究与积累的基础上，本报告开拓了对跨国公司在华投资领域的研究与分析，分别从"引进来"和"走出去"两大视角切入，组织国内外在跨国投资领域有着丰富研究与实践经验的专家、学者与企业家组成了研究课题组，共同完成了《中国企业全球化报告（2020）》。

在本报告的编写过程中，我们得到多方面的支持、帮助与指导，在此一并致谢。

感谢中国商务部原部长、中国外商投资企业协会会长陈德铭先生，原国家外经贸部副部长、博鳌亚洲论坛原秘书长龙永图先生与河仁慈善基金会创办人、捐赠人曹德旺先生为本书作序。

感谢河仁慈善基金会和西南财经大学对中国企业全球化研究给予的赞助支持。感谢商务部中国国际经济合作学会和商务部外商投资协会等机构有关同仁的支持。感谢所有参与调研和关心企业全球化研究的 CCG 理事与专家。

在本书编写过程中，商务部中国国际经济合作学会、西南财经大学发展研究院和全球化智库（CCG）有关研究人员参与了相关报告的研究、撰写或数据收集、分析工作。书稿的具体组织和撰写分工如下：主编、总思路和总体框架（王辉耀、苗绿）；总报告（王辉耀、苗绿、于蔚蔚）；榜单篇

（CCG 企业全球化研究课题组）；调研篇（CCG 企业全球化研究课题组）；专题篇（戴健民、邓志松、丁浩员、丁继华、何伟文、霍建国、金京浩、梁国勇、孙志娜、屠新泉、赵怡方）；案例篇（董增军、李天琪、茅幸、关符、茹晓凡、涂垠、周高翔）。Junni Ogborne 对报告中的英文部分进行了译校；侯少丽、高云雪、吴雪宝参与了专家、企业约稿等工作；李庆、许海玉也为本报告的研究与出版提供了帮助。

借此机会，还要感谢社会科学文献出版社谢寿光社长、皮书研究院蔡继辉院长、皮书分社邓泳红社长以及陈晴钰编辑对本书的出版提供的积极支持。

企业全球化发展是一个长期过程，任重而道远。CCG 的研究也将是长期、持续的过程。我们希望通过对中国企业全球化的研究，通过对跨国公司在华投资的研究，为政府部门提供决策依据和政策建议，为研究和学术机构提供专业信息，为企业全球化发展提供参考借鉴。

由于编写时间仓促，书中难免出现纰漏，欢迎社会各界批评指正。

王辉耀　苗　绿

2019 年 9 月于北京

Abstract

CCG's Report on Chinese Enterprises Globalization（2020）is the latest fruit of CCG's on-going research into the globalization of Chinese firms, which has been running for the last six years. This year's report contains theoretical and empirical research, providing a comprehensive analysis of the overseas development of Chinese enterprises and opening up a new research perspective of multinational companies' investment in China. The report consists of six sections, namely General Report, Evaluation Reports, Investigation Reports, Special Topic Reports, Enterprise Case Studies and Appendixes.

The first section, General Report, systematically reviews and summarizes the current situation, features and trends of FDI around the globe, specifically China-inbound and China-outbound investment from 2018 to 2019. On the basis of these analyses, suggestions are raised regarding issues such as how Chinese enterprises should deal with the complicated international situation, how to do with the situation that European and American developed countries have tightened their foreign investment review, how to invest in the United States especially under the Sino-US trade friction, how to maintain the sustainable development of "The Belt and Road" Initiatives and high-quality development of foreign economic and trade cooperation zones.

From the perspectives of "going out" and "bringing in", the research group collected and studied in the Listing Reports the overseas development of Chinese enterprises and the investment of multinational corporations in China from 2018 to the first half of 2019 through various ways such as conducting surveys and questionnaires, following up telephone interviews, regularly organizing special forums and seminars, and media news monitoring. With the investment volume, influence and development potential etc. being the key factors for investigation and the evaluation collected from the experts, CCG research group presents the lists of

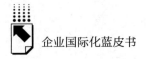
"Top 10 multinational companies investing in China" and "Top 10 Chinese companies going global".

In the Investigation Reports section, CCG compiled views shared at forums such as "China Inbound—Outbound Forum" and "China and Globalization Forum" by experts, scholars, and entrepreneurs. This section provides an overview of the current trends and issues facing Chinese enterprises "going out," exploring how foreign investment will enter a new era in a fully open China after the introduction of the Foreign Investment Law of the People's Republic of China.

Special Topic Reports are based on in-depth discussions covering topics such as the impact of the institutional environment of international investment, how to improve the quality and efficiency of investment in a complex international context; the compliance problems faced by Chinese enterprises overseas; the evolution of investment facilitation issues; how Chinese enterprises invest in the United States; the construction experience of domestic international production park; investment and cooperation opportunities in Japan, etc.

Enterprise Case Studies section highlights examples of those companies that have attained notable success in globalization, including CST China, China Communications Construction Company and Volare Lusso. Analysis of these cases provides a reference to enterprises moving forward in the progress of globalization.

Finally, the Appendices list a collection of key events regarding Chinese outbound investment activities from 2018 to 2019 to help readers understand the globalization of Chinese enterprises.

Keywords: Chinese Outbound Investment; Foreign Investment in China; Globalization of Chinese Enterprise

Contents

I   General Report

Abstract: In 2018, amidst a complex international context, Chinese companies continued to become increasingly influential in the field of global investment, accounting for more than 10% of global FDI flows for three consecutive years. China remains a leading source and destination of foreign investment. Based on analysis of the current global situation and Chinese enterprises' overseas investment, this report summarizes five major challenges encountered by globalizing Chinese enterprises and puts forward suggestions: 1) Facing uncertainty overseas, it is recommended that governments, companies and third-party service providers work together to better manage foreign investment risks and to explore investment opportunities in emerging markets in Asia, Africa

and Latin America; 2) Given the tightening of foreign investment reviews in Europe and the US, it is suggested that Chinese companies strengthen investment in high-tech fields by exploring new spaces for investment and setting up overseas R & D centers to connect with global cutting-edge technologies; 3) In the face of sustainability issues related to the Belt and Road, the multilateral development of the BRI should be strengthened by encouraging SMEs to participate and giving play to the role of market in resource allocation; 4) In light of development bottlenecks in overseas economic and trade cooperation zones, it is suggested to promote the transformation and upgrading of overseas economic and trade cooperation zones, forming complete industrial chains and improving long-term inter-governmental coordination mechanisms; 5) Given trade frictions between China and the US, suggestions are put forward to improve accounting methods for Sino-US trade and maintain multilateral trade mechanisms.

Keywords: Chinese Enterprises; FDI; Foreign Investment in China

Ⅱ   Evaluation Report

B. 2   Ranking Lists of Enterprises Globalization 2019

CCG Research Group on Enterprises Globalization / 040

Abstract: CCG has tracked and researched the global development of Chinese enterprises for six consecutive years, publishing an annual list of the global development of Chinese enterprises. From 2018 to the first half of 2019, the research group researched China's inbound and outbound investment via various methods, including visiting and surveying enterprises, issuing questionnaires, follow up telephone interviews, organizing special forums, seminars, and media monitoring. Focus points of research included investment volume, impact, and development potential. Based on expert evaluation, CCG selected the "Top 10 Multinational Corporations Investing in China in 2019" and "Top 10 Globalizing Chinese Enterprises 2019." The aim is to evaluate the global development of enterprises, encourage more multinational companies to invest in China, and encourage more Chinese enterprises to globalize.

Keywords: Multinational Corporations; Investment in China; Chinese Enterprise; Globalization

III Investigation Reports

B. 3 Report on a More Open China: Details of the Foreign Investment Law of the People's Republic of China and Dialogues on New Prospects for Investment

CCG Research Group on Enterprises Globalization / 051

Abstract: Since the launch of Reform and Opening-up in 1978, China has continuously improved the foreign investment environment and actively sought to attract foreign investment. On March 15th, 2019, the National People's Congress passed the *Foreign Investment Law of the People's Republic of China*. This law will provide stronger institutional guarantees for China's opening-up and effective utilization of foreign capital. Through various forms such as forums and seminars, CCG invited experts from policy and business to discuss topics like the impact of foreign investment laws on China's foreign investment, multilateral trade, bilateral relations, and the role the government can play in promoting foreign investment in China. The research team has compiled insights and ideas from these events to share with readers.

Keywords: Foreign Investment Law; Opening-up; Market Economy; Business Decisions

B. 4 Report on New Opportunities, New Challenges and New Responsibilities of Chinese Enterprises Going Global

CCG Research Group on Enterprises Globalization / 058

Abstract: Economic globalization is an irreversible trend of our times.

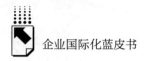

China's position in support of globalization is clear. However, "anti-globalization" tendencies such as unilateralism and trade protectionism are on the rise, and barriers to international trade and outbound investment are increasing. In this context, what opportunities and challenges will Chinese companies face at they globalize? Through various forms such as forums and seminars, CCG has invited experts from policy and business to discuss topics such as China's inbound and outbound investment in the past 40 years of Reform and Opening-up, future development prospects of the BRI, and China-US two-way investment amidst bilateral trade frictions. The research team has compiled insights and ideas from these events to share with readers.

Keywords: Going out; Enterprise Globalization; Opening-up

Ⅳ   Special Issue Reports

B. 5   Institutional Environment of Chinese Enterprises' Overseas
Investment and Its Impact Assessment: Framework
Analysis, Empirical Research and Countermeasures

Liang Guoyong, Ding Haoyuan / 068

Abstract: This paper establishes an analytical framework for the institutional environment of international investment. Based on the framework, it accesses the impact of such an environment on Chinese enterprises' overseas investment. Econometric analysis on listed companies for the 2003 −2016 period demonstrates that companies tend to invest in countries with better institutional environment and lower institutional risks, and the improvement of political systems plays a significant role in promoting investment. This paper also analyses latest developments in global investment regime and proposes countermeasures at both the state and firm levels.

Keywords: Outward Foreign Direct Investment; Institutional Environment; Political Risk

B. 6　Efforts to Improve the Quality and Efficiency of Chinese Enterprises' Overseas Investment　　　　　*Huo Jianguo* / 085

Abastract: As china's economy already entered the period of high guality development and the high opening up stage, facing the changes of the world complex situation, especially the rising up of the unilateralism and the protectionism, the future of the world trade and the investment are facing serios uncertainty, how to position the investment strategy and how to make the decision are difficult for the companies . this article try to analyse the present overseas investment structure, discuss the situation and put off some suggestion for the investment . hoping it might be helpful for the business.

Keywords: Overseas Investment; Complex Situation; Investment Suggestion

B. 7　Establishment of a Compliance Management System to Manage Sanctions Risks from World Bank
Ding Jihua / 100

Abstract: companies that fail to comply with relevant compliance requirements when participating in projects funded by multilateral development Banks, such as the world bank, may be subject to sanctions and thus lose the opportunity to undertake further projects funded by these Banks. This paper analyzes the trend and reasons of Chinese enterprises subject to sanctions imposed by the world bank, introduces the types of sanctions imposed by the world bank and the compliance programs required by the world bank. Finally, the authors suggest that enterprises participating in world bank's projects should prevent sanctions risk, enhance understanding of the world bank sanctions regime, strengthen the awareness of compliance risk decision carefully, at the same time to speed up to establish the compliance management system, realize the systematic and institutionalized supervision and management, to enhance the compliance

competitiveness of the enterprise.

Keywords：Compliance Management System；World Bank；Risk of Sanctions

B. 8　Evolution and Prospects for Investment Facilitation

Tu Xinquan，*Zhao Yifang* / 119

Abstract：The WTO has failed to push forward the discussions on investment issue. Instead, investment facilitation has attracted more attention recently because of less controversy over it. Aspired by the success of Trade Facilitation Agreement, WTO members start to consider the possibility of making rules on investment facilitation as an early harvest outcome. The paper reviews the development of discussions on investment in the WTO and analyzes the different contents and implications of investment facilitation. In particular, the paper makes arguments on the necessity and feasibility of a set of rules on investment facilitation under the WTO. Some suggestions are made for WTO members to promote the possible negotiations.

Keywords：Investment Facilitation；WTO Rules；Plurilateral Agreements

B. 9　Taking the Long View，Overcoming Difficulties and
　　　Investing in the United States.　　　　　*He Weiwen* / 134

Abstract：The China-US trade war launched by Trump Administration and its technology and investment restrictions on China has caused a free fall of Chinese direct investment in the US. The greenfield investment, however, remains a bright spot. While the US strategic and technology contention on China will be a protracted process, the economic complementary of the two great nations will continue to anchor the trade and investment relationship on a track for cooperation. Chinese businesses need to be persistent and good at investment in the US. The two governments should keep dialogue and consultation and Chinese businesses should orient themselves on greenfield, grassroot investment based on the local needs. Over the long term, "Invest USA" will continue to present a vast opportunity.

Keywords: Invest US; Greenfield Investment; Cooperation

B. 10　How do Chinese Enterprises Respond to Increasingly Stringent Global Compliance Challenges and Government Investigations

—*The Perspective of Antitrust and Data Protection*

Deng Zhisong, Dai Jianmin / 141

Abstract: In recent years, the global regulatory circumstances have become complicated. In the field of anti-monopoly and data protection, severe penalties have been repeatedly imposed on relevant entities by regulatory agencies and the intensity of law enforcement has been unprecedently strengthened; The enforcement technology of the anti-monopoly law consistently innovates and makes breakthrough, and new data protection laws are being introduced one after another; Antitrust and data protection exhibit the trend of mutual integration. In this context, Chinese entities trying to expand their operations overseas are facing increasingly demanding compliance challenges and legal risks ranging from delay, restriction or even termination of transactions on the easier side, to massive compensation or even adjustments to business models on the harder side. Moreover, the executives may be confronted with personal criminal liabilities. In order to effectively manage these risks, Chinese entities may pay close attention to relevant legislation and law enforcement trend in major jurisdictions around the world, strengthen risk identification and diversified management ex ante, improve capabilities of effective response and cross-jurisdiction coordination during investigation process as well as take focused remedies and improvement measures ex

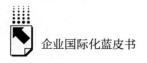
post, so as to realize sustainable overseas expansion.

Keywords: Chinese Entities; Anti-monopoly; Data Protection; Legal Risks; Compliance

B. 11　Experience and Enlightenment of the Construction of International Industrial Cooperative Parks in China: A Case Study of Zhejiang Province

Sun Zhina / 152

Abstract: As a new growth pole for promoting local economic development and an important way for industrial transformation and upgrading, International Industrial Cooperative parks have shown a rapid development trend in recent years. Taking the practice of Zhejiang Province as an example, this paper analyses the progress and characteristics of the construction of international industrial cooperative parks in this region, and studies the influencing factors of their successful operation by taking the Sino-Dutch (Jiashan) industrial cooperative parks as an example. On this basis, four experiences of the construction of international industrial cooperative parks in Zhejiang Province are extracted, namely, defining the main direction of the parks, introduction of precise policies and measures, changing the traditional investment model and cultivating high-level talents.

Keywords: China; International Industrial Cooperation Park; Zhejiang

B. 12　Japanese Investment and Cooperation Opportunities

Jin Jinghao / 162

Abstract: According to related information, the article lists the status of investment to Japan in terms of company quantity, direct investment flow, direct investment stock, and part of the invested company names. And put much effort on introducing the attraction as an investment destination and the business opportunity local Japan. At the end of the article, the author reminds the readers to pay attention to the co-operation in the innovation area. The author recommends that Chinese companies pay more attention to the local Japanese companies (comparing to the big city companies). Because most companies running over 100 years are located in local areas. Most of the Global niche top 100 companies are distributed in local areas. And local governments are attracting foreign investment, providing lots of subsidy support and careful service. In order to solve some social problems as decreasing labor power, low efficiency etc. which the local companies are facing. While this is the hard-won opportunities for Chinese companies with high technology, developed business models, solid fund and multiple market channels.

Keywords: Invest to Japan; Go Abroad; JETRO; Local Japan; Innovation Area

V Enterprise Case Studies

B. 13 The First Decade of CST in China-Seizing the Opportunity of the Times, Paying Attention to the Needs of Science

Dong Zengjun, Mao Xing and Li Tianqi / 195

Abstract: CST China was established in 2008, as China subsidiary (WOFE) to Cell Signaling Technology (CST) USA, serving customers in China and the Asia-Pacific region. Over the past ten years, China's biomedical research has developed rapidly, thanks to the strong support of the government from financial support to talent introduction. Since 2018, China's macro-economy has entered a critical period of adjustment aimed at transforming into a period of high-quality growth. The biomedical field is expected to be the industry most likely to produce the next BAT. Since the 11th Five-Year Plan, China has invested heavily in scientific research and R&D projects in innovative drugs and has attracted

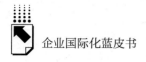
a large number of overseas talents. This article tells how CST entered China, how best to serve customers and deeply penetrate the Chinese market, set the localization strategic goal and value proposition, how to serve scientists, form in-depth cooperation with academia, industry and so on, and strive for the development process of China's biomedical innovation, as well as contribute to building an ecosystem for innovation and healthy life.

Keywords: Cell Signaling Technology; Precision Medicine; Scientific Research; Innovation Transformation

B. 14　Building Enterprise Compliance Defense Lines to Guarantee Overseas High-quality Development

Guan Fu, Ru Xiaofan and Tu Yin / 205

Abstract: As the Going out strategy and the Belt and Road Initiative proposed by China, the construction of interconnected infrastructure welcomes another wave of growth. However, some international organizations and governments, including international multilateral financial institutions, have made strict regulations on compliance. The State-owned Assets Supervision and Administration Commission, the National Development and Reform Commission and other national ministries in China also promote the compliance management of Chinese enterprises' oversea business. Based on the risk of international engineering industry and the international market position, China Communications Construction Company now has established a compliance program that meets international standards and best practices, which is appropriately designed and implemented to address the distinct compliance risks the companies face around the world, which also made an effective protection for the overseas business' high quality developments.

Keywords: Compliance; International Engineering; Overseas Business

Abstract: With the rapid development of sharing economy, shared travel has gradually become an important field of social development and industry maturity. With the popularity of shared cycling, DiDi and other shared travel methods, the theory of shared travel has been deeply rooted in the hearts of the people. Business aircraft, because of the high price of purchase and maintenance, makes it a symbol of wealth and status to travel by business plane, but with the diffusion of sharing concept, the emergence of shared business plane makes it no longer a dream for ordinary people to travel by business plane. For only 20000 yuan, you can start a trip, which is unthinkable for the past, but VOLARE LUSSO has turned all this into the reality.

Keywords: Shared Business Aircraft; Volare Lusso; Internationalization

Ⅵ   Appendixes

皮 书

智库报告的主要形式
同一主题智库报告的聚合

❋ 皮书定义 ❋

皮书是对中国与世界发展状况和热点问题进行年度监测，以专业的角度、专家的视野和实证研究方法，针对某一领域或区域现状与发展态势展开分析和预测，具备前沿性、原创性、实证性、连续性、时效性等特点的公开出版物，由一系列权威研究报告组成。

❋ 皮书作者 ❋

皮书系列报告作者以国内外一流研究机构、知名高校等重点智库的研究人员为主，多为相关领域一流专家学者，他们的观点代表了当下学界对中国与世界的现实和未来最高水平的解读与分析。截至 2020 年，皮书研创机构有近千家，报告作者累计超过 7 万人。

❋ 皮书荣誉 ❋

皮书系列已成为社会科学文献出版社的著名图书品牌和中国社会科学院的知名学术品牌。2016 年皮书系列正式列入"十三五"国家重点出版规划项目；2013~2020 年，重点皮书列入中国社会科学院承担的国家哲学社会科学创新工程项目。

中国皮书网

（网址：www.pishu.cn）

发布皮书研创资讯，传播皮书精彩内容
引领皮书出版潮流，打造皮书服务平台

栏目设置

◆关于皮书
何谓皮书、皮书分类、皮书大事记、
皮书荣誉、皮书出版第一人、皮书编辑部

◆最新资讯
通知公告、新闻动态、媒体聚焦、
网站专题、视频直播、下载专区

◆皮书研创
皮书规范、皮书选题、皮书出版、
皮书研究、研创团队

◆皮书评奖评价
指标体系、皮书评价、皮书评奖

◆互动专区
皮书说、社科数托邦、皮书微博、留言板

所获荣誉

◆ 2008 年、2011 年、2014 年，中国皮书
网均在全国新闻出版业网站荣誉评选中
获得"最具商业价值网站"称号；
◆ 2012 年，获得"出版业网站百强"称号。

网库合一

2014年，中国皮书网与皮书数据库端口
合一，实现资源共享。

权威报告·一手数据·特色资源

皮书数据库
ANNUAL REPORT(YEARBOOK)
DATABASE

分析解读当下中国发展变迁的高端智库平台

所获荣誉

- 2019年，入围国家新闻出版署数字出版精品遴选推荐计划项目
- 2016年，入选"'十三五'国家重点电子出版物出版规划骨干工程"
- 2015年，荣获"搜索中国正能量 点赞2015""创新中国科技创新奖"
- 2013年，荣获"中国出版政府奖·网络出版物奖"提名奖
- 连续多年荣获中国数字出版博览会"数字出版·优秀品牌"奖

成为会员

通过网址www.pishu.com.cn访问皮书数据库网站或下载皮书数据库APP，进行手机号码验证或邮箱验证即可成为皮书数据库会员。

会员福利

- 已注册用户购书后可免费获赠100元皮书数据库充值卡。刮开充值卡涂层获取充值密码，登录并进入"会员中心"—"在线充值"—"充值卡充值"，充值成功即可购买和查看数据库内容。
- 会员福利最终解释权归社会科学文献出版社所有。

社会科学文献出版社 皮书系列
SOCIAL SCIENCES ACADEMIC PRESS (CHINA)

卡号：715561989947

密码：

数据库服务热线：400-008-6695
数据库服务QQ：2475522410
数据库服务邮箱：database@ssap.cn
图书销售热线：010-59367070/7028
图书服务QQ：1265056568
图书服务邮箱：duzhe@ssap.cn

S 基本子库
SUB DATABASE

中国社会发展数据库（下设 12 个子库）

整合国内外中国社会发展研究成果，汇聚独家统计数据、深度分析报告，涉及社会、人口、政治、教育、法律等 12 个领域，为了解中国社会发展动态、跟踪社会核心热点、分析社会发展趋势提供一站式资源搜索和数据服务。

中国经济发展数据库（下设 12 个子库）

围绕国内外中国经济发展主题研究报告、学术资讯、基础数据等资料构建，内容涵盖宏观经济、农业经济、工业经济、产业经济等 12 个重点经济领域，为实时掌控经济运行态势、把握经济发展规律、洞察经济形势、进行经济决策提供参考和依据。

中国行业发展数据库（下设 17 个子库）

以中国国民经济行业分类为依据，覆盖金融业、旅游、医疗卫生、交通运输、能源矿产等 100 多个行业，跟踪分析国民经济相关行业市场运行状况和政策导向，汇集行业发展前沿资讯，为投资、从业及各种经济决策提供理论基础和实践指导。

中国区域发展数据库（下设 6 个子库）

对中国特定区域内的经济、社会、文化等领域现状与发展情况进行深度分析和预测，研究层级至县及县以下行政区，涉及地区、区域经济体、城市、农村等不同维度，为地方经济社会宏观态势研究、发展经验研究、案例分析提供数据服务。

中国文化传媒数据库（下设 18 个子库）

汇聚文化传媒领域专家观点、热点资讯，梳理国内外中国文化发展相关学术研究成果、一手统计数据，涵盖文化产业、新闻传播、电影娱乐、文学艺术、群众文化等 18 个重点研究领域。为文化传媒研究提供相关数据、研究报告和综合分析服务。

世界经济与国际关系数据库（下设 6 个子库）

立足"皮书系列"世界经济、国际关系相关学术资源，整合世界经济、国际政治、世界文化与科技、全球性问题、国际组织与国际法、区域研究 6 大领域研究成果，为世界经济与国际关系研究提供全方位数据分析，为决策和形势研判提供参考。

法律声明

　　"皮书系列"（含蓝皮书、绿皮书、黄皮书）之品牌由社会科学文献出版社最早使用并持续至今，现已被中国图书市场所熟知。"皮书系列"的相关商标已在中华人民共和国国家工商行政管理总局商标局注册，如 LOGO（ ）、皮书、Pishu、经济蓝皮书、社会蓝皮书等。"皮书系列"图书的注册商标专用权及封面设计、版式设计的著作权均为社会科学文献出版社所有。未经社会科学文献出版社书面授权许可，任何使用与"皮书系列"图书注册商标、封面设计、版式设计相同或者近似的文字、图形或其组合的行为均系侵权行为。

　　经作者授权，本书的专有出版权及信息网络传播权等为社会科学文献出版社享有。未经社会科学文献出版社书面授权许可，任何就本书内容的复制、发行或以数字形式进行网络传播的行为均系侵权行为。

　　社会科学文献出版社将通过法律途径追究上述侵权行为的法律责任，维护自身合法权益。

　　欢迎社会各界人士对侵犯社会科学文献出版社上述权利的侵权行为进行举报。电话：010-59367121，电子邮箱：fawubu@ssap.cn。

社会科学文献出版社